弘法大師空海坐像（萬日大師）

室町～桃山時代（16～17 世紀）。金剛峯寺所蔵。高野山千手院谷の萬日堂に安置されていた大師像を，ある行者が三十余年の間，毎日参詣礼拝したところ，夢に大師があらわれて「萬日の功，真実なり」と言って，東を向いた。夢から醒めて確かめたところ，その大師像も左を向いていたという（『紀伊続風土記』高野山部，『紀伊国名所図絵』巻 5）。

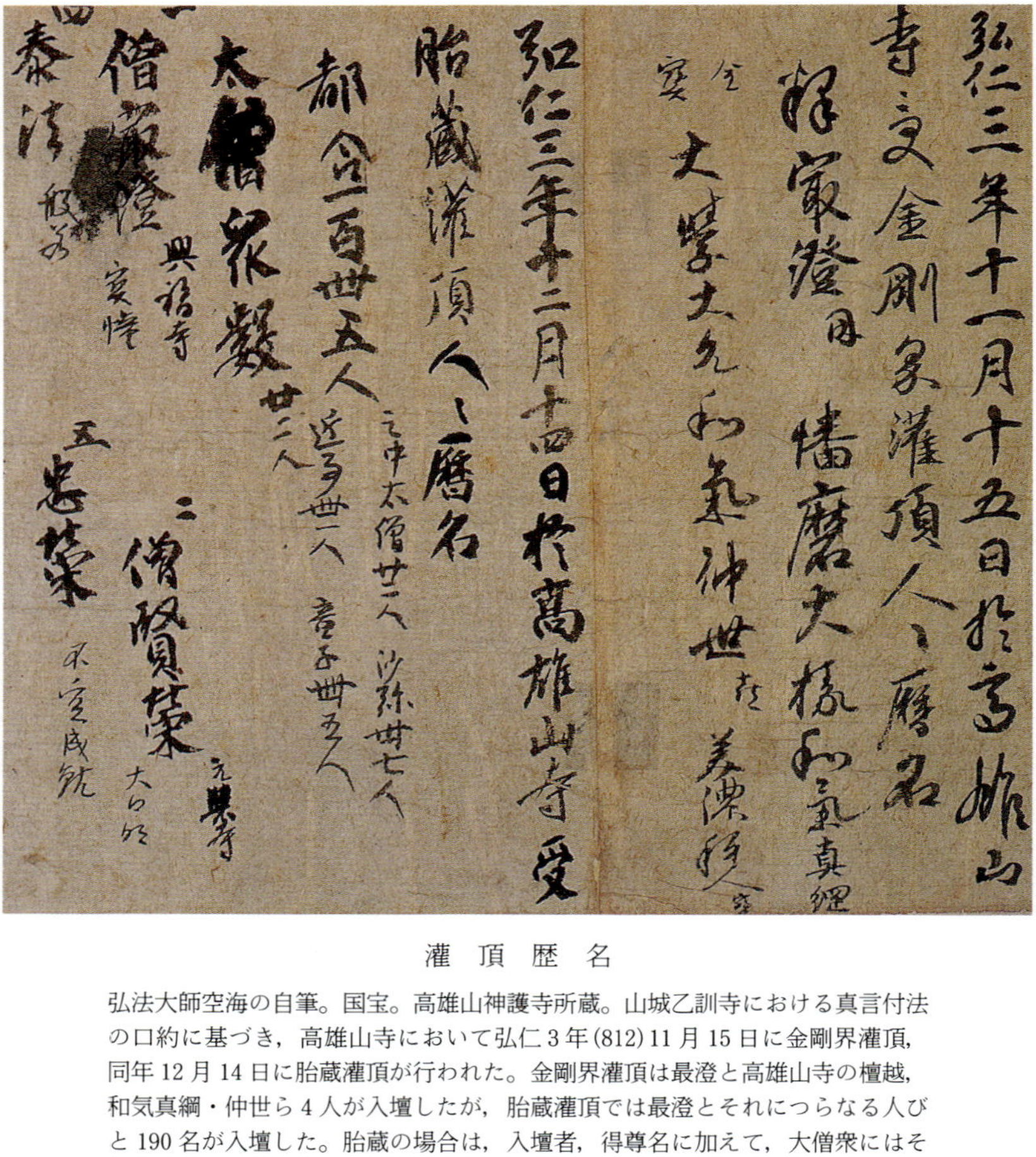

灌 頂 歴 名

弘法大師空海の自筆。国宝。高雄山神護寺所蔵。山城乙訓寺における真言付法の口約に基づき，高雄山寺において弘仁 3 年(812) 11 月 15 日に金剛界灌頂，同年 12 月 14 日に胎蔵灌頂が行われた。金剛界灌頂は最澄と高雄山寺の檀越，和気真綱・仲世ら 4 人が入壇したが，胎蔵灌頂では最澄とそれにつらなる人びと 190 名が入壇した。胎蔵の場合は，入壇者，得尊名に加えて，大僧衆にはそれぞれ本寺が記入されている。

日本の名僧 ……………… ④

密教の聖者

空海

高木訷元・岡村圭真［編］

吉川弘文館

目次

口絵

挿図

挿表

私の空海

空海との出会い

上山春平

わたくしは、空海を開祖とする宗門の僧侶ではありません。また、空海を研究の対象とする仏教学者でもありません。

わたくしと空海とのかかわりは、空海によって、いのちをたすけていただいた、という思いに根ざしているのです。「いのちをたすけていただいた」などと申しますと、すこしおおげさにきこえるかもしれませんが、わたくしにとりましては、かけねのない実感なのです。

この点につきましては、今から二十年前に、自らの還暦を記念して、感謝の思いをこめてまとめた著書『空海』(朝日選書、朝日新聞社、一九八一年)の第一章「空海論の視点」に、くわしく書きました。

わたくしの八十年の人生をふりかえってみて、精神的に最も苦しかったのは、二十歳前後の数年間ではなかったかと思われるのですが、苦しさのあまり、生きる希望を失ったとき、突然、厚い時間の壁を破って空海が姿をあらわし、わたくしを救ってくれたのです。

この経験こそが、「私の空海」の核をなすわけですが、そこのところにつきまして、前記の『空海』の一、二年後に書いた小論「空海のあゆみ」（『高野山──弘法大師の信仰に生きる──』講談社、一九八三年。『上山春平著作集』八巻、法蔵館、一九九五年、所収）では、比喩的な表現をまじえながら、つぎのように語りました。

私は、あるとき、突然、オダイッサンのイメージの背後から、人間クウカイが語りかけてくるのに出会ってしまった。オダイッサンは、熟年の円満な僧侶の姿であったが、私に語りかけてきたクウカイは、当時の私の年齢に近い、精気に満ちた学究であった。

そのころ、私の精神は、まっくらやみの泥沼をあがきつかれて、へとへとになっていた。そこに、活力あふれる空海が立ちあらわれて、すたすたと私の目の前を歩き去ったのである。

私は、ふと、その姿にひかれて、夢中で後を追った。すると、いつのまにか、泥沼は消えて、清らかな山林の小道を、こちらも、すたすたと歩いていた。

ただ歩いていただけではない。歩きながら、ダラニをとなえていた。クウカイのとなえる虚空蔵菩薩《こくうぞうぼさつ》のダラニ（真言）をとなえていたのである。

そのとき、私は二十一歳。京都の大学で哲学を学んでおり、銀閣寺の裏にそびえる如意ケ岳《にょいがだけ》（大文字山《だいもんじ》）の大師堂《だいしどう》に通いながら、虚空蔵のダラニをとなえつづけた。

来る日も、来る日も、未明に起きて、山道に分け入り、ダラニをとなえつづけた。青葉が色づき、紅葉が散りはて、霜柱を踏みしだく日々がつづき、やがて寒気がぬるんで、若葉が萌えわたる。こうした山林の変貌を楽しみながら、私は、同じダラニをくりかえし、同じ山道をふみしめた。

一見、何の変化も進歩もない、単純なくりかえしにすぎない。しかし、こんな行為をたゆみなく重ねるうちに、春を過ぎ、夏を迎える頃になると、いつのまにか泥沼は消え去っていた。

以上が、「私の空海」の核をなす体験の素描です。しかし、いま、こうして書き写しながら読み返してみると、いくつか説明を必要とする箇所があるように思われます。

たとえば、冒頭に、「あるとき、突然、オダイッサンのイメージの背後から、人間クウカイが語りかけてくるのに出会ってしまった」とありますが、これは、心の病との苦闘につかれはてたわたくしが、空海の『三教指帰《さんごうしいき》』（岩波文庫版）との出会いによって、空海の実像にめぐりあういとぐちを与えられた、という事実をふまえています。

そのとき、わたくしは二十一歳、時代はいまから約六十年まえの昭和十七年（一九四二）でした。ご存じのように、日米の戦いが昭和十六年十二月八日に開始されていましたので、徴兵適齢期のわたくしたちは、遠からず戦列に加わる覚悟をせまられていました。

しかし、わたくしが、「生きる希望を失った」のは、そのせいではありません。それは、旧制高校の二年生、十七歳（昭和十三年〈一九三八〉）のころからわたくしを苦しめつづけていた心の病のしわざでした。

少なくとももうひとつ、説明の必要な箇所があります。それは、わたくしが、山道を歩きながら、「クウカイのとなえる虚空蔵菩薩のダラニ（真言）をとなえていた」という箇所です。

虚空蔵菩薩のダラニ（ナウボウ　アキャシャギャラバヤ　オン　アリキャ　マリ　ボリ　ソワカ）をとなえることを中心とする密教の行法がありまして、それは、虚空蔵求聞持法《ぐもんじほう》と呼ばれています。

空海は、明治前半期の東京大学のような孤高の地位を占めていた都の大学に入学しながら、両親や親族の反対をおしきって大学を退き、虚空蔵求聞持法をいとぐちとする山林修行に没頭したのでした。

このことについて、『三教指帰』の序文に、空海みずから、次のように書いています。

原文は読みにくいので、わたくしの現代語訳（『日本の古典』十二巻、河出書房新社、一九七三年）から引くことにいたします。

ふとした機会に、一人の沙門《しやもん》（出家）と知りあいになり、虚空蔵求聞持法を教わった。この行法の依り所とされている経典には、「もし、この経に示されている作法に従って、虚空蔵菩薩の真言を百万遍《べん》となえれば、一切の経典を暗記することができる」と書いている。そこで、仏典は釈尊《しやくそん》のお言葉であるから、いつわりはあるまいと信じて、寸時も怠らず求聞持の行法にはげみ、静寂な行場を求めて、あるいは阿波《あわ》の大滝岳《たいりようのたけ》にのぼり、あるいは土佐《とさ》の室戸崎《むろとのさき》で修行をつづけたところ、効験《こうけん》むなしからず、虚空蔵菩薩の応化《おうけ》（あらわれ）とされる明星が来臨した。

これは、空海の人生における重大な方向転換についてのリポートではないか、とわたくしは考えています。つまり、大学を出て律令国家《りつりようこつか》の高級官僚へというコースを断念して、乞食《こじき》同然の遊行《ゆぎよう》僧の世界へ飛びこむことを意味したからです。

空海は、讃岐《さぬき》（香川県）の国造《くにのみやつこ》家、佐伯《さえき》氏の出身で、父親は、中央から派遣される国司《こくし》（いまの県知事に当たる）を、地元の側から支援する郡司《ぐんじ》をつとめていました。そんな父親から見れば、空海が、地方の郡司などの子弟の教育機関としての国学ではなく、中央の官僚養成のための大学に入学できたということは、申し分のない、めでたい人生コースのスタートと思われたに相違ありません。同じような思いは、親族の人たち、親しい知人たちのあいだに共有されていたことでしょう。空海の方向転換は、このような近親や知人たちの思いを、粉々に打ちくだいたのです。

そのことを、空海は、痛いほど感じていました。しかし、どうすることもできなかったのです。そうした心境が、『三教指帰』の序には、「誰《たれ》か能《よ》く風を係《つな》がん」と表現されています。吹く風をつなぎとめることができないように、わたくしの出家の志をさまたげることはもはやできない、というのです。

いったい、何が、空海に、こうした重大な決断をさせたのでしょうか。近親や知人たちの喜ぶ道を捨てて、それらの人びとを悲しませ、怒らせる道を、空海に選ばせたのは何だったのでしょうか。

この問いは、日本宗教史上たぐいまれな創造的思想の誕生の謎にかかわる根本的な問いではないか、と思われるのですが、どういうわけか、これまでのところ、この問いは、まともに問いとして取り上げられることさえなかったのです。それは、なぜか。

少なくとも私にとりまして、その理由は明瞭です。つい最近まで空海伝の基準とされてきた『御遺告《ごゆいごう》』(遺告二十五箇条)が、前記のような空海の方向転換の事実を、見事におおいかくしていたからです。

『御遺告』によれば、空海が出家の道をえらんだのは、両親も早くからそれを望んでおり、実際には出家に大反対であった母方の叔父の学者、阿刀大足《あとのおおたり》も、はじめから出家を想定した上で、出家するにしても大学で学問をしておいた方がよい、と助言をしたから、ということになっています。

『御遺告』は、こうした話の筋を通すために、空海自身が『三教指帰』の序に書いた青年時代の経歴、十五歳で阿刀大足について学問の道に入り、十八歳で都の大学に入りながら、「一人の沙門」に虚空蔵求聞持法を教わって出家の道をえらぶにいたった、という経歴を次のように書き変えているのです。

すなわち、十五歳で南都《なんと》の高僧、勤操《ごんぞう》に虚空蔵求聞持法等を教わり、その後に大学に入って儒学の経典を学んだが、気持ちは仏教にかたむいていて、専ら仏典を好み、山林や海辺での修行を経た後に、二十歳で勤操によって得度《とくど》した、と。

つまり、こうした書き変えによって、世俗の出世コースから山林遊行の乞食僧へという大転換の事実は消え失せて、幼時から青少年期にかけて一貫した仏教僧侶への歩みのみが示されることになったわけです。

わたくしが、『空海』と「空海のあゆみ」（前掲）で試みたのは、こうした改変をさらに改変して、本来の問いに直面するための下ごしらえをすることでした。

パリで長安の空海を思う

――わが空海学事始――

竹内信夫

いつのころからか、空海を長安《ちょうあん》という都市のなかにおいて夢見ることに、私は慣れていた。もうずっと昔のことになるが、フランス政府の給費留学生としてパリにいたころ、しきりに空海のことを考えていた。フランス語の教師になって、そのうえで日本文化を、ことには空海を研究するのだという、途方もなく矛盾した願望を心に秘めて私はパリに旅立ったのだが、その異国の大都市で図らずも考えていたのは長安に暮らす空海のことであった。

長安における空海ということについて、今でこそ多少のことは知っているつもりだが、当時の私は、長安という場所についても、空海という人物についても、ほとんど何も知らなかった。わずかに長安が当時世界随一の国際都市であったこと、そこに密教という名のインド伝来の仏教文化が鮮烈な色彩をもって花開いていたことが私の知識のすべてであった。その長安に、その密教を求めて、空海という一人の日本人が旅立ったということが、私の心を激しく刺激していた。

私のような、パリに来る文学研究者の卵が思うのは、近代日本の「夜明け」ともいうべき幕末から明治にかけてのころ、西欧の文物・文化にあこがれてやって来た「われらが先輩」たちのことであった。現在ではそんなこともないだろうけれど、三十年前には、まだ明治の先輩たちの経験が、わが身の体験であるかのように温もりをもった記憶として私たちの心底にうずいていた。明治百年という節目がその記憶をことさらに強めてもいたのである。

その点で私も人後《じんご》に落ちるものではなかった。栗本鋤雲《くりもとじょうん》（幕末の親仏政策を推進した幕臣。一八六七年渡仏）や中江《なかえ》兆民《ちょうみん》（思想家。一八七〇年渡仏）などを「わが先輩」と思い定めていい気になっていた。私はどちらかというと思想青年だった。が、マルクスを卒業したつもりになっていた私には、兆民先生も、どこか物足りない。その物足りなさを慰めてくれたのが、長安の空海という夢想であった。

渡辺照宏《しょうこう》・宮坂有勝《ゆうしょう》共著の『沙門《しゃもん》空海』（筑摩書房、一九六七年）を読むことで、空海の世界に導かれていた私は、その翌年に出た『空海——生命の海——』（角川書店、一九六八年）の描き出す「密教思想」に頭をじりじり焼かれていた。序ながら、この本は〈仏教の思想〉シリーズの一冊として梅原猛・宮坂宥勝共著のかたちで出ていたのだが、この〈仏教の思想〉シリーズは私にとっては全巻が仏教思想へのイニシエーションであった。

そういうわけで、マラルメというフランス詩人の勉強をつづけながら、パリの空の下で私は空海のことを、それも長安なる空海のことをしきりに考えていたのである。そのことが結局は、空海における悉曇学《しったん》というテーマに私を導くことになり、そのテーマを追っていくうちに、長安における空海と直接につながる「三十帖策子《さんじゅうじょうさっし》」と出会うことになる。

パリで私はサンスクリットの勉強を試みた。その計画は結局は挫折して、帰国後数年経ってからその目論見は別のかたちで実現するのだが。なぜ、サンスクリットか。いうまでもなく、空海の悉曇学を理解するためであった。空海が悉曇学というものを密教の基礎学として請来《しょうらい》した、そして悉曇学というのは今でいうサンスクリット学のことだ（厳密にいえば両者は異なるのだが、当時の私はその違いには無頓着だった）。ただそれだけの、それも読書から得た知識に基づいて、私は空海研究の基礎学として、パリという異国の地でサンスクリットを独学しようとしたのである。

しかし、私には私なりの理由があった。空海が長安で悉曇を学んだ。それが私がパリでサンスクリットを学ぶ十分な理由となっていた。近代サンスクリット学はパリで花開いた。『インド仏教史序説』を書いたビュルヌフがそのような私の確信を支えてくれていた。要するに、悉曇学という得体の知れないものを触媒にして、長安なる空海という夢幻を、パリなる私という人間が夢みていたにすぎない。その夢想は、たとえば次のような情景となる。

柳絮《りゆうじよ》乱れ飛ぶ暮春のころ、空海はすでに住み慣れた西明寺《さいみようじ》の門を出て、北に向かい、インド僧般若《はんにや》の住む醴泉寺《れいせんじ》を目指す。すでに幾たびも辿った道で、そのたびに般若には天竺《てんじく》のこと、また梵語《ぼんご》のことを質問するというのが空海の習いとなっていた。

梵語は母音の長短が重要だよと教えてくれたのも般若であった。西明寺に来て初めて出会った不空《ふくう》新訳経典、そのなかに原語で書き込まれた真言《しんごん》、それは梵語の音で正しく唱えなければならないというのが不空その人の教えであった。西明寺には梵語を解する僧が多くいた。またその学習も熱心に行われていた。空海もそのような梵語学習の席に加わるようになっていた。

しかし、中国僧からの梵語学習は、どこかもどかしく隔靴《かつか》掻痒《そうよう》の感を免れ難い。そこで教えられたのが、醴泉寺のインド僧般若のことであった。幸いに西明寺からも近い。空海が醴泉寺を訪《とぶら》うようになったのは、インドの僧から直接に梵語を学ぶためであった。般若は日本からの若い僧の質問にも親切に答えてくれた。般若はこの若者の類《たぐい》稀な才能を見抜いていた。空海もまたこの異国の師匠の教えに彼の心を動かす深い真実を感じ取っていた。それは般若への、そしてインドの言葉への深い帰依《きえ》となって、空海の心に深く根をおろした。

青龍寺《せいりゅうじ》東塔院の恵果阿闍梨《けいかあじゃり》から両部《りょうぶ》の密教を受法するとき、空海はすでに「梵漢差《たが》う事なき」境地に達していたといわれる。ここでいうところの「梵」が梵語あるいは梵字（すなわち梵字音）であることは疑いを容《い》れない。空海はどこで、誰から、その「梵」を学び得たのか。梵字で書かれ梵音で読まれる曼荼羅《まんだら》諸尊の真言を受けたのは確かに恵果からであろう。しかし、その基礎的知識、梵字・梵語の語学的知識は誰から学んだのか。いまだ解決をみないこの疑問に、私の夢想はかりそめの解を与えてくれた。

これに関連してもう一つの謎が私の脳裏を離れなかった。その謎とは次のようなものだ。『三教指帰《さんごうしいき》』序によれば、空海は入唐《にっとう》前にすでに虚空蔵求聞持法《こくうぞうぐもんじほう》を成就《じょうじゅ》していたらしい。その法に不可欠の虚空蔵の真言を、空海はどのように唱えたのであろうか。梵字の正確な発音をいまだ習得していなかった時期だから、善無畏《ぜんむい》によって漢字で音訳されたものを漢字音によって唱えていたのであろうか。

もしそうならば、長安で悉曇《しったん》の手ほどきを受けたとき、空海はかつて自分が我を忘れて唱えた虚空蔵の真言と今あらためて、しかし今度は梵字音で、学習するその同じ真言との差異をどのように感じたであろうか。あれは何だったのか、という愕然《がくぜん》たる思いか。あるいはまた、あれはあれでよいのだ、という現状追認であったか。私の夢想のなかの空海は愕然とするほうだ。『御請来目録』「梵字真言讃等」の部に添えられた次の文章はその証であろう。

釈教《しやつきよう》たるや、印度《インド》を本とす。西域《さいいき》と東垂《とうすい》、風範天《はるか》に隔たれり。言語、楚夏《そか》の韻に異なり、文字、篆隷《てんれい》の體に非《あら》ず。是《こ》の故に彼《か》の翻訳を待って、乃ち清風を酌《く》む。然《しか》るに猶《なお》、真言幽邃《ゆうすい》にして、字字の義深し。音に随って義を改む。賒切《しやせつ》謬《あやま》り易し。粗髣髴《ほぼほうふつ》を得て、清切を得ず。是れ梵字にあらざれば、長短、別《わか》ち難し。源を存するの意《こころ》、其《そ》れここに在るか。

ここに表明されているのは、長安という都市が醸《かも》し出す国際感覚に裏打ちされた新しい言語意識なのであるが、それこそが悉曇学というものに本来埋め込まれていた「源を存するの意」なのであった。それを長安において空海が新たに獲得したことを、この短い文書は如実に証言している。これををさらに補強してくれるのが、「三十帖策子」のあちこちに空海自身の筆で書きこまれている梵字の墨の跡である。梵字ばかりでなく、「三十帖策子」の全体が『御請来目録』でいうところの「未だ学ばざるを学ぶ」という、長安での空海の学びを今に伝える貴重な証言者となっている。

パリから帰国し、あらためてサンスクリットを学び、「三十帖策子」の影印本（大正時代に刊行されたものが東京大学の図書館に所蔵されていた）を実際に見て、私のパリの夢想はいっそう正夢に近づいたように感じられた。ところが、実際には、空海研究史において、「三十帖策子」も悉曇学も、江戸中期の浄厳《じょうごん》や寂厳《じゃくごん》、さらには慈雲尊者飲光《じうんそんじゃおんこう》などの例外は有るものの、けっして主要な対象でもテーマでもなかった。ならなかった、というのが事実のようである。これはどうしたことか。がむしゃらにかけあがってみれば、かけあがったつもりの巨大な山は一個の幻想にすぎなかった。

私の夢見た空海学は一場の夢幻劇であったか。いや、そうではあるまい。「源を存するの意」が「ここ」にあるということをほかならぬ空海自身が明言してくれているのであるから。パリの夢、いまだ覚めやらず。

遍歴して、なお空海の旅へ

寺林　峻

まだ五歳だったのに今もはっきり覚えていることがある。

冬のある朝、母は私を本堂へ伴った。寺の子だった私には珍しくなかったが、そのときの母は仏前に坐らせた私の左頬の傷痕に中指で唾《つば》を軽くすりつけながら南無大師遍照金《な　む　だい　し　へんじょうこん》剛《ごう》の宝号《ほうごう》を何度となく繰り返した。

その二日前、親戚の法事に行くため、母と私は材木を満載したトラックの助手席に便乗させてもらった。途中から激しい雪となり、トラックは折悪く大きな池をまわり込むところでスリップして池の中へ真っ逆さまに転落してしまった。偶然、近くに居合わせた人の通報で私と母は水に浸かった助手席から抱え出され、焚き火の前で奇跡的に意識を取り戻し、幸い、私の頬の傷一つですんでいた。

死んでいた命をお大師さんがこの世へ引き戻して下さった――。暮らしの危難を救う弘《こう》法《ぼう》大師への母の絶対的な信頼感に私もすっぽりくるまれた。だから私の傷は診療所の医師に頼らず、母の祈りのまま大師の加持力《かじりき》にすがって治した。

これが私の初めての弘法大師体験となった。

それから二十年たって、寺を継ぐために大学を出て高野山《こうやさん》の修道院へ入るころ、私は加持力の人とは別のイメージを空海に抱くようになっていた。たまたま手にした雑誌『芸術新潮』に画家の岡本太郎が高野山紀行を載せており、そこに次の一文が含まれていたからである。

> 忿怒《ふんぬ》像に代表される密教の仏は呪文を秘めているのでこちらにギリギリ突っ込んできて問いかけをし苦悩させる。人間の矛盾を徹底的につきつけて、絶望させる。人間と真理を段階的に和合させるのでなく、引き裂くことによって根源的に再結合させる。

こんな激しい非日常の中に空海のめざす即身成仏《そくしんじょうぶつ》があるという記述に、感覚的につよく共鳴するところがあった。母を介して空海の加持力にくるまっていたころからすると、大きな格差が生じていた。

修道院の日々はすべて恵果《けいか》から灌頂《かんじょう》を受けて仏となった遍照金剛への帰依《きえ》にストレートにつながっていた。とくに百日間の加行《けぎょう》を体験すると、これからはかつてのように西方《さいほう》浄土《じょうど》へ往生《おうじょう》する祈りに代わって、生きて人間を完成する密教の即身成仏が新しい信仰ロマンとして広まると思えるようになった。しかも行法《ぎょうぼう》の次第には、どれも観想《かんそう》というイメージづくりから始まる自己完成の道順がはっきりと用意されてある。

その次第を指南書にして私はこれから空海への行法の旅に出る実感があった。それは私が変わる旅であり、空海は私を変える師だった。このころが私の空海をはっきりと持った、一番いいときだった気がする。

ところが修道院を終え、寺を手伝うようになると本堂や法事の席で南無大師遍照金剛と宝号を唱える熱い声に包まれ、どこか気持ちにそぐわないものを感じる。一気に幼年体験の世界へ戻ってしまう感じさえあった。

空海の大きさは悟りにいたって遍照金剛の仏となった面と加持力にすぐれた弘法大師として大衆の苦しみに向き合う面の二つが互いに補完しあうところにある。だから宝号を唱えて熱くなるだけでは弘法大師の加持力に頼るのに急で、仏の遍照金剛に近づくために自分を内省《ないせい》していく面が薄らいでしまう。

今のように社会が成熟してくると、ますます内省によって自分を整える側面がつよく求められていく。そう思ったあたりから挫折感が私のなかに広がった。とくに四十四歳で住職になると檀徒を内省する側へ導く役にありながら、何より自分が内省によって開かれる世界を持てない。そのうち檀徒と一緒に在家勤行を唱え、宝号を和していく至福感に溺れていくばかりである。それでいて私の頬の傷に唾をすりつけながら南無大師遍照金剛と唱えた母の熱さも、一途さも持てない。寺にいながら、折角つかんでいた私の空海からはぐれていく実感がつよかった。

私が五十五歳で寺を離れることになったのは、正直いって好きな物書きで通したいわがままが理由の半分だったが、あとの半分は残念ながら行法の次第に沿ってイメージの旅に出られない資質の欠如を自覚したからにほかならない。

もう、自分で納得しやすい空海を探すしかなくなった。

そうなって求めたのはやはり即身成仏していく空海だった。空海が奥之院《おくのいん》に枯骸仏《こがいぶつ》（ミイラ仏）となって身を留めているとする誤った声をよく耳にするせいもあった。枯骸仏を即身仏と呼ぶ地方もあって混同されやすいが、枯骸仏は一部の山岳修行者が死後に受ける地獄《じごく》、餓鬼《がき》、畜生《ちくしょう》の三悪道《さんまくどう》の恐怖から逃れようとしてミイラ化を試みたもので、それと同じに見られては空海の即身成仏の思想と実践が台なしである。

では、生きて仏となった空海はどこにどうしてあるのだろう。伝説も厭《いと》わず採用しながら、即身成仏していく空海の姿を小説に描こうとした。

空海は承和二年（八三五）三月二十一日、六十二歳で入定《にゅうじょう》し、仏の身を高野山奥之院廟所の石窟に遷《うつ》した。この後、空海の弟子たちは痛ましいほど吹き返しの逆風にさらされる。

唐帰りの円仁《えんにん》や不動行者の相応《そうおう》ら最澄《さいちょう》の有力な弟子らに圧倒され、貞観八年（八六六）に最澄と円仁に朝廷から大師号が贈られても空海には何の沙汰もない状態だった。やっと弘法の大師号が贈られたのは入定して八十六年目である。高野山座主で東寺長者の観賢《かんげん》はそのことを空海に報告するため、弟子の寛空《かんくう》と淳祐《じゅんゆう》を伴って大胆にも奥之院廟所の石窟内へ入っていく。

このころの高野山上は「人法衰滅、山家荒廃也」（日野西真定編集・校訂『新校　高野春秋編年輯録』巻三、名著出版、一九八二年）とある。

観賢は即身成仏した空海が高野山奥之院に今も身を留めていると広く告げて復興の足がかりにしたかったのも無理はない。といって入定留身《にゅうじょうるしん》が好奇のマトになって後世に誤解されるのは避けたい。

そこで観賢は生前の空海が即身成仏のやさしい道を開いているのに注目したと思う。大伴皇子《おおとものみこ》の寵愛を受けた真名井《まない》御前が宮中の女官たちの争いに巻き込まれて出家を望むと、空海は如意尼《にょいに》と名乗らせて摂津甲山《かぶとやま》に修行の場を見つけ、念持仏の如意輪観音《にょいりんかんのん》を彫り与えた。顔は生きた如意尼のままで、からだは仏の如意輪観音に彫り、それを一途に拝めば生仏不二《しょうぶつふに》の修行を積んだことになり、その成果として生きて如意輪観音になれると説いている。

このやさしい即身成仏の道こそ空海が後世の大衆へ遺した自己完成の方法だと観賢は受けとめ、あえて空海の石窟入りを決行する。

ちなみに奥之院廟所の石窟内のようすは次のように語られる。

石窟内は高さが六尺（約一八二㌢）、幅も六尺の石子《いしこ》詰《づ》め壁面が三面からなり、正面だけは別で一辺が三尺七寸（約一一二㌢）の石扉がはめられてある。その意味は六尺幅の壁面が三面で「十八」となり密教経典の金剛頂経《こんごうちょうぎょう》が説かれた十八会所《えしょ》をあらわし、石扉の一辺の長さは金剛界曼陀羅《こんごうかいまんだら》図真ん中の蓮華台《れんげだい》に座す大日如来《だいにちにょらい》と三十六尊の仏たち、合わせて三十七尊の仏に符合するとされる。

つまり空海は大日如来を讃える声が響く奥之院石窟の中で、地面に小石を並べて描いた曼荼羅の八葉蓮弁《はちようれんべん》の上に身を置き、金剛界大日如来と一体になった生仏不二の命を永遠の現象として生きつづけているのだった。

この即身成仏の姿は、私にも納得できた。

では観賢は即身成仏した空海との出会いの体験を、石窟から出て人びとにどう伝えたのだろう。初めは生きた空海の顔と大日如来のからだを彫った生仏不二の大日如来像を作ろうとしたかもしれない。が、その必要はなかった。その気になれば誰でもどこにいても生仏不二となる即身成仏ができる決定的な易行《いぎょう》の方途が思わず観賢の口をついて出た。

石窟の中で観賢は感極まって「南無大師」と唱えて生身《しょうしん》の大師空海に帰依し、ついで「南無遍照金剛」と唱えて仏の大日如来となった遍照金剛に帰依した。この二つの声が一つに合わされて「南無大師遍照金剛」の宝号の声となって石窟内に響く。その瞬間、むつかしいはずの即身成仏が一気に大衆のものとなった。

宝号を唱えるだけで誰もが「生身の大師空海」と「仏の遍照金剛」の生仏不二の空海に帰依する宗教体験を重ね、生々《しょうじょう》として自分を生きられる、やさしい成仏の道がここに開かれた。空海もそれまでの限られた出家集団の師から更衣《ころもがえ》し、大衆の導師として広い世界へと現れ出ることになった。

これで小説『空海更衣』(日本放送出版協会、二〇〇一年)も完結した。私はまたこの空海に導かれるようにして、自分が変わる、おぼつかない旅へ出て行くことになる。

一　空海の魅力

岡村圭真

1　真実のことば

良寛と空海　良寛《りょうかん》の墨跡《ぼくせき》に、つぎの一句がある。

たとい恒沙《ごうさ》の書を読むとも
一句を持するにしかず
人あって　もし問わば
実《じつ》のごとく　自心を知れ、と

如実知自心《にょじっちじしん》（あるがまま自心を知る）の一句は『大日経《だいにちきょう》』の「いかんが菩提《ぼだい》とならば、いわく実のごとく自心を知る」が典拠である。

良寛は、大事なことは、ガンジス河の砂の数ほどの書物を読むよりも、この一句に参じ、この一句をほんとうに自分のものとすることだという。

経典のことばは、もともと「如来《にょらい》の功徳《くどく》の宝所」（『大日経疏《だいにちきょうしょ》』）をあらわすとある、心みずから心をさとる自心の実相、すなわち浄菩提心《じょうぼだいしん》を指すのであろう。ところが、空海は、「この一句に無量の義を含めり」といって、浄菩提心ばかりでなく、『十住心論《じゅうじゅうしんろん》』の全展開がそのままこの一句のうちに収まると捉えている。東洋の思想と宗教のすべて、つまり万巻の書は、ただこの一句に収まるとするのが、空海の十住心の世界であった。これを受けて、この一句に参究することが、万巻の書を読むにまさると、良寛は喝破《かっぱ》したのである。

ここでは、実のごとく自心を知るという一句が、そのまま自心の真実のあり方をさとることにかわりはない。空海は、万巻の書の智慧《ちえ》と功徳がすべてこの一句に収まるといい、良寛は、ただこの一句に参ぜよという。両者の呼応する関係はあきらかである。ともに真実のことばをつかんで、これだと差しだされている。そこでことばは、真実そのものをあらわすシンボルとなっている。この一句をおいてほかに真実はない。そういう究極の一句である。ふたりは、まことの文字を解し、ことばの真実をきわめる名人だったということであろう。

そのようなふたりは、ともに草書をよくし、詩・文章や和歌が著名である一方、ふしぎな人気があって、お大師さん、良寛さん、と庶民に親しまれている。どこか日本人のこころを呼びさまし、大きく包みこんで安らぎを与える、そういう広くて深い精神的な境地へのあこがれが共鳴しあうのだろうか。

同行二人の道　熊野《くまの》の古道や高野山《こうやさん》の参道が、世界遺産に登録されようとしている。近代国家への歩み、急激な社会の変動、そして生活環境の大きな変化のなかで、この国の人たちが見失い忘れていたものに、まさにいま、この国だけでなく世界の目が注がれる。そんな時期を、われわれは迎えているのであろう。そういえば、さいきん四国遍路《へんろ》も、巡拝する人がずいぶん増えたということである。

先日、たまたま高速バスで乗りあわせた男性のことばが、筆者には忘れられない。「お四国を三十五日で歩いてまわり、今日、成満《じょうまん》したので、これから高野山にお礼まいりにいくところです。はじめは、ただ何となく出かけたのですが、やはり巡拝してよかった」と語る満足感にみちた顔が、たいへん印象的であった。最後に「おかげで新しく人生を踏みだすことができます」といって、その男性は立ち去った。

驚いたことに、まず三十五日という歩き遍路のスピードがある。そして確たる動機や目的なしに出かけた巡拝が至福の成満を迎えたという話、またその満足感を、車中でともに分かちあえたという不思議な出会いがある。考えてみると、四国路は、そういう思いがけない出会いが、ごく自然に起こる世界だったのである。

だれもが気軽に入っていける巡拝の道、単調のようで一日一日、変化に富み、多くの出会いに彩られて充実した歩みを重ねる。すると、いつしか自分のうちに核のようなものが固まって、明日に向かって新しく出発する力が全身に漲《みなぎ》ってくる。そして、なぜなしに歩く自分と出会い、いつでも同行二人《どうぎょうににん》（大師とともにある）を全身で実感できるようになる。このいつでも「ともにある」、どこにあっても自分ひとりではない、という身体感覚の目覚めが、現代人の不安と悩み、満たされない想いを癒してくれるのではないだろうか。

もともと、四国遍路は多様性と多重構造によって成りたっている。寺の開基、宗派もまちまち、本尊も多種多様で一定せず、山あり、野あり、海辺あり。変化に富んだ自然に恵まれた道である。一神教のような一極中心の往還構造でなく、円環的で、順逆も自由、どこからでも自分のペースで参加できる。特別の規則もなく、きわめて融通のきく巡拝コースである。

大師信仰と称されるが、じつは超宗派的で、宗教、非宗教を問わず、国籍、信仰を超えている。ただ、そこには、古い民族のこころの故郷《ふるさと》のような安らぎがあり、包むものがある。それがいつしか大師空海の、虚空《こくう》のように、すべてを包容し、各人がおのずと本来の落ちつき場所を見出さずにはおかない、永遠の願いと通じあうものを感じてきたのであろう。

2　空海思想の鍵

まことのことば　空海は、第一級の世界的な詩人・宗教思想家である。その詩や文章はすばらしく、その著作はすこぶる難解とされる。解説、研究書のたぐいは多いが、簡単には近づきがたいところがある。なぜ近づきがたいのであろうか。

調べてみると、空海は入唐《にっとう》前に、秘門《ひもん》（密教）に出会って挫折した体験があるという。それは、従来の経典や思想の文字という通念を覆《くつが》えすものだった。恵果《けいか》は、そこで文字でなく、マンダラによる密教の解明をはかった。これに対し、空海は、その問題の文字に正面から挑み、文字によって密教を読み解くという道を切り開こうとする。マンダラとともに請来《しょうらい》した梵字《ぼんじ》、とりわけ悉曇章《しったんしょう》の研究をとおして、空海は密教の文字、ことばを解明する鍵を発見する。文字は重層的であり、構造的である。密教の文字は、自然《じねん》の道理のあらわれ、つまり「法然《ほうねん》の文字」だという。実在のことばというか、絶対の真理がみずからを開示する、作るものなしに、おのずからなれる自然の文字である。この『大日経《だいにちきょう》』に基づく根源の文字観が、空海思想の骨格を形成したと考えられる。総合の天才と称される空海は、根源的なものの洞察でも、無類の構想力が発揮できたのであろう。

しかし、その構想は『即身成仏義《そくしんじょうぶつぎ》』をまってほぼ完成される。なにしろ顕教《けんぎょう》のことばや思想によって解明できない密教のことばを、文字によって解読するのは容易なことではない。その作業は、一般の社会通念を覆す、つまりパラダイムの転換である。日本の精神的土壌のなかで、最初に仏教を根底から捉え直すという試練に直面した、空海の不屈の探求の跡をたどることは容易でない。しかし、この謎ときは、現代人の閉塞《へいそく》的な状況を突破するための重要な示唆を与えるであろう。

このような文字観の抜本的な転換が、空海の著作活動の根底にあったとすると、華厳《けごん》や天台と密教とを弁別する基本軸は、仏身観よりも根源の文字・ことば観に求められるかもしれない。簡単にいうと、漢訳経典の文字と、如来《にょらい》のことばとしての根源語とが対置されるわけである。

『即身成仏義』は、こうした問題の解決を示す金字塔であったと考えられる。よく密教は即身成仏のおしえといわれるが、空海の即身成仏が具体的に何を指すかは、必ずしもはっきりしていない。また『即身成仏義』が空海の主著とされる根拠も明確でなかった。いまや、古い革袋に新しいワインを盛る試みが要請されているのである。

密教とは空海にとって、かくれた真実をあらわすおしえである。真実を覆いかくすものや、文字・ことばの多層構造に気づかず、繊細な精神に欠ける近代合理主義の立場とは無縁である。むしろ文字・ことばの根源的な生命を蘇《よみがえ》らせる、まことのことば（真実語）を直視する、鋭く研ぎすまされたこころを、空海は大切にしたのである。

あらたな展望　空海研究は、いま大きな曲がり角にきている。着実にすすめられた資料の考証・整備という段階から、あらたな総合の道を踏みだそうとしている。各方面の研究が、たがいに連携し、すばらしい展望が開かれ、空海の広汎・多岐にわたる活動とその意義が、全体として解明される段階を迎えようとしているのである。

厳密な考証に裏づけられた歴史的研究や、精緻な調査・分析と、広域にわたるマンダラや密教芸術の研究は、すでに格段の成果があがっている。中国思想を基盤とする空海の文字・思想についても、有益な示唆《しさ》と研究があらわれてきた。さらに、空海の生涯と思想を複眼的に捉え、その根本問題に迫る研究が、台頭しはじめた。のみならず、空海という研究の主題が、かつての閉ざされた研究集団から、開かれた自由な研究者たちの輪へと広がったことは、さいきんの驚くべき成果といえる。本書の執筆者は、こうした各分野の最先端のスタッフとして、いずれもあらたな展望をひらく画期的な成果を収めた人たちであって、各文章の随処には示唆に富む構想がちりばめられている。

とかくして空海研究は、活性化し大きな変貌をとげつつある。折から後近代という世紀の激動により、かえって日本人がアイデンティティを求め、文化遺産や伝統芸能の意義にめざめ、日本の文化や思想の源流に注目する気運が醸成《じょうせい》されようとしている。世界的に国際化がすすむにつれて、自国の文化的、精神的、芸術的な伝統に対する関心が高まるのは自然の勢いである。世界に貢献する、民族のうちに培われた多方面にわたる潜在的・創造的な遺産が、あらたな脚光を浴びつつある。古い枠組みにとらわれず、現代人による、世界的な視野のもとでの、文化・思想・宗教の分野における新しい掘り起こし作業は、目下の急務である。

ここで思いあわされるのは、梅原猛、井筒俊彦、司馬遼太郎らが、大師信仰や真言教団のカラを破って、国際的視野のもと日本文化の深層をさぐり、まばゆいばかりの空海像を発掘した功績である。本書で示される、パターン化した思考を転換させる総合や集成、ゆたかな芸術的センスと直覚的な洞察、そしてパラダイムの転換、空海の創造性に富むかずかずの偉業は、そのまま日本人の潜在能力の測りしれない深さと広さの象徴ではないだろうか。

おそらく空海は、形而上的《けいじじよう》な懐疑を体験した最初の日本人であろう。その独自な、スケールの大きな探求と思索、さらにその成果は、当時の人たちには十分理解されなかったかもしれない。空海の卒《そつ》伝《でん》記事を書いた春澄善縄《はるずみのよしただ》（七九七—八七〇）は、この比類まれなる、世界的な文化人・宗教家の範例を国内に求めることができなかった。そこで唐の三朝の国師と仰がれた大広智三蔵不空《ふくう》の前例にならい、勅使派遣と淳和《じゆんな》帝の弔書をそえて、卒伝を書きあげた。「六国史《りつこくし》」としては、まったく異例の措置であるが、同時代の学者が、いかに空海の評価にあたって腐心《ふしん》したかがよく解るように思う。

空海は、教科書風の単なる真言宗の開祖ではない。あくまで宗派や学派といった特定の捉え方（顕教）を超えたところに、空海の生きた根源の世界（密教）があった。空海研究やマンダラ、そして四国遍路に対する関心の高まりが、開かれた、宗派性を超えた輪として広がるのも、まさしくそのためであるにちがいない。

二　空海の出家と入唐

——槐林から山林への軌跡——

高木訷元

1　岐に臨んで幾たびか泣く

出自　幼名を真魚《まお》と称した空海は「讃岐国多度郡《さぬきのくにたどのこおり》の人、俗姓は佐伯直《さえきのあたい》。年十五にして舅《おじ》の従五位下阿刀宿禰大足《あとのすくねおおたり》に就いて文書を読習し、十八にして槐市《かいし》に遊学す」（『続日本後紀《しょくにほんこうき》』承和二年〈八三五〉三月庚午条）といわれる。槐市とはまた槐林《かいりん》ともいい、大学を指す。この記述につづけて、空海は一沙門《しゃもん》から密教の修法である虚空蔵求聞持法《こくうぞうぐもんじのほう》を呈示されて山林辺路《へじ》において修したこと、これによって慧解《えげ》が日に新たになり『三教論《さんきょうろん》』を一日にして撰述したこと、そして年三十一にして得度《とくど》、延暦二十三年（八〇四）に入唐留学《にっとうるがく》したことなどに及んでいる。

ほぼ同一のことが、空海の自著『三教指帰《さんごうしいき》』の序においても認められるけれども、このように一見、淡々直截《ちょくせつ》に綴られている槐林から山林への軌跡に、いったいどのような襞《ひだ》が折り畳まれているのだろうか。空海は後に、自らの入唐への経緯を回想して、「性熏《しょうくん》（本来そなわれる仏心）、我れを勧《すす》めて還源《げん》を思いとす。径路未だ知らず、岐《ちまた》に臨んで幾たびか泣く」云々（『性霊集《しょうりょうしゅう》』巻七）と述べている。

還源の思い　讃岐の多度郡を本貫《ほんがん》とする中級官僚、佐伯直の戸口《ごく》として生まれ育った空海は、自らの進むべき路を左せんか右せんか、その決断を迫られ、時に進退谷《きわ》まって絶望の淵に泣く危機的状況のなかに、若き日、幾たびか立たされることになる。それは一《いっ》にかかって、「耳目の経《ふ》るところ、未だ嘗《か》って究《きわ》めずんばあらず」（『性霊集』序）といわれた空海自身の、「性熏」にうながされての「還源の思い」にかかわってのことであったのである。それは「内なる本来の永遠なる自己への回帰」といってもよい。

若き日の空海に、そのような思いが生じたのは一体なぜであったのか。平安末期の成立と目《もく》される『御遺告《ごゆいごう》』類では、空海が生まれながらの聖人であったがためとして、一つのエピソードを伝えている。

年始めて十二、爰《ここ》に父母の曰《いわ》く、我が子は是《こ》れ昔、仏弟子なるべし。何を以《もっ》てか之《これ》を知るとならば、夢に天竺《てんじく》国より聖人の僧来りて、我等の懐《ふところ》に入ると見き。是《かく》の如《ごと》くにして妊胎《にんたい》し産出せる子なり。然《しか》れば則《すなわ》ち、此の子を賫《も》て将《まさ》に仏弟子と作《な》さんとす

という両親の会話がそれである。このとき外戚の舅《おじ》、阿刀大足らが「縦《たと》い仏弟子となるも、大学に出でて文書を習わしめて、身を立てんには如《し》かず」と勧誡《かんかい》したというのである。

このエピソードは、空海が十五歳のころ母方の舅阿刀大足に就《つ》いて「頗《すこぶ》る藻麗《そうれい》を学び」（『文鏡秘府《ぶんきようひふ》論《ろん》』）、十八歳で大学に入る経緯を述べた伝承にすぎないとはいえ、空海が仏道を志向し、しかも阿刀大足らが、その空海の大学への進学を強く勧めたのが、空海の十二歳のときであったとする伝承には、留意しておく必要がある。

学令　『御遺告《ごゆいごう》』類で空海の得度《とくど》の師主とされる大安寺《だいあんじ》の勤操《ごんぞう》が、「年甫《はじ》めて十二にして大安寺信《しん》霊《れい》に就いて、以て吾が師と為」したこと（『性霊集』巻十）、あるいは最澄《さいちよう》が「年十二にして近江《おうみ》大国師伝燈法師《でんとうほつし》位行表《いぎようひよう》の所に投じて出家修学す」（『叡山大師伝《えいざんだいしでん》』）という伝承が先縦《せんしよう》となってのことかもしれない。しかも勤操は、その母島史《しまのふひと》が子なきを憂《うれ》い、駕龍寺《がりゆうじ》の尊像に詣《もう》で「息《そく》を祈り」、「夜、夢に明星懐《ふところ》に入るとみて、遂《つい》に乃《すなわ》ち娠《はら》むことあり」という（『性霊集』巻十）。他方、最澄もまた、その両親は「常に子なきを念《おも》い、祈願するに懐に在り、男子を得たり」といわれ、「一七日《いちしちにち》を期して至心に懺悔《さんげ》す。四日の五更《ごこう》に夢に好相を感じて、此の児を得たり」（『叡山大師伝』）とあるのも、生誕伝承として共通していることは興味深い。

いずれにもせよ、空海の大学進学への勧誡が十二歳のときであったとされるのは、「学令《がくりよう》」で大学への進学が「年十三以上、十六以下」と規定されていることと無縁ではない。「十三以上」とする理由は必ずしも明らかではないが、「十六以下」とされるのは、十七歳が課役の義務の生ずる中男《ちゆうなん》とされていたからである。「僧尼令《そうにりよう》」で寺院の四衆の一、童子《どうじ》について「年十七に至りなば、各々本色《ほんじき》

（本籍地）に還《かえ》せ」とあるのも、そのためである。ただし天平勝宝《てんぴょうしょうほう》九年（七五七）四月に中男・正丁《せいてい》の年齢がそれぞれ一年引き上げられ、十八歳が中男とされた。このことが、空海の大学入学の年齢と深くかかわってくることになる。

外戚の阿刀大足が空海に大学への進学を勧めたのは、「学令」による大学入学年齢十三歳を翌年に控えた年であったということになる。換言すれば阿刀大足らは空海を「学令」の規定どおり、十三歳で大学に進ませようと考えていたことになる。大足については、桓武《かんむ》天皇の皇子伊予《いよ》親王の文学《ふみのはかせ》、すなわち侍講《じこう》であったこと以外まったく知るところがない。かつて造東大寺《ぞうとうだいじ》長官でもあった佐伯宿禰《さえきのすくね》今毛人《いまえみし》は、佐伯直の宗家と信じられていたのだが、その配下にあった阿刀宿禰雄足《おたり》とか、延暦の初年に再度大学助《だいがくのすけ》をつとめた阿刀宿禰真足《またり》などは、あるいは大足と深い親縁関係にあった人びとであったろう。俗姓を跡《あとの》（阿刀）連《むらじ》といった興福寺《こうふくじ》の法相《ほっそう》の大家、善珠《ぜんじゅ》もまた阿刀の一族につらなる人物であったのだが、空海が若き日に、この善珠について仏教を学んだとみる想定も、そのことに起因してのことであろう。

家　族　空海の父は佐伯直田公《たぎみ》で、讃岐の佐伯直の嫡子《ちゃくし》ではなく、なぜか位階を有しなかったようである。その田公の嫡男としては、空海のほかに外《げ》従五位下の鈴伎麻呂《すずきまろ》、正六位上の酒麻呂《さかまろ》、正七位下の魚主《うおぬし》、それに後に出家して兄空海に師事することになる真雅《しんが》がいたことが知られている（『三代実《さんだいじつ》録《ろく》』巻五）。その最終位階からみて、かれらが、真雅を除いて、すべて中級の官吏であったことが推量される。しかも貞観三年（八六一）十一月には、鈴伎麻呂の三人の息子の貞持《さだもち》は従六位上、貞継《さだつぐ》は大初位下、葛野《かどの》は従七位上の位階にあり、酒麻呂の子の豊雄《とよお》は大学書博士で正六位上、豊守《とよもり》は従六位上であり、また魚主の子の粟氏《あわうじ》は従八位上であったから、空海の血縁につながる一族は、その多くが中央の官界に進出していたことが予想される。

　このような一族の状況からみて、おそらくかれら兄弟の最年長であったと思われる空海が、所定の年齢に達したとき、大学に進み官僚世界に身を立てるものと、「一多の親識」が考えたとしても当然であり、けっして不思議ではない。しかし大学への進学を翌年に控えた十二歳の秋、延暦四年（七八五）九月に、若き多感な空海の心の襞《ひだ》に深く刻みこまれた忌《いま》わしい悲惨な事件が起こっている。それは桓武天皇の側近の一人であり、新都の造長岡京使《ぞうながおかきょうし》を兼ねていた藤原種継《ふじわらのたねつぐ》の暗殺と、その主謀者につらなる勢力に対する非情な粛清《しゅくせい》の事件である。

藤原種継暗殺事件　種継暗殺は、遠祖を同じくする大伴《おおとも》・佐伯の両氏が相謀り、種継が「在《いま》せば安からず、此の人を掃《はら》い退けん」として、桓武帝に代えて皇太弟《こうたいてい》の早良《さわら》親王を擁立《ようりつ》しようとした反逆事件であったとされる。その主謀者はこの事件の二十余日前に死去していた春宮大夫《とうぐうのだいぶ》（春宮坊《とうぐうぼう》の長官）の大伴家持《おおとものやかもち》であったというけれども（『日本紀略《にほんきりやく》』前篇十三）、この暗殺事件にかかわったとして誅斬《ちゅうざん》され、あるいは連坐《れんざ》人として流罪《るざい》となった官僚等のなかに、春宮坊にあった人びとが比較的多く含まれていたことが、早良親王の乙訓寺《おとくにでら》への幽閉と廃太子へとつらなっていったのである。

自らの無実を訴えた早良親王は、幽閉の後、十余日の間、飲食を口にせず、淡路《あわじ》へ流される途次、高瀬橋頭において絶命憤死した。このとき、かつて造東大寺長官《ぞうとうだいじ》をつとめ、一度は遣唐大使《けんとうたいし》にも任命され、民部卿《みんぶきょう》、大和守《やまとのかみ》などを歴任した佐伯今毛人《さえきのいまえみし》は、造東大寺次官の林稲麿《はやしのいなまろ》が主謀者の一人とされたこともあり、かつ大伴・佐伯につらなるものとして、大宰帥《だざいのそつ》として左遷《させん》されている。今毛人はまた、すでに述べたように、空海の属する佐伯直の宗家の当主と目された人物でもあったのである。

早良親王は十一歳で出家して東大寺の等定《とうじょう》に師事し、同じ東大寺の実力者実忠《じっちゅう》ともかかわりをもちながら、かつて東大寺の造営に意を尽くしたことでも知られている。あるいは、桓武天皇による新京長岡への遷都《せんと》に反対する勢力との確執がこの事件の背景にあったかもしれない。

いずれにもせよ、さきに桓武の父、光仁《こうにん》天皇の皇后井上内親王《いのえないしんのう》が皇太子他戸《おさべ》親王とともに天皇呪詛《じゅそ》という陰謀の犠牲となって、母子ともに非業《ひごう》の獄死した忌わしい事件が、空海の生まれた翌年に起こっている。今また、同じような陰湿で悲惨きわまりない事件が再び起こったのを面《ま》の当《あた》りにして、十二歳の空海の心の襞に、門閥《もんばつ》政治に対する不信感と官界における策謀に対する嫌悪感が深く刻みこまれ、人として生きることへの大きな疑念と、人と世間とのかかわりを求めて深く思い悩むこととなる。単純に大学を出て官界で名をあげることが、空《むな》しい幻影のように感ぜられたとしても不思議ではなかったのである。

就学　延暦七年（七八八）に空海が阿刀大足《あとのおおたり》に師事して、「頗《すこぶ》る藻麗《そうれい》を学」び始めた十五歳というのは、「学令」によれば大学に進むべき最終年齢を翌年に控えた年でもあったことになる。「藻麗」とは『文選《もんぜん》』『爾雅《じが》』『芸文類聚《げんもんるいじゅ》』『私学抄《しがくしょう》』といった漢文の基礎的な教養にかかわるものであったろう。しかしこのほかにも、古くから、山上憶良《やまのうえのおくら》などの例にみられるように、わが国における伝統的な教養の学としては、その学習は文学、史伝、経書のいわゆる外書《げしょ》とともに、内典《ないてん》すなわち仏典論書の教理にまでも及んでいた。空海もまた例外でなく、かつて創立運営されていた吉備真備《きびのまきび》の「二教院《にきょういん》」や石上宅嗣《いそのかみのやかつぐ》の「芸亭院《うんていいん》」における教養の学としての儒・仏二教の学習についても、大きな関心をよせ、かつ深い感化を与えられていたと思われる。

空海が舅の大足に就いて正式に学問を始めた延暦七年の五月、桓武夫人の旅子が亡くなり、一年ごとに、桓武帝の実母の新笠《にいがさ》、さらに皇后の乙牟漏《おとむろ》が相次いで世を去り、皇太子安殿親王《あてのしんのう》の病がつづいた。世の人々は憤死した早良《さわら》親王の怨霊《おんりょう》の祟《たた》りと噂《うわさ》し、桓武天皇の身辺に暗い不吉な影をおとし始めていたのである。はたして空海が、こうした世上の風説に因果応報《いんがおうほう》の悲哀を感じとっていたのかどうか。瞬《またた》く間に、空海は自らの生涯における最初の節目である中男《ちゅうなん》の十八歳を迎えることとなり、ようやくにして大学に進む路を選択するにいたる。舅の大足の勧奨から六年を経過した秋であった。

2　周孔は糟粕なり

大学　当時の大学は式部《しきぶ》省大学寮に属して、経学《けいがく》の教授を基幹とする官吏養成の機関であった。

その意味では、もっぱら経書を習う明経道《みょうぎょうどう》が中心であったが、中国の史伝、文学を専攻する文章道《もんじょうどう》(後に紀伝道《きでんどう》)、さらに律令を修学する明法道《みょうぼうどう》に算道《さんどう》を加えた四道が独立の学科として確立していた。このほかに付随の学科として書道もおかれたが、なかでも文章道は貴族階層の好尚とも相俟《あいま》って優勢となり、後には中国の「唐式」にならって「良家の子弟」に詩賦《しふ》を課試して文章生としたという。「良家」とは三位《さんみ》以上の子弟を指すようになる。

「学令」によれば、大学への入学は戸主《へぬし》が五位以上の子弟、あるいは東《やまと》と西《かわち》の史部《ふみひとべ》の子弟に限られていたのだが、六位以下、八位以上の子弟は式部省に志願して試験に合格すれば大学に進み得たから、戸主が正六位上の佐伯直道長《さえきのあたいみちなが》の戸口《ごく》であった空海も、そのルートでの入学であったことになる。身分によって入学を制限するなど学問の貴族化の風潮のなかにあって、伊予親王の侍講であった舅の大足に就いて「頗る藻麗を学」んだ空海ではあっても、たとえ自ら望んだとしても、大学の文章道へは進み得なかったかもしれない。大学生となった空海がまず感じた矛盾と疑問は、そのことであった。後に空海が世界の教育史上はじめて、教育の機会均等を実現せしめた私学(綜藝種智院《しゅげいしゅちいん》)を創立するのも、その素因はこのとき痛感した悲憤にも似た教育への疑念にあったといえよう。

学問　『御遺告《ごゆいごう》』類で伝えられる「大学に経遊して、直講の味酒浄成《うまさけのきよなり》に従って毛詩《もうし》、左《さ》伝《でん》、尚書《しょうしょ》を読み、左氏春秋《さししゅんじゅう》を岡田博士《おかだのはかせ》に問う」というのが事実とすれば、空海は明経道に籍を置いたことになる。『三教指帰《さんごうしいき》』の序で、空海は自らの学究生活に触れて「雪蛍《せっけい》を猶《な》お怠《おこた》るに拉《とりひし》ぎ、縄錐《じょうすい》の勤めざるを怒る」と書きとめている。雪あかりや蛍の光で読書した古人を目指し、それでも怠ろうとする気持をくじき、また縄を首にかけ錐《きり》で股《もも》を刺して睡魔を防いだ古人にならって、おのれの不勉強をはげました（福永光司《みつじ》訳『三教指帰』中央公論社、一九七七年）というのである。

門閥《もんばつ》政治の機構のもとではあっても、官吏登庸《とうよう》の均等をたてまえとする「選叙令《せんじょりょう》」を唯一の頼みの綱とする下級官僚の子弟たちは、空海ならずとも、貢挙試《ぐこし》を目指して文字どおり懸命の努力をつづけたであろう。『御遺告』では、空海は『春秋左氏伝』を直講（講師）の味酒浄成に習い、また明経博士（主任教授）の岡田牛養《おかだのうしかい》に問うたという。味酒浄成についてはまったく知るところはないが、はたして大学において『春秋左氏伝』を講じていたかどうかは疑わしい。というのも、大学では桓武天皇の施政方針に沿って、延暦三年（七八四）以来、留学帰りの気鋭の助教（助教授）、伊与部連家守《いよべのむらじいえもり》が担当して、従来の『左氏伝』のみの講座に加えて、新たに春秋学の『公羊伝《くようでん》』と『穀梁伝《こくりょうでん》』の二伝をも開講していたからである。その開講は、いわば唐突に行われた遷都《せんと》と、たび重なる東夷の征伐を正当化せしめる理念の確立を目指すものであったといえる。

理想的国家論と現実社会とのはざま　中華の高い文化によって辺境の夷狄《いてき》を教化する理想的国家論を説くこれらのテクストの講義は、為政者の側からすればたび重なる東国平定や遷都を正当化するイデオロギーを、将来の官僚たるべき学生に植えつけることであり、他方、人材登庸の均等主義を唯一の頼みとする大方の学生たちにとってみれば、これらの科目の受講は官界での立身を左右しかねない通行手形のごときものであったという（加地伸行「弘法大師と中国思想と」、中野義照編『弘法大師研究』収録、吉川弘文館、一九七八年）。しかし空海には、これらの新設の講座を受講した形跡は認められない。空海の心の襞に深く刻みこまれていた官界への不信感と嫌悪感は、公羊伝的な理想的国家論の理念が、現実の目を覆《おお》いたくなるほどの悲惨な社会的疲弊の状況とは、あまりにもかけ離れた空疎な所論にすぎぬと思わしめたのも、けだし当然のことであったろう（加地伸行、前掲論文）。

それに加えて、後に空海が自らの来《こ》し方行末《かたゆくすえ》を示そうとして著わした『聾瞽指帰《ろうこしいき》』（後に改訂して『三教指帰』）に登場する仮名乞児《かめいこつじ》には、若き日の空海自身の姿が幾分か投影されているといわれるが、「玉藻《たまも》よる讃岐《さぬき》の島、楠の木が太陽をさえぎって生い繁る多度の郡、屛風《びょうぶ》が浦の人」である仮名乞児をして、「二人の兄はつぎつぎと世を去って、涙は幾すじも頰にあふれおちた」と語らしめている。この「二兄重ねて逝った」ことが事実であり、しかもその時期が大学への進学と相前後したころのことであったとすれば、空海の心の襞には、この世の無常感の悲哀が、さらに深く折り重ねられることとなる。

当時の「学令」に示されるカリキュラムからみて、大学での所定の課程を修了して官吏登庸のための貢挙試《ぐこし》を受けるのには、ほぼ三年間も在学すれば可能であったろう。しかし空海が貢挙試を受けた形跡はまったくない。それのみか、承和二年（八三五）十月二日に「亡名僧述す」とされる『空海僧都伝《くうかいそうずでん》』（実際には、内容的にみて平安末の成立）では、常に謂《おも》えらく、我《わ》が習うところは古人の糟粕《そうはく》なり。目前なお益なし。況《いわ》んや身斃《たお》るる後をや。此の陰已《すで》に朽《く》ちなんとす。真を仰がんには如《し》かず

と言わしめている。この告白は『御遺告』類で、

恒《つね》に思うに、我が習うところの上古の俗教は眼前都《すべ》て利なし。矧《いわん》や一期《いちご》の後においてをや。此の風已に止みなんとす。真の福田《ふくでん》を仰がんには如《し》かず

とあるのに相応している。

すでに述べたように、わが国古代における教養の学は、外書《げしょ》とともに深く内典《ないてん》にも及んでいた。空海が大学に入学したころの大学頭《だいがくのかみ》であった阿保人上《あほのひとがみ》には『華厳経序私記《けごんきょうじょしき》』一巻の著述があった（『東《とう》域伝燈目録《いきでんとうもくろく》』）。またかつて宝亀の初めころ、大学頭と文章《もんじょう》博士を兼ねた淡海三船《おうみのみふね》は、もともと天平八年（七三六）に来朝した唐僧道璿《どうせん》に就《つ》いて出家得度《とくど》したこともあって、『梵網経《ぼんもうきょう》』や『起信論《きしんろん》』を中心とした華厳《けごん》の教学にすぐれ、自ら『大乗起信論《だいじょうきしんろん》』の注釈を著わしてもいる。その三船のもとで大学助教をつとめた膳《かしわでの》臣大丘《おみおおおか》も、留学からの帰国に際して『金剛般若経註《こんごうはんにゃきょうちゅう》』一巻を請来していることからみても、大学において仏教の講説は行われなかったものの、教養の学としては仏教経論の考究が広く行われたことが知られる。

仏教への志向　しかし今や、大学において経史を学ぶにつれて、空海の仏教への思いは教養の学としての領域をはるかに超えるものとなっていった。「釈慈の示教は先ず三帰五戒《さんきごかい》を開いて法界《ほうかい》を化《け》

し、周孔《しゅうこう》の垂訓は前《さき》に三綱五教を張りて邦国を済《すく》う」とみる山上憶良《やまのうえのおくら》の思想は、やがて吉備真備《きびのまきび》の儒仏二教の斉合論《せいごうろん》へとつらなってゆくのだが、さきに言及した淡海三船が編んだといわれる『懐風藻《かいふうそう》』に見られる釈道融《しゃくのどうゆう》の伝記に、大学生であった空海は深い関心をよせたに違いない。そこでは波多《はた》氏出身の道融は「少《わか》くして槐市《かいし》（大学）に遊ぶ。博学多才、特《こと》に属文《しょくぶん》に善《よ》し。性は殊に端直なり。昔、母の憂《うれい》に丁《あた》り、山寺に寄住す。偶《たまさか》に法華経《ほけきょう》を見て、慨然にして歎じて曰わく、我れ久しく貧苦にありて、未だ宝珠の衣中に在るを見ず。周孔の糟粕《そうはく》、安《いずく》にか以《も》ちて意《こころ》に留むるに足らんという。遂に俗累《ぞくるい》を脱《はな》れ、落飾出家す」云々と記されていた。「母の憂」とは母の逝去をいう。

一沙門との出会い　空海自身、数年にわたる大学での外書の学習と自らの仏教経論の猟渉《りょうしょう》によって、かつて大学生であった道融が周孔の学を糟粕と断定して仏教界に身を投じた軌跡に、自らの進むべき還源《げんげん》への路についての強烈な示唆《しさ》を受けたに違いない。その進路を決定的にしたのが一沙門《しゃもん》との出会いであり、虚空蔵求聞持法《こくうぞうぐもんじのほう》の呈示であった。後に空海は「弱冠《じゃくかん》より知命《ちめい》に及ぶまで山藪《さんそう》を宅《いえ》とし、禅黙《ぜんもく》を心とす」（『性霊集』巻四）と書いているから、槐林《かいりん》から山林への軌跡は弱冠すなわち二十歳を過ぎたころのことであったと思われる。この一沙門が具体的に誰であったかはわからない。当時、吉野の比蘇山寺《ひそさんじ》などで山林での浄行として虚空蔵法《こくうぞうほう》が修せられ、特に付法の相承《そうじょう》を問題としない自然智宗《じねんちしゅう》のグループを形成していたともいわれているから、あるいは、こうしたグループに属する人物であったかもしれない。奈良末の「釈門の秀」と称された元興寺《がんごうじ》の法相派《ほっそうは》の祖、神叡《じんえい》は吉野の比蘇山寺で虚

図１　釈教三十六歌仙絵

断簡。書き込まれた歌は「法性の室戸ときけど我すめば有為の浪風よせぬ日ぞなき」で，『三教指帰』から「勤念土州ノ室戸崎谷不惜響明星来影云々」の一節がそえられ，自然の中での修行のようすをあらわしたものと考えられる。（大和文華館所蔵）

空蔵菩薩の霊感を得て自然智《じねんち》を獲《え》たという（『扶桑略記《ふそうりゃっき》』所引の『延暦僧録《えんりゃくそうろく》』。『今昔物語集《こんじゃくものがたりしゅう》』）。

その神叡の学系を引く平安初期仏教の泰斗《たいと》、護命《ごみょう》も若き日に「吉野山に入って苦行し」、その後も「月の上半は深山に入って虚空蔵法を修し、下半は本寺（元興寺）に在って宗旨を研精す」（『続日本後紀』承和元年〈八三四〉九月戊辰条）と伝えられている。

『虚空蔵求聞持法』とは、インド僧善無畏《ぜんむい》が来唐した翌年の開元五年（七一七）に初めて翻訳した密教経典であり、如法《にょほう》に虚空蔵菩薩の真言《しんごん》を一百万遍誦すれば、あらゆる教法の文義《もんぎ》を暗記することができると説かれている。もとより、この経典が説くところは単なる暗記術のみではないのだが、『続日本後紀《しょくにほんこうき》』の空海卒伝では、「此れより慧解《えげ》日に新《あら》たにして、筆を下せば文を成す。世に伝う、三教論は是れ信宿《しんしゆく》の間に撰するところなり」として、いかにも『三教指帰《さんごうしいき》』が求聞持法を修することで得られた自然智《じねんち》の慧解による二晩の間での撰述とする世評を載せている。こうした世評は、たとえば後世、秀才科《しゆうざい》の対策試《たいさくし》を受けるために虚空蔵法を修した大江音人《おおえのおとひと》が「此れより才名は日に進む」(『扶桑《ふそう》略記《りやつき》』第二十)とされることからみても、この修法が世俗的な才名を得るために行われることがなかったわけではないことを暗示している。

しかし『三教指帰』の序では、この虚空蔵求聞持法を吉野の金峰山《きんぷせん》や伊予の石槌山《いしづちさん》、あるいは阿波《あわ》の大瀧嶽《たいりゆうがだけ》や土佐の室戸《むろと》崎《のさき》などで修することで、「遂に乃《すなわ》ち朝市《ちようし》の栄華念々にこれを厭《いと》い、巌藪《がんそう》の煙《えん》霞《か》日夕にこれを飢《ねが》う」云々として、出家の思いが確固たるものとなったと述べている。すなわち「こうした修行をつむうちに、大学を出て官吏として出世しようとしたり、商売で金もうけをしようとする世俗の栄達を次第にうとましく思うようになり、俗塵《ぞくじん》を遠く離れた山野林間の生活をあこがれるようになった。身に美服をまとい、立派な車駕にくつろぐ贅沢な暮らしぶりを見ると、あんな華やかな暮らしも一瞬のうちにはかなく消えゆくのかという歎きにとらえられ、不具のものやボロをまとった貧しい人を見ると、どういう因果でこんなみじめな姿になったのかという悲哀に心をいためざるをえない。こうして、目にふれる情景は、ことごとく世俗の生活をいとう気持をそそり、吹く風をつなぎとめるすべがないように、私の出離の志をとどめることはもはやできない」(上山春平訳『三教指帰』河出書房新社、一九七三年)。

「雪中に肱《ひじ》を枕とし、雲峰に菜《くさびら》を喫《くら》う」（『性霊集』巻五）深山幽谷《しんざんゆうこく》での久修練行と、京師の学問寺での仏教教理の研精に数歳の年月を経るうちに、空海は二十四歳の暮を迎えていた。まさしく、生涯の第二の岐路に臨むことになったのである。

3　『聾瞽指帰』の撰述

所信の披瀝　「学令《がくりょう》」によれば、大学生で二経以上の課程を修めて官界での出仕を求めるものは、貢挙試《ぐこし》で文義十条のうち八以上の及第者を太政官《だいじょうかん》に挙送し、成績に応じて叙位任官させることになっていた。ただし貢人《ぐにん》、すなわち官吏として登庸《とうよう》されるのは二十五歳以下に限られていたのである（『令集解《りょうのしゅうげ》』巻十七）。その貢挙試は毎年十一月に行われることになっていたから（『令集解』巻二十二）、空海の場合、もしも官界へ進むとすれば、延暦十六年（七九七）十一月の貢挙試が最後の機会ということになる。空海が槐林の学窓を去るにあたって、どのような手続きを経ての解退（退学）であったのか定かでない。しかし二十四歳の暮にいたって、なおも貢挙試なり対策試を受けなかった空海にしてみれば、自らの行動について眉を顰《ひそ》める親識（親戚知人）に対しても、さらには自身の来《こ》し方行末《かたゆくすえ》を明らかに示すためにも、所信の披瀝《ひれき》が不可避の状況にあった。

　その所信の表明が延暦十六年十二月一日に著わした『聾瞽指帰《ろうこしいき》』一巻である。この序文では詩文の核心と精髄について論及し、曹植《そうち》や沈約《しんやく》などの作品にも批評を加える一種の文学論となっている。その文脈には、なにがしか衒学《げんがく》的な気負いが感じられるのも、舅の阿刀大足《あとのおおたり》に就いて藻麗《そうれい》を学んで以来、これまでの自ら修めた教養の学の実績を示す意図があってのことかと思われる。しかもこの著作自体、儒・道・仏の三教論であり、仏教を論ぜしめる仮名乞児《かめいこつじ》に自らの来し方を投影し、その言動に自らの行末を暗示せしめているのである。

しかも当時、高級官吏になるためのもっとも難解な対策試が、多くの場合、儒仏二教ないしは三教の優劣論をテーマとしていた事実を想起すべきである。ちなみに、後に空海らとともに遣唐判官として入唐《にっとう》し、帰国の後には大学頭《だいがくのかみ》にもなった菅原清公《すがわらのきよきみ》は、空海より四歳年長で、大学では文章生《もんじょうせい》として在学していたのだが、延暦十七年二月の秀才の対策試で一旦は不第でありながら、後に及第とされている。その理由はともかくとして、このときの対策試の課題は三教論であった。こうした状況のなかで、空海が三教論たる『聾瞽指帰』一巻を著わしたのは、あるいは自らに課した対策試への解答を示すことでもあったと考えることもできよう。

ただその序文の末尾で本書撰述の動機を「暴悪の児」への誨示《かいし》とする部分は、前半の自信に満ちた文学論とは、どうみても、うまく整合していない。そのためばかりではあるまいが、空海はおそらくは中国での留学から帰った後に、この序文と結頌《けつじゅ》の十韻の詩を完全に書き改めて、『三教指帰《さんごうしいき》』三巻としている。問題はこの『三教指帰』の序でも、その日付が改訂した年月ではなく、『聾瞽指帰』と同じ「延暦十六年臘月《ろうげつ》の一日」とされている点である。それは、この著作の撰述意図が官吏登用の最終年限である二十五歳を目睫《もくしょう》の間に控えて、自らの来し方を示し、これからの取るべき進路を示すことにある以上、空海にとってこの著作は延暦十六年十二月のものでなければ、意味をもち得ないような性格のものであったからである。

空海による三教論　いずれにしても『聾瞽指帰』が、当時の対策試などの採点評価基準であった文義の両面にわたり、きわめてすぐれたものであったことは容認されよう。文の面では、いわゆる四六《しろく》駢儷体《べんれいたい》の格調正しい文章であり、義の面においても、儒・道・仏の三教の多岐にわたる尨大な典籍の的確な理解に基づく三教批評の論述に、舅の大足をはじめ、これを見た知識人たちは驚嘆の声をあげたに違いない。この著述を「ただ憤懣《ふんまん》の逸気《いっき》を写す」ものとして、「誰か他家の披攬《ひらん》を望まん」というのは、後の改訂文における逆説的な記述にすぎない。槐林から山林へと身を退いた空海が、当時社会問題化していた逃役の浮浪の徒輩でないばかりか、かつての越《こし》の泰澄《たいちょう》や役小角《えんのおづぬ》に比せられるような、単なる呪術《じゅじゅつ》的な山林修行者の枠にとどまるような人物でもなかったことを、それは明白に示すものであったといえよう。

『聾瞽指帰』のなかで、空海は「玉藻《たまも》よるところの島（讃岐）、豫樟《よしょう》日《ひ》を蔽《かく》すの浦（多度）、未だ思うところに就かざるに忽《たちま》ち三八《さんぱち》の春秋を経た」仮名乞児をして、「頃日《このころ》の間、偶《たまたま》、良師の教えに遇《あ》いて」云々と語らせている。その良師とは、それにつづく文脈に見られる「吾が師釈尊」に対応することは自明としても、その文脈の背後に、ちかごろ偶《たまさ》かにめぐりあった良き師によって、仏教の核心を知りうる機会を与えられたことが暗示されていると見ることもできるという（上山春平訳『三教指帰』）。
その「良師」が虚空蔵求聞持法《こくうぞうぐもんじのほう》を呈示した「一沙門《しゃもん》」であったかどうかは不明だが、『聾瞽指帰』のなかで、仮名乞児のことばに託して、仏教の教えの偉大さと広大さについて述べるつぎの文章に留意すべきであろう。すなわち「中国古代の聖王とされる黄帝《こうてい》や帝堯《ていぎょう》、伏羲《ふくぎ》などは仏陀《ぶっだ》の下足番にもあたいせず、古代インドの理想的な統治者である転輪聖王《てんりんじょうおう》や、帝釈天《たいしゃくてん》、梵天《ぼんてん》などの神々なども、仏陀の輿《かご》かきも勤まらない。天魔《てんま》や外道《げどう》がどれほどさまざまに論難し批判を加えようとも、仏の教えを毀《き》損《そん》することはできないし、声聞《しょうもん》や縁覚《えんがく》の小乗《しょうじょう》の徒が、いかほど称讃の言辞を吹聴《ふいちょう》しようとも、とても仏の教えを称讃しきれるものではない」（福永光司訳『三教指帰』中央公論社、一九七七年）というのがそれである。

このなかで「どれほどさまざまに論難し批判を加えようとも」云々と現代語訳されている原文、「百非《ひゃくひ》を騁《は》せても毀《そし》る攸《ところ》に非《あら》ず」というのは、江戸期の学僧運敞《うんじょう》の注釈によれば、『釈摩訶衍論《しゃくまかえんろん》』巻二の「其の真如《しんにょ》の法は百非も非《そし》るところに非《あら》ず」を典拠とし、また「いかほど称讃の言辞を」云々の原文、「万是《まんぜ》を飛ばすとも是《ぜ》とする所に非ず」というのもまた、同じく巻二の「千是《せんぜ》も是《ぜ》とするところに非ず」に依憑しての表現であるという（『三教指帰注』巻七）。空海は後に『弁顕密二教論《べんけんみつにきょうろん》』巻上で「龍猛《りゅうみょう》菩薩の釈大衍論《しゃくだいえんろん》に云《いわ》く」として、「本覚《ほんがく》」に言及して「若《も》し尓《しか》らば一法界心は百非に非ず、千是に背《そむ》けり」として「三自一心摩訶衍の法」に関説しているから、運敞の指摘は容認してよいだろう。

『釈摩訶衍論』　龍樹《りゅうじゅ》（別称、龍猛《りゅうみょう》）の作とされる『釈摩訶衍論《しゃくまかえんろん》』十巻は馬鳴《めみょう》の『大乗起信論《だいじょうきしんろん》』の注釈であるが、宝亀九年（七七八）十一月に唐国での留学から帰朝した大安寺の戒明《かいみょう》によって、はじめてわが国に齎《もたら》されたものである。このとき仏教界ではこの論書が龍樹の作か否かという真偽が問題とされ、大学頭と文章博士を兼ねた淡海三船《おうみのみふね》や、僧綱《そうごう》の一人賢璟《けんけい》らによっては、偽書と判定された。淡海三船はすでに触れたように、かつて唐僧道璿《どうせん》に就いて華厳《けごん》を学び、『起信論《きしんろん》』についても深い関心をよせていた。三船は宝亀十年（七七九）閏《うるう》五月に戒明に書状を寄せ、『釈摩訶衍論』を「偽妄の作」として「願わくは早く蔵匿して流転すべからず。笑を万代に取らん」と忠告している。三船自身、この論書を「文鄙《いや》しく義昏《くら》し」として、後に自ら『大乗起信論』の注釈を著わすことになるのだが、文人の首《しゅ》と称される三船や僧綱の賢璟による偽書の判定は、おそらくこの論書の図書寮《ずしょりょう》による書写保管はもとより、人々の耳目にも触れさせない処置がとられたと思われる。

戒　明　この論書を請来した戒明は、三船によって「今、大徳は当代の智者なり。何ぞ労《いたつかわ》しく、この偽文を持ち来れるや」と非難されているが、このいわば禁書扱いとされた『釈摩訶衍論』を、二十四歳以前の空海が読んでいたとすれば、当然それは戒明自身かその周辺の人物を通じてのことであったとしなければならない。

戒明は讃岐《さぬき》の凡直《おおしのあたい》氏出身で、大安寺慶俊《きょうしゅん》に師事して華厳《けごん》を学び、「兼ねて異聞《いぶん》を採《と》り、遠近の緇素《しそ》は其の日月を蒙《こうむ》る」（『延暦僧録』）といわれたが、慶俊はまた養老二年（七一八）に帰国した道慈《どうじ》と師資関係にあり、ときに道慈は「真言法を以て善議と慶俊に授け」、「慶俊大徳は専《もっぱ》ら真言を以て其の本宗とす」（『三国仏法伝通縁起《さんごくぶっぽうでんずうえんぎ》』巻中）とも伝えられている。この場合の真言法とは、文脈からみて道慈がはじめて請来したという虚空蔵求聞持法を指しているかのごとくであるが、善議の弟子勤操《ごんぞう》をもって空海の師とみなす『御遺告』（二十五箇条）の第四においてすら、空海をして慶俊を「吾が祖師」と呼ばしめているのは、空海と戒明とのかかわりを示唆《しさ》せしめることにもなっている。

その戒明が西大寺の得清《とくせい》らとともに、「上宮王《じょうぐうおう》の疏《しょ》」といわれる『勝鬘経義疏《しょうまんぎょうぎしょ》』一巻と『法華経《ほっけきょう》義疏《ぎしょ》』四巻を携行して入唐留学《にっとうるがく》したのは唐の大暦七年（七七二、日本の宝亀三年）であったという（唐僧明空『勝鬘経義疏義私鈔《ししょう》』巻一）。事実とすれば、唐における密教の大成者不空三蔵《ふくうさんぞう》の入寂《にゅうじゃく》二年前ということになるが、一説には請益僧《しょうやくそう》として宝亀八年（七七七）六月の入唐とも考えられるから（拙稿「弘法大師空海の入唐求法への軌跡」『密教文化研究所紀要』十三号、二〇〇〇年）、華厳教学の現況とともに、不空三蔵の名声と長安における瑜伽《ゆが》密教の状況を具《つぶさ》に見聞して帰朝していたことになる。得清もこのとき一行禅師《いちぎょうぜんじ》の『大毘盧遮那経義記《だいびるしゃなきょうぎき》』七巻を請来している。

天平八年（七三六）に来朝して大安寺に止住したインド僧の菩提僊那《ぼだいせんな》は、「華厳《けごん》を心要」としながら「尤《もっと》も呪術を善くし、弟子承《う》け習いて、今に伝う」といわれる。菩提僊那自身、不空の師主金剛智《こんごうち》の瑜伽密教をわが国に齎《もたら》しながら、当時、天下に疱瘡《ほうそう》が蔓延していたこともあり、かつまた「此の地の機縁未だ熟せざるを以て瑜伽大教を伝えず。唯《た》だ（瑜伽密教の支流末裔《まつえい》たる）神呪《しんじゅ》攘災《じょうさい》の法を授くるのみ」（性空《しょうくう》「南天竺婆羅門僧正碑註《なんてんじくばらもんそうじょうひちゅう》」）といわれるのは、後に最澄《さいちょう》が「真言の妙法」を伝えたことについて、延暦二十四年（八〇五）八月二十七日に出された桓武天皇の「内侍宣《ないしせん》」に徴してみても、事実を伝えるものと思われる（拙稿「日本密教形成序説」『密教文化研究所紀要』別冊1、一九九九年）。つまり大安寺に潜在した瑜伽密教は菩提僊那、慶俊、戒明の華厳の法脈とともに、今や精緻な無礙《むげ》の哲理から抜済《ばっさい》の教薬へと向かわせる一乗《いちじょう》の秘門として、空海の前に開示せられたのである。「径路未だ知らず、岐《ちまた》に臨んで幾たびか泣」いた空海は、今や「精誠に感ありて此の秘門を得」たとはいえ、「文に臨んで心昏《くら》く、赤県（中国）を尋ねんことを願う」ことになる。戒明とその周辺から得た長安の宗教事情についての情報は、周到な入唐留学の心得と準備に資するところ多大なるものがあったと思われる。

たとえば空海によって請来された経論《きょうろん》儀軌《ぎき》が、従来わが国に齎されていたものと、まったく重複がなく、しかも旧来の経典であっても「或《あるい》は近く訳されて未だ此の間（日本）に伝わらず、或は旧訳《くやく》たるも名来りて実闕《じっか》き、古人の未だ伝えざる所」のもののみを齎持《せいじ》していること（『御請来目録《ごしょうらいもくろく》』など、そのことをよくしのばせる。

三　密教の受法と流布

——山林優婆塞から密教の聖者へ——

高木訷元

1　唐都長安への旅路

年分度試の制度　空海は『聾瞽指帰《ろうこしいき》』を著わして自らの所信をあかし、吹く風をつなぎとめるすべがないように、もはや誰によっても出離の念《おも》いを押しとどめることができない状況にありながらも、なおしばらくは山林の優婆塞《うばそく》でありつづけなければならなかった。年も明けて二十五歳、延暦十七年（七九八）四月十五日に桓武《かんむ》帝は仏教政策の一つとして、年分度試《ねんぶんどし》の制度を新設している。かつて年分度者《どしゃ》となる条件としては『法華経《ほけきょう》』あるいは『金光明最勝王経《こんこうみょうさいしょうおうきょう》』の闇誦《あんしょう》、礼仏《らいぶつ》を解すること、それに浄行《じょうぎょう》三年以上とされていたのだが、逃役の私度僧《しどそう》を禁じ、かつ出家者の智行両面にわたる資質の向上をはかるため、大学寮の課試制度にならって、厳格な試験制度を設けたのである。

この制度によれば、得度《とくど》者の年齢を厳密な学究に堪えうる三十五以上とし、所習の経論《きょうろん》について大義十問を相対簡試して、五以上の正解者を及第として得度を許した。得度をすれば沙弥《しゃみ》（見習僧）となるのだが、所定の二乃至三年間の沙弥行《しゃみぎょう》を終えての受戒の日に再度審試を加え、「学令」十一の「其れ挙すべくは大義十条試み問え。八以上得ば、太政官に送れ」にならって、十問中八以上の正解者に限って受戒を許可したのである。しかしさすがに、この厳しすぎる制度は現状にそぐわなかったこともあって、延暦二十年（八〇一）四月十五日に改正され、得度者の年齢を二十以上とし、受戒時の再試験は廃止された。

年分度試は毎年十二月以前に僧綱所《そうごうしょ》で実施され、その得度は正月の斎会《さいえ》が終わる十四日に宮中で行われたから、得度者の年齢を三十五以上とする制度が実際に適用されたのは、延暦十八年正月から延暦二十年正月にいたる三年間であったことになる。したがって空海はこの年分度試の制によって、延暦二十一年正月まで年分度者として得度を受けることはできなかったことになり、優婆塞として自ら尋究する路を歩まざるを得なかったことになる。『聾瞽指帰《ろうこしいき》』では仮名乞児《かめいこつじ》について「私度僧の阿毘《あび》法師《ほうし》のような親友がおり、また篤信《とくしん》の檀主《だんしゅ》に光明優婆塞《うばそく》のような人がいた」ことを書きとめている。なにがしか反律令《はんりつりょう》的な行動と受けとられかねない表現ではあるが、空海の場合、優婆塞でありつづけることこそ、むしろ律令にかなうあり方であったことになる。

「あるときは海人《あま》の乙女に一眼惚れして修行の気持もゆるんで恋いこがれたこともあり、またあるときは年老いた尼を見て、美のうつろいやすさに目ざめ、自らを鞭《むち》打って女人《にょにん》を思う心を断ち切ったことがあった」（上山春平訳『三教指帰《さんごうしいき》』）というのは仮名乞児のこととされるのだが、若き空海にも、このような心の迷いが生じたこともあったろうか。あるいは若き日に読んだわが国の日雄人《ひのおびと》の卑俗な小説や唐国の張文成《ちょうぶんせい》の卑猥《ひわい》な小説『遊仙窟《ゆうせんくつ》』に出てくる話の潤色《じゅんしょく》でもあったろうか。いずれにもせよ、『聾瞽指帰』を著わして以来の行動は、杳《よう》として把捉《はそく》しがたい。しかし十二歳の秋に心の襞《ひだ》に深く刻みこまれた世間への抗しがたい懐疑の念《おも》いは、仏教哲理の深い思索と自然に融合しうる厳しい秘法の練行によって、事物事象の一々に真実相を見出しうる心へと変わっていったに違いない。齢《よわい》もすでに三十路《みそじ》を越えようとしていた。

『続日本後紀《しょくにほんこうき》』巻四では空海の得度を「年三十一」とし、「延暦二十三年に入唐《にっとう》留学す」という。ここで空海の大僧都《だいそうず》への転任が天長七年（八三〇）とされるのは、明らかに事実と異なるのだが、末尾で「化去《けこ》の時、年六十三」となっていることも、さまざまな疑念を生ぜしめることになっている。

成安の注集

平安末の成安《じょうあん》が撰述した『三教指帰注集《さんごうしいきちゅうしゅう》』三巻は従来ほとんど知られていなかったものであるが、南岳房《なんがくぼう》（済暹《さいせん》）の序から寛治二年（一〇八八）十月の成立であることがわかる（佐藤義寛『三教指帰注集の研究』大谷大学、一九九二年）。この『注集』で成安は空海の行跡について、『続日本後紀』と『類聚国史《るいじゅこくし》』の記述を『別伝』とともに幾回かにわたって引いている。なかでも『三教指帰』序の「阿国の大瀧《たいりゅう》が嶽《だけ》に躋《のぼ》り攀《よ》じ」云々（ママ）に注釈して『続日本後紀』の当該箇所以下をすべて引いた後に、「自ら終焉《しゅうえん》の志あり、紀伊国金剛山寺に隠居す。入定《にゅうじょう》の時、年六十三」とする。「化去」を

「入定」とするのは成安の恣意的な改筆としても、「年六十三」とあるのは現行のそれと同じである。しかしこの引用につづけて、成安は「類聚国史に云《いわ》く、承和二年（八三五）三月丙寅、大僧都《だいそうず》伝燈大《でんとうだい》法師位《ほっしい》空海、紀伊国の禅居《ぜんご》に終る。時に六十二なり」とする。

ここで成安が援引する『類聚国史』の記事は、現在そのすべてが散佚《さんいつ》して伝わらない『類聚国史』巻一八八「仏道部」の「僧卒・上」における空海僧都伝からの引用と思われる。成安がこの箇所で『類聚国史』の「僧卒」における空海伝を重ねて引いたのは、空海の卒時の年齢が『続日本後紀』のそれと異なっていたためである。六国史《りっこくし》の記事を事項別に分類し、年代順に収録した『類聚国史』の性格からみて、ここで「時に年六十二」とされるのは、その原本である『続日本後紀』においても、当然ながら「化去の時、年六十二」となっていたことを窺知《きち》せしめる。

入唐　この類推に誤りなしとすれば、空海の得度は延暦二十三年、すなわち入唐の年であったことになる。周知のように、藤原葛野麻呂《ふじわらのかどのまろ》を大使とする遣唐使《けんとうし》船四艘が難波津頭《なにわのつとう》を進発したのは延暦二十二年四月十六日であった（『日本紀略《にほんきりゃく》』前篇十三）。このときの使節の一行のなかには天台請益僧《しょうやくそう》としての最澄《さいちょう》もいたのだが、四月二十一日に暴雨疾風に遭難し、船舶は損壊して明経請益の大学助教豊村家長《とよむらのいえなが》をはじめ、「沈溺《ちんでき》の徒は勝《あ》げて数うべからず」という大打撃を蒙り、このときの渡海は中止となった。船舶の修復と漂流物の補塡、人員の補充を終えて、再び藤原大使に節刀《せっとう》が授けられたのは、翌年の延暦二十三年三月二十八日であった。このとき空海の入唐留学が実現をみるのである。

図2　遣唐使船

当時の造船技術は幼稚であり，航海術も無きに等しかった。出港の指図なども多くは陰陽師によって行われ，ほとんどの場合，旧暦7月中旬のころに出港した。まさしく台風の季節にあたっていて，遭難しない方が不思議であった。空海の乗った第1船も暴風雨に遭難，35日間も海上を漂流し，九死に一生を得て福州の海岸に到着できた。『高野大師行状図絵』より。（地蔵院所蔵）

延暦二十四年九月十一日付の治《じ》部《ぶ》省への太政官符の写しには、留《る》学僧《がくそう》空海が「延暦二十二年四月七日出家、入唐せり」とあるけれども、二十二年は二十三年の誤りであろう（拙著『空海――生涯とその周辺――』吉川弘文館、一九九七年）。一説には「廿二」の二は三の一画が官印に遮ぎられて隠れたためとみるけれども、寛平七年（八九五）三月十日貞観寺座主《ざす》の撰とする『贈大僧正空海和尚伝記《ぞうだいそうじょうくうかいわじょうでんき》』では「延暦二十三年四月九日、東大寺戒壇院《かいだんいん》において具足戒《ぐそくかい》を受く、時に年三十一」とする。延喜十八年（九一八）の寛平《かんぴょう》法皇による

「諡号表《しごうのひょう》」、あるいは『朝野群載《ちょうやぐんさい》』巻十六においてもまた同じであるが、この受戒に関する記述はおそらく事実の伝承かと思われる。そうだとすれば、空海は得度と受戒を同時に受けたことになる。この場合の得度が年分度者《ねんぶんどしゃ》としてのものか、あるいは臨時度者としてのものであったかは未詳だが、おそらくは後者であったろう。それは一《いっ》にかかって目睫《もくしょう》の間に迫っている遣唐使節の再度の渡海に、「命《めい》を留学の末に銜《う》けて、津を万里の外に問う」(『御請来目録《ごしょうらいもくろく》』上表)ためであったのである。「人の願いに天順《したが》いたまいて」(『性霊集《しょうりょうしゅう》』巻七)、朝廷の命を受けての入唐が、還源《げんげん》の路としての秘門の学習とその受法を目的としたものであったことは勿論であるが、加うるに遣唐大使の在唐中は、その書記官的な役割をも負わされてのことであったと思われる。それを強く推挙した人物がかつての学友伊予親王であったのか、あるいは大使葛野麻呂《かどのまろ》その人であったのか、定かでない。

いずれにもせよ、同時に入唐した最澄が明州に着岸の後、病の快復を待ちかねたようにただちに台州天台山へと向かったのに対して、空海は長安に入り得た後も、遣唐大使が帰国の途につくまで、つねに大使と行動をともにし、代筆などをつとめている。その差は両者の資格が短期滞在の請益僧と長期滞留の留学僧の違いばかりによるものではなかったろう。

「大使のために福州の観察使《かんざつし》に与うる書」とか「藤大使のために渤海王子《ぼっかいおうじ》に与うる書」などは、その一例にすぎない。とりわけ前者は、大使一行が国書を携《たずさ》えず、しかも国信物にすら印書がなかったことから、日本国の使節であることを疑われ、福州官憲のとった遣唐船の封検という前例をみない処遇に、条理を尽して慇懃《いんぎん》に抗弁した外交文書である。その文章にこめられた深く広い教養のかおりと墨痕あざやかな筆跡は、福州の官人をして畏敬の念を起こさずにはおかない体《てい》のものであった。

書　聖　そのことを窺知《きち》せしめるエピソードを、後に入唐して福州に着いた円珍《えんちん》が伝えている。円珍は讃岐《さぬき》の出身で、空海の甥《おい》とも、姪《めい》の子ともいわれるが、父方のおじ、僧仁徳《にんとく》をたよって比叡山に登った人である。その円珍が州都福州の開元寺の寺主恵灌《えかん》から「五筆和尚は在《まし》ますや無《いな》や」と問われる。「円珍、語《こと》は此れ故《もと》の大僧正空海大法師のことなるを知り、便《すなわ》ち亡化《ぼうけ》せらると答えたり。恵灌は胸を槌《たた》いて悲慕し、異芸の未だ曾《かつ》て倫《たぐい》あらざるを称歎しぬ」(「円珍請伝法公験奏状背書」『園城寺文書《おんじょうじもんじょ》』第一巻)と書きとめている。空海が長安へ向かう以前、この福州に滞在したのは一ヵ月ばかりの期間であった。そのわずかな滞留の間にも、いまだかつて倫《たぐい》まれな異芸をもてる人としての印象を、空海は現地の知識人に与えていたことがわかる。わけても五筆和尚としての称讃は、卒伝の編者をして、「書法に在っては、最も其の妙を得、張芝《ちょうし》と名を斉《ひと》しくす。草聖と称せらる」と書かしめた(『続日本後紀』)空海の書聖としての面目躍如たるものがある。

同じような挿話は、空海の弟子真済《しんぜい》によっても伝えられている。すなわち、空海が在唐の日、技巧を尽した離合《りごう》の詩を作って唐僧の惟上《いしょう》に贈ったことがあった。前の福州の役人で、当時の一大文人でもあった馬捴《ばそう》はこの空海の詩を覧《み》て驚嘆し、空海に詩を送ってつぎのように言ったという。「何ぞ乃《なんじ》、万里より来《きた》れる、其の才を衒《てら》うに非《あらざ》るべし、増々学んで玄機《げんき》を助けよ、土人すら子《なんじ》が如きは稀《まれ》なり」

と(『性霊集』序)。惟上は成都の出身であるが、後に空海が長安青龍寺で師事する恵果《けいか》の弟子の一人であったから、この空海の作詩のことは福州での出来事ではなかったろう。ただ馬捴は福州の地方官であったとき、あるいは留学僧空海の異芸ぶりを耳にしていたかもしれない。

長安へ　福州から長安へ向かうことが許された大使以下の一行のなかに、当初、空海の名前は含まれていなかった。留学生であるからといって、無条件で希望のところに行けるわけではなかったのである(拙著『空海――生涯とその周辺――』)。空海もさることながら、藤原大使にとっても重い衝撃であった。早速に空海は新任の福州観察使閻済美《かんざつしえんさいび》に入京を乞う啓状《けいじょう》をしたためる。このなかで空海は自らを日本国留学沙門空海として、「時に人の乏しきに逢って留学の末に簉《そ》えり。限るに二十年を以てし、尋ぬるに一乗《いちじょう》を以てす」と書いて、自らの入唐が長安にほぼ二十年間滞留する留学生《るがくしょう》として、成仏速疾の秘密一乗の尋求受法《じんぐじゅほう》のためであると告げ、「早く名徳を尋ねて速やかに所志を遂げん」ことを望んでいる。その願いもすんなりと許されて、一行二十三人とともに、空海が唐都長安に入ったのは、年の瀬も押しつまった十二月二十三日であった。

2　般若への師事と恵果からの密蔵受法

西明寺　空海が遣唐使節の止住した宣陽坊《せんようぼう》の公館から、勅に准じて延康坊《えんこうぼう》の西明寺《さいみょうじ》に移り、本格的な留学生活に入ったのは、藤原大使の一行が長安を離れて帰国の途についた唐の貞元二十一年(八〇五）二月十一日のことであった。「長安二月、香塵《こうじん》多し、六街《りくがい》の車馬、声轔々《りんりん》」と詠《うた》われるころおいである。

この西明寺は創建以来、玄奘《げんじょう》や義浄《ぎじょう》とか、南山律の大家で『四分律行事鈔』のほかにも『広弘明集《こうぐみょうしゅう》』『続高僧伝《ぞくこうそうでん》』などを著わした道宣《どうせん》、あるいは『法苑珠林《ほうおんじゅりん》』百巻などを撰述した道世《どうせ》など、錚々《そうそう》たる学僧がかつて止住したことのある名刹《めいさつ》であった。空海と入れかわりに藤原大使らとともに帰国した永忠《えいちゅう》は戒明らとともに入唐留学し、西明寺に止住して学んだのだが、大安寺を本寺とする三論《さんろん》宗の人である。永忠については、当然、空海は戒明から聞き及んでいたはずである。その永忠はおそらく大安寺の道慈《どうじ》の学系に属する人であったろうが、十数年間の留学を終えて養老二年（七一八）に帰朝した道慈もまた、在唐中はこの西明寺を本拠としていたのである。唐の開元四年（七一六）に来唐した密教僧の善無畏《ぜんむい》は、翌年この西明寺菩提《ぼだい》院で『虚空蔵求聞持法《こくうぞうぐもんじほう》』一巻などの訳経にたずさわっているから、道慈が善無畏と邂逅《かいこう》したことは十分あり得たことである。後に人口《じんこう》に膾炙《かいしゃ》した善無畏の来朝伝説（『扶桑略記《ふそうりゃつき》』第六）は、道慈による『虚空蔵求聞持法』の齎持《せいじ》にかかわっての伝説化であろう。

密教僧　空海が移住した西明寺には、該博な仏教史家の円照《えんしょう》と、疎勒国《そろくこく》出身の慧琳《えりん》がいた。円照には『不空表制集《ふくうひょうせいしゅう》』六巻など多くの碑記集類の撰述や『貞元新定釈教目録《じょうげんしんじょうしゃっきょうもくろく》』三十巻など幾つかの経録の編纂があった。しかも円照は貞元四年（七八八）以来、インドの密教僧般若《はんにゃ》三蔵の翻訳に関与しつづけた人でもあったのである。他方、慧琳はカシュガルともサマルカンドともいわれる疎勒国の人で、はじめ不空三蔵《ふくうさんぞう》について密蔵《みつぞう》を稟受《ほんじゅ》し、「内には密教に精《くわ》しく総持《そうじ》の門に入り、外には墨流を究《きわ》め文字の粋を研《きわ》む。印度《インド》の声明《しょうみょう》の妙、支那の音韻の精、既にして瓶《びょう》を先師に受く」（『一切経音義《いっさいきょうおんぎ》』序）といわれる人物であった。つまりインドの言語とともに中国の音韻や古典にも深く精通していた密教僧であったのである。

秘密一乗《いちじょう》を学ぼうとする空海に対して、「言は唐梵《とうぼん》に善《よ》きこと」を必須とすることを教えたのは、この慧琳であり円照であったろう。唐語すなわち中国の言葉については、空海の場合、まったく問題はなかった。緊急の課題は梵語《ぼんご》つまりインドの言語論（声明）の学習である。幸いなるかな、かつて不空三蔵に師事して密教を学び、他方、善無畏の『無畏三蔵禅要《むいさんぞうぜんよう》』の梵漢を詳勘《しょうかん》したこともある慧琳が、唐梵の両語に精通せる人物として、この西明寺にいたのである。密蔵を求める空海にとって、この慧琳について梵語を学ぶのがもっとも適当であったことはいうまでもない。

しかし慧琳はこのとき七十を超える高齢ながら、貞元四年以来、『一切経音義』百巻の撰述に余念がなく、とうていこの人について梵語の手ほどきを受ける状況にはなかったのである。そのとき、同じ密教を受けたインド僧で、建中二年（七八一）ころに広州を経て来唐し、貞元四年以降、『大乗理趣《だいじょうりしゅ》六波羅蜜経《ろっぱらみつきょう》』や『守護国界主陀羅尼経《しゅごこっかいしゅだらにきょう》』などの翻訳につとめてきた般若三蔵《はんにゃさんぞう》への師事をすすめたのは、これらの翻訳にも関与してきた円照であったろう。このとき般若三蔵は同じくインド僧の牟尼室《むにし》利《り》や幾人かの南天のバラモンたちとともに、西明寺からそれほど離れていない醴泉寺《れんせんじ》に滞留していた。

般若三蔵　空海はただちに醴泉寺の般若三蔵に師事し、インドの声明《しょうみょう》や悉曇《しったん》を学び始め、南天竺《なんてんじく》の宗教事情、とりわけ密教の現況などを聴聞《ちょうもん》する。声明とはインドの言語の文法、音韻などの言語論をいい、悉曇とはインド文字学を指す。中国においても瑜伽密教《ゆがみっきょう》の伝法伝授は金剛智《こんごうち》・不空以来、伝統的に梵語をもって行われていたからであるが、それにもまして、その梵書、梵字の主体は法爾常住《ほうにじょうじゅ》にして、しかもその理は一切種智を含む法身《ほっしん》とする真言教学の本質にかかわることでもあるからである。

般若三蔵は北インドの迦畢試国《かびしこく》の人で、「俗姓は喬答摩《ごうたま》、或《あるい》は母の族姓に従わば羅《ら》氏」（『貞元録《じょうげんろく》』巻十七）というから、北インドと西域系の混血の人ということになる。現に長安には母方の従兄の羅好《らこう》心《しん》が右神策《うしんさく》将軍として活躍し、般若三蔵の翻訳活動にも力を尽した。十八年にわたる那爛陀寺《ならんだじ》での大乗習学の後に、南天竺で盛行している持明蔵《じみょうぞう》に魅せられ、南天の烏荼王寺《うだおうじ》で瑜伽教《ゆがきょう》を習い、灌頂壇《かんじょうだん》に登り五部真言をことごとくみな諮受《しじゅ》したという。この瑜伽教が『金剛頂経《こんごうちょうきょう》』系のものであったろうことは、後に般若三蔵が『諸仏境界摂真実経《しょぶつきょうがいしょうしんじつきょう》』を訳出していることから類推される。

般若三蔵はまた来唐の当初、景教僧すなわちキリスト教ネストリュウス派の景浄《けいじょう》（アダム）とともに、胡本《ごほん》の『大乗理趣六波羅蜜経』七巻を共訳したことでも、よく知られている。「景教」と密教の「大日教《だいにちきょう》」とが、その字義においてほとんど区別しがたいことから、ときには両者が混同されることもあったろう。景浄との共訳について、「釈氏の伽藍《がらん》と大秦僧寺《たいしんそうじ》（キリスト教の寺院）とは居止すでに別にして、行法も全く乖《そむ》けり、景浄は応《まさ》に弥尸《メシ》訶《ア》教を伝うべし。沙門釈子は仏経を弘闡《ぐせん》す。教法区分して、人をして濫渉《らんしょう》すること無からしめんとす」との批判が行われているからである（拙稿「般若三蔵と弘法大師空海」『密教文化研究所紀要』十四号、二〇〇一年）。空海は般若三蔵自身か、あるいは円照から、この景浄との共訳について聞くところがあったろうが、なぜか帰国後の空海は景教についてはまったく黙して語っていない。

醴泉寺には青龍寺恵果《けいか》の弟子僧義智《ぎち》がいた。義智の名は、空海が撰書した「恵果和尚の碑」のなかにも見られるが、はたして唐僧であるか般若三蔵とかかわりのあるインド僧であったかはわからない。この弟子僧義智のために、貞元二十年（八〇四）に恵果は醴泉寺に出向き、金剛界《こんごうかい》の大曼荼羅《まんだら》を建立して法筵《ほうえん》を開き、そこに般若三蔵らも集会《しゅうえ》している（『広付法伝《こうふほうでん》』巻二）。そのことは般若三蔵の密教が金剛頂《こんごうちょう》系のものであったことを示唆《しさ》しているとともに、般若三蔵が恵果と旧知の間柄であったことを示すものでもある。当然のことながら、その後に般若三蔵のもとで、秘密一乗を受け学ぶために梵字梵語などを習っている空海の異才ぶりが、義智らを介して恵果の耳にも達していたことになる。

恵果に師事する　青龍寺東塔院の恵果は会昌《かいしょう》の出身で俗姓を馬《ば》氏といい、金剛智・不空によってもたらされた『金剛頂経』系の密教と、善無畏《ぜんむい》によって弘演《ぐえん》された胎蔵《たいぞう》系の密教の両部を継承している当時唯一の権威者と目《もく》されていた。不空三蔵の六大弟子の一人であった恵果のもとには、訶陵《かりょう》（ジャワ）の弁弘《べんこう》、新羅《しらぎ》の恵日《えにち》、さきにも言及した剣南《けんなん》の惟上《いしょう》、河北の義円などが求法《ぐほう》のために笈《きゅう》を負い、

図3　恵　　果

寛喜3年（1231），真言八祖像より。（神護寺所蔵）

今も義明《ぎみよう》、義智、義操など多くの門弟が三密《さんみつ》瑜伽《ゆが》の教えを学んでいた。

その恵果のもとを空海が訪《と》うたのは、般若三蔵について梵字梵語などの基礎的教養とともに金剛頂系の瞑想法なども習って身につけた三ヵ月後の、五月のなかばころであった。青龍寺は長安城の東南隅、左街新昌坊《しんしようぼう》にある。名物の牡丹《ぼたん》の花もすっかり散り敷いていた。初対面の空海に対して、恵果は、

乍《たちま》ちに見て笑《えみ》を含み、喜歓して告げて曰《い》わく、我れ先に汝が来たらんことを知り、相待つこと久しかりつ。今日相見《あいまみ》ゆ、大《はなは》だ好《よ》し、大だ好し（『御請来目録《ごしようらいもくろく》』）

と言ったという。真言の法を求める空海に対面した恵果は、「報命竭《ほうめいつ》きなんとするに、付法に人なし。必ず須《すべか》らく速かに香花《こうけ》を弁じて灌頂壇《かんじようだん》に入るべし」と、その受法を許可《こか》したのも、すでに般若三蔵らを通じて空海が密教を受けるに足る法器たることを承知していたことを示している。

恵果が自らの報命まさに尽きなんと自覚していたのは事実であった。「付法に人なし」というのも、中国密教の衰退の現状を憂《うれ》えてのことであったろう。もしも空海が青龍寺に恵果を訪ねることが半年

遅れていたら、恵果の憂慮は現実のものとなっていたのである。

密教授法　空海への密教授法は、五月の発菩提心戒《ほつぼだいしんかい》（三昧耶戒《さんまやかい》）を授けることから始まり、六月には大悲胎蔵《たいひたいぞう》の学法灌頂《がくほうかんじょう》、七月には金剛界の五部灌頂とつづき、八月には真言両部の大法を相承《そうじょう》し、かつ自らその大法を他者に伝えうる阿闍梨《あじゃり》となる伝法阿闍梨位《でんぼうあじゃりい》の灌頂を受けて、遍照金剛《へんじょうこんごう》という灌頂名を授けられた。「遍照」とは密教の教主大毘盧遮那《だいびるしゃな》の意訳であり、大日如来《だいにちにょらい》を指す。このことは空海自身が法身《ほっしん》大日如来の仏位にのぼり、かつ教主大日如来の法門を正しく相承しえたことを象徴するものであった。この間の受法と学習の実態について、空海は帰国後、朝廷に上呈した『御請来目録』のなかに詳しく報告している（拙著『空海――生涯とその周辺――』）。

空海の受法について、恵果の俗弟子呉慇《ごいん》は「今、日本の沙門《しゃもん》空海ありて、来《きた》りて聖教《しょうぎょう》を求むるに、両部の秘奥《ひおう》、壇儀《だんぎ》、印契《いんけい》を以《もっ》てす。漢梵差《たが》うことなく、悉《ことごと》く心に受くること猶《なお》し瀉瓶《しゃびょう》のごとし」（『広付法伝』巻二）と記している。わずか一夏《いちげ》（三ヵ月）の間に空海が両部の大法を受け、梵字儀軌《ぼんじぎき》、梵字《ぼんじ》梵讃《ぼんさん》を学び、かつ諸尊の瑜伽観智《ゆがかんち》を修しえたのは、実に恵果に師事する以前の醴泉寺《れいせんじ》における般若三蔵のもとでの学習が大いに預かって力あってのことであった。なかでも空海が福州を出発して長安に向かったその日に、勅命による翻訳を完了して献上した『守護国界主陀羅尼経《しゅごこっかいしゅだらにきょう》』に説かれる密教思想について、空海は般若三蔵からじかに教示を受けることもできたのである。

還源《げんげん》を求めながらも岐《ちまた》に臨んで幾たびか泣き、山林の優婆塞《うばそく》としての修道に秘門と出会いえた空海は、今や密教の聖者として自他ともに認められる境位に達したのである。伝法阿闍梨位《でんぽうあじゃりい》の灌頂《かんじょう》が終わった日に、空海は五百の僧に斎《とき》を設ける大レセプションを催し、四衆《ししゅ》に供養した。青龍寺の同法、不空三蔵の故寺である大興善寺《だいこうぜんじ》などの供奉大徳《ぐぶだいとく》らが、数多くこの斎筵《さいえん》に参集したという。おそらくは醴泉寺の般若三蔵や牟尼室利《むにしり》、さらには西明寺の円照や慧琳《えりん》なども顔を揃えたであろう。いずれにせよ、一留学生による前代未聞の催しであった。

恵果の遺誡　その後の数ヵ月、空海は師主恵果の助言と援助を得て、大悲胎蔵、金剛界等の大曼茶羅十鋪を当代一流の宮廷画師李真《りしん》らに図絵せしめ、二十余人の写経生を集めて、自らも筆をとりつつ金剛頂などの密蔵経軌一百余部二百巻余りを書写し、さらには密教法具十五事を新たに鋳造せしめている。とくに密教経軌《きょうき》は携行の便を考慮して、極細字で書きこんだ冊子本の体裁をとらせている。この一部が、現在も「三十帖策子《さんじゅうじょうさっし》」として京都仁和寺《にんなじ》に伝わっている。

　これらの図像写経がようやく一段落ついたころ、恵果は空海に早々の帰国をうながして次のように告げる。「如今《いま》、此の土《くに》に縁尽きて、久しく住《とどま》ること能《あた》わず。宜《よろ》しく此の両部の大曼荼羅、一百余部の金剛乗《こんごうじょう》の法、及び三蔵転付の物ならびに供養の具等、請う、本郷に帰り海内に流伝すべし。纔《わず》かに汝が来《きた》れるを見て、命の足ざらんことを恐る。今則《すなわ》ち法の在りとし有るを授く。経像の功も畢《おわ》んぬ。早く郷国に帰り、以て国家に奉じ天下に流布して、蒼生《そうせい》の福《さいわい》を増せ。然《しか》れば則ち四海泰《やす》く、万人楽しまん。是れ則ち仏恩を報じ、師の徳《めぐみ》を報じ、国の為に忠、家に於ては孝あらん」云々（『御請来目録』）

と述べ、ここ長安では自らの弟子義明《ぎみょう》が密蔵を伝えるだろうから、汝は行きて東国にこの真言の法を弘《ひろ》めよと遺誡《ゆいかい》して、世を去った。ときに永貞元年（八〇五）十二月十五日、恵果に見《まみ》えて半年余りの暮であった。

これより先、恵果は真言付法の印信《いんじん》（証明）として金剛智・不空そして恵果へと転付された仏舎利《ぶっしゃり》八十粒などの八種の「阿闍梨《あじゃり》付嘱物」を与え、さらに恵果自身が使用していた健陀縠子袈裟《けんだこくしのけさ》・碧瑠璃《へきるりの》供養鋺《くようわん》や箸《はし》など五種の物をも付与している。つまり空海は文字どおり恵果の衣鉢《えはつ》を継いだのである。

般若三蔵もまた、自ら訳出した新訳の『四十華厳《しじゅうけごん》』や『六波羅蜜経《ろっぱらみつきょう》』などとともに、インドから齎持《せいじ》した「梵夾三口《ぼんきょうさんく》」、すなわち梵語仏典の原本を収めた三箱を空海に与えている。それは仏法を自らに代わって東国に伝え、しかも般若三蔵自身と日本との結縁《けちえん》のてだてとすることにあったのである。

3　隠忍の韜黙

夢告　師主恵果《けいか》の遺誡《ゆいかい》を受けて、空海は早期の帰国を決意する。しかし前にも述べたように、空海の入唐留学《にっとうるがく》は勅命による留学生《るがくしょう》としてであって、通例二十年前後の滞留と研修が義務づけられていたのである。そうした慣例に違背してまでも帰国を断行するためには、それ相応の理由がなければならない。その理由こそ、まさしく師主恵果の遺命であり、その恵果が入滅《にゅうめつ》した夜の空海への夢告《むごう》であったのである。

この夢告について、空海は留学成果の報告書（『御請来目録』）のなかで、「是《こ》の夜、道場において持《じ》念《ねん》するに、和尚宛然《えんぜん》として前に立ちて告げて曰わく、我れと汝と久しく契約ありて、誓って密蔵を弘《ひろ》む。我れ東国に生まれて必ず弟子とならん」と書き記している。このことは、恵果亡き後、選ばれて空海が撰書した「大唐青龍寺故三朝国師恵果和尚碑」においても、さらに詳しく書きとめられている。

> 和尚掩色《えんしょく》（入滅）の夜、境界《きょうがい》（夢中の告知）の中において弟子に告げて曰わく。汝未だ知らずや、吾れと汝と宿契《しゅくけい》の深きことを。多生《たしょう》の中《うち》に相共に誓願して密蔵を弘演《ぐえん》す。彼此《ひし》代《かわ》るがわる師資となること只《た》だ一両度のみにあらず。是の故に汝が遠渉《えんしょう》を勧《すす》めて我が深法を授く。受法云《ここ》に畢《おわ》んぬ。吾が願いも足《た》んぬ。汝は西土（中国）にして我が足を接す、吾れは東生して汝が室に入らん。久しく遅留《ちりゅう》することなかれ。吾れ前《さき》の在《ありか》に去《い》なん。

この夢告は、空海自身も述べているように、『最勝王経』巻二に説かれている妙幢菩薩《みょうとうぼさつ》の金鼓《こんく》の夢のごとく、真実を証《あか》すものとして、このうえもなく信憑性《しんぴょうせい》の高いものであったのである。事実、自らの来《こ》し方を顧《かえり》みたとき、秘門との邂逅《かいこう》、唐突のうちに実現をみた入唐、そして長安での般若三蔵《はんにゃさんぞう》と恵果和尚との出会いなど、まさしく「宿契」によるとしか言いようのない出来事の連続であった。その宿契は一《いっ》にかかって「密蔵の弘演」の誓願にかかわってのことであり、そのための帰国ということであってみれば、それは自らの思慮《はからい》を超えたものであることになる。かくて空海は「窃《ひそ》かに此の（夢告の）言《こと》を顧《かえり》みるに、進退は我が能《よ》くするにあらず。去留、我が師に随う」と言う。しかも「吾れ前《さき》の在《ありか》に去《い》なん」と告げた恵果は、この日、一足先に東生、つまり日本に再誕して、前生におけるように空海の弟子となるというのである。

夢の中で恵果は「彼此《ひし》代《かわ》るがわる師資となること一両度のみにあらず」と告げている。このこともまた真実であるとすれば、空海の前生は恵果の師であったことになる。現実には恵果は不空《ふくう》三蔵を師主として密蔵を受けた。ならば、その不空三蔵は空海の前生、換言すれば空海は不空の再誕ということになろう。『御遺告《ごゆいごう》』で、空海が十二歳のとき、両親が語りあっていたとされる会話、すなわち「夢に天竺《てんじく》国より聖人の僧来《きた》りて我等が懐《ふところ》に入ると見き。是《かく》の如《ごと》くして妊胎《にんたい》して産生せる子」が空海であったという伝承も、あるいは空海が恵果入滅の夜、夢に告げられた師主恵果のことばに依拠しての伝説化であったかもしれない。

いずれにもせよ、このとき幸運にも、「会同《かいどう》の礼」すなわち唐朝の新帝への礼謁《らいえつ》のために、遣唐判官高階遠成《たかしなのとおなり》が長安《ちょうあん》に来ていた（『朝野群載《ちょうやぐんさい》』巻二十）。空海はこの高階遠成を介して早期の帰国を申請する。『性霊集《しょうりょうしゅう》』巻五に収載される「本国の使に与えて共に帰らんと請う啓《けい》」がそれである。このなかで自らの留学の成果を示し、「十年の功、之を四運《しうん》に兼ね」たと言う。十年間で完成すべき学業を四季の間、つまり一年で果たし得たというのだが、それは二十年を期して入唐留学した自分ではあったけれど、その成果はこの二年間の修学で十分に成し遂げ得たというわけである。一つには、恵果亡き後、長安においても、もはや就くべき師を求め得なかったことも事実であったろう。『旧唐書《くとうじょ》』

巻一九九上の「東夷伝《とういでん》」では、留学生の橘逸勢《たちばなのはやなり》と学問僧の空海に言及し、

元和元年（八〇六）、日本の国使判官高階真人上言す。前の件《くだん》の学生、芸業稍々《やや》成り、本国に帰らんことを願う。便《すなわ》ち臣と同じく帰らんことを請うと。之を従《ゆる》す

と記録されている。

帰国　長安で知遇を得た文人墨客《ぼっかく》や、青龍寺、西明寺《さいみょうじ》、醴泉寺《れいせんじ》などの同法者らと別離の詩文を交換して、空海が高階判官の一行とともに長安の都を後にしたのは、元和元年（八〇六）、わが国の延暦二十五年の季春のころであったろう。このとき青龍寺の同法義操へ贈った離別の詩が『経国集《けいこくしゅう》』巻十に収録されている。この年の四月、空海は越州の節度使《せつどし》に書状をしたためて内外《ないげ》の経書の書写施与《せよ》を求め、節度使は快《こころよ》くこれに応じている。空海の面目躍如たるものがあるが、そのことも一留学生としては、きわめて異例のことに属する。

ちょうど一年前の四月に、帰国を前にした最澄は台州で収集しえなかった経疏《きょうしょ》が越州の龍興寺や法華寺にあるとの情報を得て、この地を訪れた。しかし求める経疏は見当たらず、たまたまこの地に来ていた泰嶽霊巌寺《たいがくれいがんじ》の順暁《じゅんぎょう》に値遇《ちぐう》する。最澄はこの順暁から密教の灌頂を受け、三部三昧耶《さんぶさんまや》の図様、契印《げいいん》などの伝授を得ていたのである。このとき最澄は密教の経典一〇二部一一五巻を入手している（『越州録』）。最澄が受けた密教は、善無畏《ぜんむい》から新羅《しらぎ》僧義林《ぎりん》を経て順暁へと相承《そうじょう》されたものであった（『顕戒論縁起《けんかいろんえんぎ》』巻上）。この事実は越州においても密教が伝播《でんぱ》流布していたことを示すものであるが、

その密教は空海が長安で学び得た体系的なものに比して、原初的な色彩の濃いものであった。最澄の帰国後、桓武天皇は最澄の密教齎持《せいじ》をことのほか喜び、「真言の秘教等は未だ此の土《くに》に伝わるを得ず。しかるに最澄闍梨《じゃり》は幸いにも此の道を得たり。良《まこと》に国の師たり」(『叡山大師伝』)と称讃している。このことが最澄をして、わが国における最初の灌頂《かんじょう》阿闍梨《あじゃり》たる栄誉を負わしめることになるのだが、他方、やがて帰国する空海への接近と、改めての真言受法を余儀なくさせることにもなるのである。はたして空海が越州の地で、最澄の密教受法のことを耳にしたのかどうか。

上表文　明州の港を八月に出帆《しゅっぱん》したといわれる高階判官の船が、いつごろ筑紫《ちくし》に帰り着いたのか、正確な月日はわからない。空海が長安を後にするころ、桓武天皇は崩御《ほうぎょ》し、皇太子の安殿親王《あてのしんのう》が即位して、年号もその年のうちに延暦から大同と改められていた。往路と同じく、帰途の航海も「数々《しばしば》漂蕩《ひょうとう》に遭《あ》う」難渋《なんじゅう》をきわめたものであったのだが、何とか無事に帰国し得た空海には、入京の沙汰が届けられることはなかったのである。やむなく空海は、大同元年(八〇六)十月二十二日に高階遠成《とおなり》に付託して、自ら請来《しょうらい》した新訳の経論《きょうろん》、両部の大曼荼羅、法具や阿闍梨の付嘱物などを、上表文・目録とともに朝廷に進上して留学の成果を報告した。

この上表の末尾で、空海は今はじめて、わが国に金剛乗《こんごうじょう》の教えを名実ともに伝え得たことを述べ、「陛下の新たに旋璣《せんき》を御するを以《もっ》て、新訳の経、遠くより新たに戻《いた》る。陛下、海内《かいだい》を慈育したまうを以て、海会《かいえ》の像、海を過《よぎ》りて来れり。恰《あたか》も符契《ふけい》に似たり。聖にあらざれば誰《たれ》か測《はか》らんや。空海、闕期《けつき》の罪、死しても余りありといえども、窃《ひそか》に喜ぶらくは、得がたき法を生きて請来せることを」云々と記している。ここには、かつて桓武天皇が最澄の奉ずる天台法華《てんだいほっけ》の教えこそ、釈迦一代の教えを総括するものとして、仏教政策の核心たらしめたように、いま諸仏の肝心《かんじん》、国の城郭《じょうかく》たる密教が、新帝の即位と割符を合するかのごとく請来され、その教えこそ、まさしく海内慈育の根幹となるとの自負の念がありありと見てとれる。しかし常に旧都平城に顔が向き、新しい仏教に対してほとんど関心を示さない新帝にとって、最澄も空海も埒外《らちがい》に置かれてしまったかにみえる。とりわけ空海には理由が何であれ、勅命による二十年間の留学を、わずか二年で帰国するという闕期《けっき》の罪があった。

この闕期の罪を「死しても余りあり」とするのは、けっして単なる文飾ではなかったのである。承和六年（八三九）三月のことではあるが、暦請益生《れきしょうやくしょう》の刀岐雄貞《ときのおさだ》、暦留学生《れきるがくしょう》の佐伯安道《さえきのやすみち》、あるいは天文留学生の志斐永世《しいのながよ》などは、いずれも王命を遂げず、相共に亡匿《ぼうとく》したかどで「之を古典に稽《かんが》みて、罪は斬刑《ざんけい》に当たるも、勅して時に死罪一等を降《くだ》して、佐渡国に配流《はいる》」（『類聚国史』巻八十七）とあることが、そのことを示唆《しさ》している。空海もまた、そのために長安に滞在した以上の歳月を、筑紫の地で送らねばならなかったのである。空海が代筆して、同じく遣唐判官の船で帰国した留学生の橘逸勢《たちばなのはやなり》がどのような処置を講ぜられたのかはわからない。

空海は自らが伝えた密蔵の法門が、かつてわが国に行われた「派《みなまた》を泳ぎ葉を攀《よ》ずる」ごとき文流末《まつ》裔《えい》のものでなく、「柢《ね》を抜き源を竭《つ》くす」正当かつ正統な瑜伽《ゆが》の大教であることを示し（『御請来目録』)、しかも「この(瑜伽密教の)法は則ち仏の心、国の鎮なり。氛《わざわい》を攘《はら》い祉《さいわい》を招くの摩尼《まに》、凡《ぼん》を脱《まぬ》がれ聖に入るの嘘径《きょけい》なり」(『性霊集』巻五)と明言している。つまり、この真言の教法は仏教の真髄であるとともに国家安隠のもといとなるものであり、この教薬によってあらゆる災害が除かれ、人びとの福祉が実現される。しかもその福祉の増進と即一的に人びとは日常的自己から解放されて、速疾に本源に回帰することができるというのである。

空海が帰朝した年は連年の不作が重なり、八月には霖雨《りんう》による災害も加わって、十一月には不稔水《ふねんすい》旱《かん》、それにともなう疾疫《しつえき》による田租減免の措置もとられるほど、京畿や西方諸国の災害は甚大であった。空海が強調する「氛を攘い祉を招」き得る密蔵を、災害対策の教薬たらしめようとする動きも、新政庁のなかではまったく見られなかった。翌年の大同二年四月末に、大宰府は観世音寺《かんぜおんじ》に牒《ちょう》をくだして、入唐廻来学問僧空海を、入京の日までしばらく観世音寺に止住せしめる措置を講じている。

不運にもその年の十月末に、藤原宗成の陰謀の犠牲となって、平城《へいぜい》新帝の異母兄の伊予《いよ》親王が謀反《むほん》のかどで、母吉子とともに川原寺《かわらでら》に幽閉される事変が起こった。当時、伊予親王は中務卿《なかつかさきょう》の職にあり、皇族の重鎮として羽振りをきかせていたこともあり、平城天皇はこの異母兄の親王の位を廃し、十一月十二日に親王母子は毒を仰いで命を断つに至ったのである。公廉《こうれん》をもって称された東山道《とうさんどう》観察使の安倍兄雄《あべのしげお》は伊予親王が罪なくして廃されたことに抗弁したが、「上(平城帝)盛《さか》りに怒るに当たり、群臣は敢《あ》えて諫《かん》する者なし」(『日本後紀』巻十七)という状況では、春宮大夫《とうぐうのだいぶ》を兼ねていた兄雄とていかんともなしがたかったという。空海の舅、阿刀大足《あとのおおたり》はかってこの伊予親王の侍講をつとめ、いわば空海の学友でもあったのである。かって早良《さわら》親王廃太子の陰湿悲惨な策謀に心むしばまれた空海は、今また再び同じような止むことを知らぬ人の愚かさを味わうことになる。

最澄とのかかわり　空海がようやくにして筑紫を後に畿内に入り得て、入京を許されるのは、平城天皇が風病のために退位し、皇太弟の神野《かみの》親王が即位した後の大同四年（八〇九）の七月であった。それは長安《ちょうあん》の文物に関心を寄せる新帝嵯峨《さが》と新来の密蔵を渇望《かつぼう》していた最澄《さいちょう》の配慮が強く働いてのことであったと思われる。入京の勅許《ちょっきょ》で空海が入住した高雄山寺《たかおさんじ》は最澄の外護者《げごしゃ》である和気《わけ》氏の私寺である。その寺は入唐前の最澄が桓武《かんむ》天皇の意志を受けて天台の講説をしたところであり、また帰朝後の最澄が勅命によって、わが国最初の灌頂《かんじょう》を行った寺でもある。延暦二十五年（八〇六）正月に最澄の上奏によって公認された天台法華宗《てんだいほっけしゅう》は、善無畏《ぜんむい》の翻訳になる密教経典『大毘盧遮那経《だいびるしゃなきょう》』（『大日経』）を読ませる遮那業《しゃなごう》（真言専攻）と中国天台の大成者智顗《ちぎ》の『摩訶止観《まかしかん》』を学ばせる止観業《しかんごう》（天台専攻）を併せもつものであった。いわば、わが国の真言宗はすでにこのとき、最澄によって天台法華の一部として容認されていたことになる。越州において善無畏系の真言の法を順暁から受けた最澄は、すでに早くからわが国に齎《もたら》されていた一行《いちぎょう》禅師の『大日経』の注釈に着目していたのである。一行はもともと荊州《けいしゅう》玉泉寺系の天台学僧であり、ときに『大日経』に対して天台義に立っての注釈をほどこしているからである。

最澄にとって、真言一乗《しんごんいちじょう》と法華一乗《ほっけいちじょう》はともに融通し、実教として何ら差なしという確信は終世変わることはなかったのである。空海の請来録をいち早く写し取っていた最澄は、新宗の遮那業の整備確立のためには、空海との提携が不可欠であることを痛感する。平城帝の退位後、ようやく待望の天台法華宗の年分度者《ねんぶんどしゃ》が実現をみたのにもかかわらず、病にことよせて、それら門弟の指南を泰範《たいはん》や経珍《きょうちん》に託して、自らは意欲的に空海請来の密典などの借覧とその書写に全精力を注ぐことになるのである。

4 密教の聖者遍照金剛

最澄への真言伝授　仏教界における境遇は空海のそれに比すべくもなく高い最澄であったのだが、やがて自ら弟子の礼をとって空海に密蔵《みつぞう》の付法《ふほう》伝授を懇請する。この間の事情と経緯は、両者の間にかわされた幾多の書状によって、やや詳しく知ることができる（拙著『空海と最澄の手紙』法蔵館、一九九九年）。空海にとっても、真言の宣布は師主恵果《けいか》の悲願でもあり、「共に法幢《ほうどう》を建てて仏の恩徳《めぐみ》に報《むく》いん」（「風信帖」）ためであったのである。

最澄とその同法者らに対して具体的な真言の伝授が実現をみたのは、弘仁三年（八一二）の中冬のころおいである。前年の初冬から、空海は勅命《ちょくめい》によって山城《やましろ》長岡の乙訓寺《おとくにでら》を別当《べっとう》せしめられていたのだが（佐伯有清『最澄と空海』吉川弘文館、一九九八年）、その目的は荒廃したこの寺の修造に当たることもさることながら、かって長岡京で起こった藤原種継《ふじわらのたねつぐ》の暗殺事件に連坐《れんざ》したとして、この乙訓寺に幽閉され無念の死を遂げた早良《さわら》親王の怨霊《おんりょう》を鎮魂することにあったと思われる。

嵯峨天皇は自らの「聖躬不予」のために、大同五年（八一〇）七月にも使者を川原と長岡（乙訓）の両寺に遣わし誦経《ずきょう》せしめている。それがともに非運の死を遂げた伊予《いよ》親王と早良親王の鎮魂のためであったことはいうまでもない。

弘仁三年の十月、その長岡の乙訓寺に、奈良興福寺《こうふくじ》での維摩会《ゆいまえ》からの帰途、最澄は弟子の光定《こうじょう》を伴なって空海を訪ね、一泊する。このとき空海は「期命尽くべき」状況にあったのだが、永く高雄山寺に隠棲する決意を述べ、「宜《よろ》しく持するところの真言の法を最澄闍梨《じゃり》に付属《ふしょく》すべし。惟《おも》うに早速に今年の内に付法を受取せられよ」云々という口約をかわす。この口約に基づいて、この年十一月と十二月にかけて、金剛《こんごう》界と大悲胎蔵《だいひたいぞう》の灌頂が高雄山寺において、とり行われたのである。このときの入壇者名と得仏名を記録したものが、かの有名な空海自筆の「灌頂歴名《かんじょうれきみょう》」である。

一尊法伝授　年が明けた弘仁四年二月から、胎蔵の梵字儀軌《ぼんじぎき》と瑜伽観智《ゆがかんち》にかわるべきものとして、受法者が多く叡山《えいざん》の僧徒であることも考慮して、空海は不空の『法華儀軌《ほっけぎき》』による一尊法《いっそんぼう》を伝授し修せしめた。この儀軌は『法華経』の神髄を真言行《しんごんぎょう》によって体得せしめる修法であって、いわば法華の密教化をはかったものである。しかしこの法筵《ほうえん》に最澄は「小々の仏事ありて暫く学筵を辞す」ということで参加していない。このとき最澄は「その事了《おわ》らば尋《つ》いで将《まさ》に参奉せん。受法の志は片時だも忘れず」と書き送りながら、さらには「但《た》だ最澄の意趣は御書等を写すべきのみ」と述べて、もっぱら密教経軌の借覧書写に意を注ぐのである。いわゆる筆授《ひつじゅ》の相承《そうじょう》の優先である。

しかし華厳一乗《けごんいちじょう》から法華一乗に転向した最澄自身、東国の化主と称された道忠《どうちゅう》らの助言があったとはいえ、自らの天台学習が独学であったために、「若《も》し師伝を受けざれば、得たりといえども信ぜられず」という批判もあっての入唐受法であったから、真言の付法にとって阿闍梨《あじゃり》からの以心伝心の面授が必須であることは十分に承知していたはずである。ただ遮那業《しゃなごう》の確立のためにも、比叡山の一切経蔵《いっさいきょうぞう》の整備に意を尽した最澄にとってみれば、空海請来の典籍を「目録によって皆な悉く写し取る」ことが何よりも急務のことであったと思われる。この最澄の密典書写に理解を示し、「徒《いたず》らに玉を懐《いだ》く」ものとして空海にその貸与を勧めたのが、やはり最澄の外護者であり嵯峨帝の異母兄弟である右大弁の良峯安世《よしみねのやすよ》であった。「方円《ほうえん》の人法《にんぼう》は黙《もだ》さんには如《し》かず。説聴瑠璃《せっているり》のごとくならば情《ここ》ろ幾《いく》ばくか擡《もた》げん」（『性霊集《しょうりょうしゅう》』巻一）というのが、空海のこたえであった。「古人は道を学んで利を謀《はか》らず。今の人は書を読んで但《た》だ名と財とにす」というのも、このときの言葉であるが、必ずしも最澄のみがそうだということではなかったろう。

読講宣揚　空海が隠忍の韜黙《とうもく》から機縁の衆のために、密蔵の読講宣揚に声をあげるのは、弘仁六年（八一五）三月の桓武帝の国忌《こっき》に、南都七大寺に天台法文の七通がそれぞれ安置せられたことを機縁としてのことであった（拙著『空海――生涯とその周辺――』）。

このとき空海は「諸《もろもろ》の有縁《うえん》の衆を勧《すす》めて、秘密法蔵を写し奉るべき文」(『性霊集』巻九)を一、二の弟子にもたせて、南都はもとより、東国および西国に遣わし、有縁の僧俗に対して自ら請来した密教の主要な経論三十五ないしは三十六巻の書写流伝と如法《にょほう》の修行を開始する。このいわば密蔵流布《るふ》の趣旨書のなかで、空海は密教の特質を明示し、

貧道《ひんどう》(空海)帰朝して多年を歴《ふ》といえども、時機未だ感ぜず。広く流布すること能《あた》わず。水月別れ易く、幻電駐《とどま》りがたし。元《もと》より弘伝《ぐでん》を誓う。何ぞ敢《あえ》て韜黙《とうもく》せん

と述べている。

このころから、たとえば東大寺の奉実《ほうじつ》などが、「密宗を学び、耽味《たんみ》して寝飡《しんさん》を忘る」といった情況を呈するようになる。大安寺《だいあんじ》の三論の論客として有名な安澄《あんちょう》なども「兼ねて密教を学ぶ」といわれている。官界にあっても、このころ参議《さんぎ》で左近衛大将《さこのえのたいしょう》を兼ねた藤原冬嗣《ふじわらのふゆつぐ》は大学寮少属《さかん》の河内浄浜《かわちのきよはま》を空海のもとに遣わし、唐より請来《しょうらい》した真言付法の三蔵らの影《えい》や伝などを、讃文を比勘《ひかん》するために提示貸与することを求めている。空海はまたこうした状況に対応して、さきの「勧縁疏《かんえんのしょ》」の論旨をさらに詳密に論じた『弁顕密二教論《べんけんみつにきょうろん》』二巻を著わして密蔵の宣揚につとめた。

遍照阿闍梨　弘仁七年(八一六)七月、かつて高雄山寺《たかおさんじ》での最澄による天台の学筵《がくえん》に師主善議《ぜんぎ》とともに席を列《つら》ねた大安寺の勤操《ごんぞう》は、諸々の名僧を率《ひき》いて高雄山寺に登り、空海から密教の三昧耶戒《さんまやかい》を受け、両部の灌頂《かんじょう》を沐している(『性霊衆』巻十)。今や空海は「我即大日」の遍照《へんじょう》阿闍梨《あじゃり》としての名声

を確固不動のものとするにいたったのである。このころより空海は、しばしば書状に「沙門遍照」とか「沙門遍照金剛」と自署するようになる。山林優婆塞《うばそく》として秘門に邂逅《かいこう》した空海は、ここにいたって、まさしく密教の聖者遍照となり得たのである。

四　大真言から小真言へ

──『文鏡秘府論』の構成──

加地伸行

1　『十住心論』の意義

空海の諸業績　空海──もとより仏教者である。日本密教の大先達者《せんだつしゃ》である。真言宗の開祖である。しかし、それだけにとどまらず、思想・文学・書道芸術・語学など、多方面にわたる業績があることによって、日本文化史上の巨人として位置づけられている。いわば、綜合的な文人としての確乎《かっこ》たる地位にある。

そういう評価、それはそれで正しい。事実、今日の評価としても、それは揺ぎないものであって、そのことについて、だれも異論を差し挟さまない。しかし、多方面の諸業績というだけでは、それは才子の善《よ》くするところにすぎず、いわゆる好事家《こうずか》の域を出ないのではないか、私は、そういう疑問を長年抱きつづけてきていた。

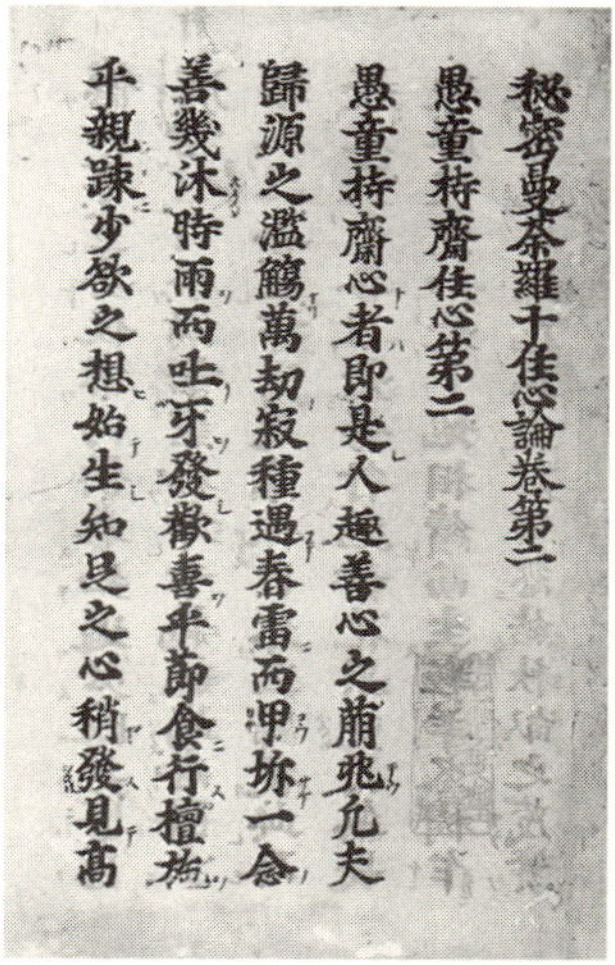
秘密曼荼羅十住心論巻第二
愚童持齋住心第二
愚童持齋心者即是人趣善心之萌兆凡夫
歸源之濫觴萬劫寂種遇春雷而甲拆一念
善幾沐時雨而吐牙發歎善乎節食行檀施
乎親疎少欲之想始生知足之心稍發見高

（巻頭）

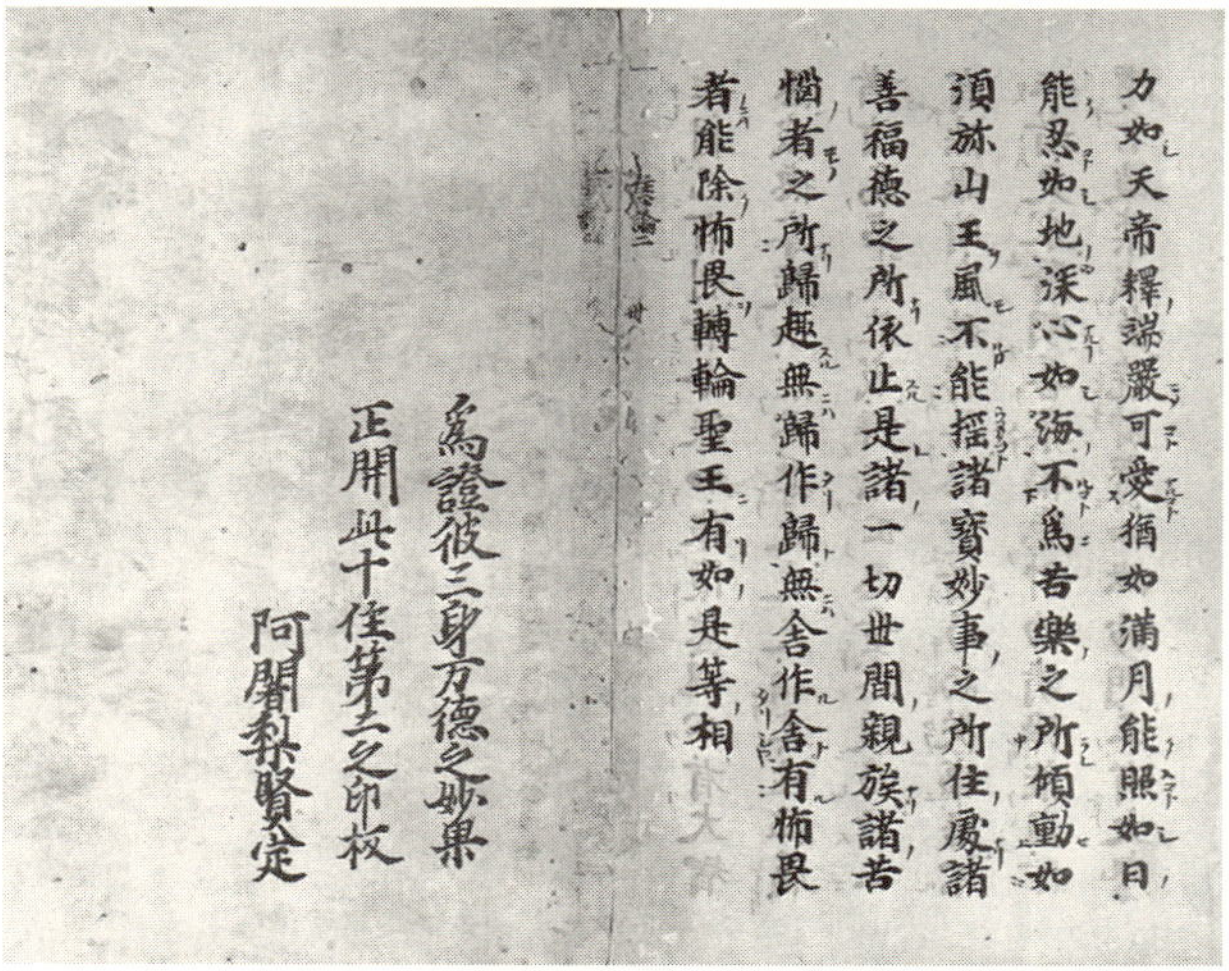
力如天帝釋端嚴可愛猶如滿月能照如日
能忍如地深心如海不爲苦樂之所傾動如
須弥山王風不能搖諸寶妙事之所住處諸
善福徳之所依止是諸一切世間親族諸苦
惱者之所歸趣無歸作歸無舍作舍有怖畏
者能除怖畏轉輪聖王有如是等相
爲證彼三身万徳之妙果
正開此十住第二之郎枚
阿闍梨賢定

（巻末）

図4　『秘密曼荼羅十住心論』2巻（慶應義塾図書館所蔵）

ところが、空海の諸著作について検討するうちに、一つの発見を得た。それは、空海の業績が各領域において無関係になされていたのではなくて、体系があるということであった。すなわち、一つの体系としての幹を中心にして、そこから諸業績が枝葉《しよう》として繁茂《はんも》しているという姿である。その姿を描いてみたいと思う。ただし、紙幅の制約があるので、重要な枝葉に限ることとする。もない。

『十住心論』の構成　空海の思想の中心が『十住心論《じゅうじゅうしんろん》』において述べられていることはいうまでもない。

人間の生き方、あり方を十段階に分け、我執《がしゅう》にとらわれた第一段階（異生羝羊住心《いしょうていようじゅうしん》）から順次に上昇して、最後の第十段階（秘密荘厳住心《しょうごん》）に至るまでを述べるのが『十住心論』である。もちろん、この第十段階が真言《しんごん》の世界であり、つまりは真言宗をもって最高段階とする教義上の主張となっている。これは真言宗の開祖として当然の教義書である。どの宗派においても同様のことがある。

こうした教義書に共通する特徴は、まずは一般的な仏教概論を行い、それを突き抜けて最高の世界があるとし、そこに自分が開いた教義を置く。

『十住心論』も同じく、まずは仏教概論を行っている。在俗の世界における我執の段階が最初であり、そこから次第に六道《ろくどう》（地獄・餓鬼《がき》・傍生《ぼうしょう》〈畜生《ちくしょう》〉……）の世界を説き、やがて声聞《しょうもん》・縁覚《えんがく》という仏者への入門を説き、最後に秘密荘厳の真言の世界に至る。

仏教概論としてよくできている。下手な仏教啓蒙書などを読むよりも、『十住心論』あるいはその要約版の『秘蔵宝鑰《ひぞうほうやく》』を直接読むほうが、かえってよく分かる。

この大作『十住心論』において最も重要な部分は、もちろん第十段階「秘密荘厳住心」すなわち曼《まん》荼羅《だら》の世界である。そしてそれが真言密教の世界であることはいうまでもない。

大真言と小真言と　それによれば〈真言の実義〉はなかなか知り難いが、真言には大真言と小真言とがあるとする。この大真言が〈真言の実義〉であり、毘盧遮那如来《びるしゃなにょらい》が説いたいわゆる密教である。釈迦《しゃか》の説くところは顕教《けんぎょう》であるが、場合、時に応じて小真言、小秘が説かれているとする。

この点が肝要である。大真言が存在する一方、まだ究竟の説ではないが、小真言が釈迦においても法華経《ほけきょう》・涅槃経《ねはんぎょう》・律蔵《りつぞう》などにも存在するとする。のみならず、外道《げどう》の経書中にさえ小真言が存在するとする。この外道の経書の代表が儒教の経書であることはいうまでもない。

これを別の表現をすれば、大真言が〈深秘の義〉であるのに対して、小真言は〈浅略の義〉ということになる。

ここに空海の思想の骨格がある。すなわち大真言の、空間的には部分的現われ、時間的には初歩的現われ、それらは大真言の一端としての小真言であるとするのである。この骨格であると、分かりやすくするには、小真言を通じて大真言へ、浅略から深秘へ、と進むことになり、まさに第一住心から第十住心へと進むことであり、その過程が教義の骨格として示されている。

逆もまた可であり、完成された大真言の世界から小真言へ、さらには異生羝羊《いしょうていよう》の第一住心へと見るならば、少なくとも大真言から真実が秘から顕へと発出して小真言を現出しているということになる。空海自身は第十住心からそれ以下の世界を見ていたのであろう。いや、そのように見るという立場にあったのではなかろうか。

もしそうであったとするならば、小真言から大真言へ、逆に大真言から小真言へ、その両途が相即《そうそく》相入《そうにゅう》、相い俟《ま》って、より綿密な体系となってゆくのではなかろうか。『十住心論』は完成された体系である。そのままに読解してゆくならば、我執から小真言へ、小真言から大真言へと間然とすることなき教義書である。しかし、空海がそれを一気に書いたわけではないし、思想を鍛え深めてゆく苦闘と修錬とがあってのうえでの完成であろう。

では、その実験はどこで行われたのであろうか。すなわち大真言から小真言へという道の発見である。私は、それは『文鏡秘府論《ぶんきょうひふろん》』においてではないかと考えるのである。そのことについて述べてゆきたいと思う。

2 『文鏡秘府論』の骨格

『文鏡秘府論』の特性　『文鏡秘府論』が文学理論書として、また実作指導書として不朽《ふきゅう》の大作であることについて、その評価は揺がないし、またそのことについての研究は多い。すなわち、文学史的あるいは文学理論的角度よりする研究が圧倒的であり、またそれを試みる価値がある。しかし、『文

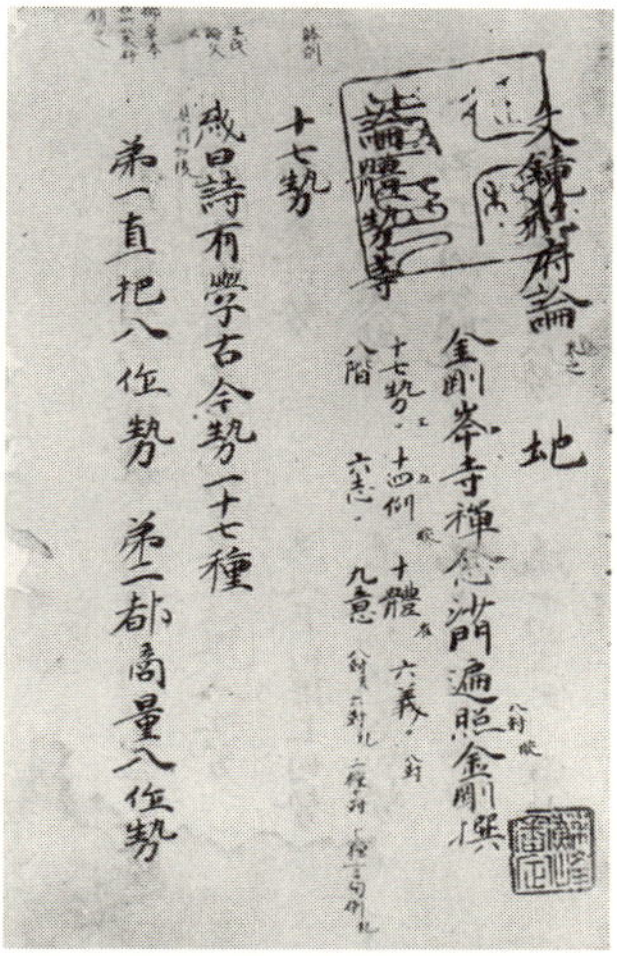

（巻頭）

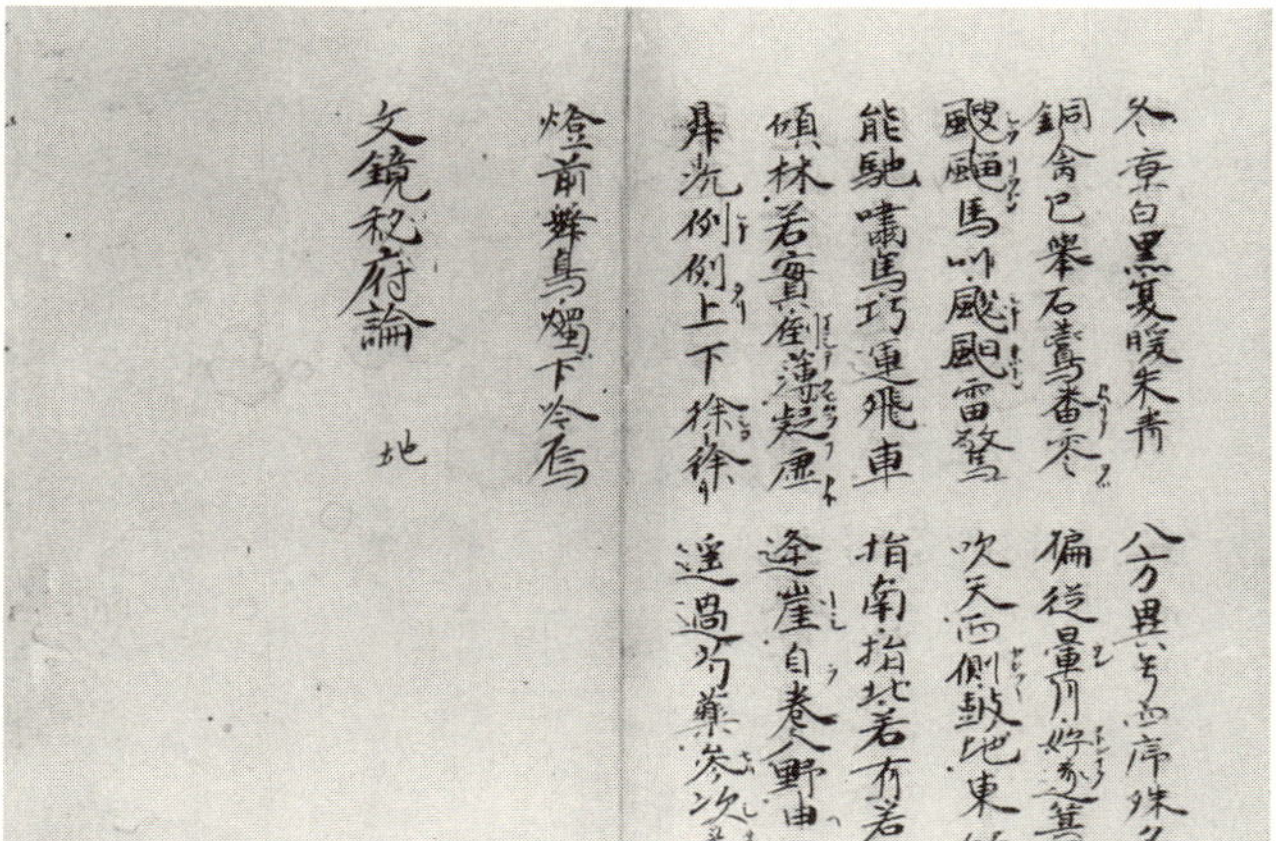

（巻末）

図 5 『文鏡秘府論』地巻（観智院本，複製）

『鏡秘府論』を空海の思想においてどのように位置づけるのかという点からの研究は必ずしも十分とはいえない。

現代と異なり、前近代社会においては、文化の領域を分化する意識は稀薄であった。というよりも、そのような意識以前に、実態的に、文筆家という独立した職業はなく、実務家がその生活と並行して文筆活動をしていたからである。だから、商人にして同時に思想家、官僚にして同時に文学者、というようなことが不自然でなかったし、また、ほとんどの文筆家は同時に詩や書を善《よ》くし、画を描くことができた。

まして、文字を学び使い得た一部の階層においては、それは普通のことであった。空海のころ、今日に残る作品の多くは貴族の手に成るものであり、思想や文学や歴史といった垣根はなかった、あるいは低かった。その意味では、空海のみが詩や書を善くし、思想にも文章にも通じていたというのではなくて、一般的に文化の享受者、創出者は領域にこだわらなかった。文化を総体的に享受し、創出していた。一部の人に限られはするが。

空海の場合も同様であった。しかし、単にそれだけであるならば、先に述べるように、非凡な好事《こうず》家《か》ということに終わるのみである。

しかし空海は、異なる文化領域に有機的な関連づけを行い、さらに一定の体系化を試みているのである。それは、一定の思想の下に世界を観るという、思想家としての立場である。この点こそ、体系化の意識がなく、文化の各領域に気ままに乗りこむ好事家とは決定的に異なるところである。
それでは、それは具体的にどういうものであるのか。

『文鏡秘府論』の構成と『文筆眼心抄』と

『文鏡秘府論』の第一巻（天）は、音声論である。第二巻（地）は、詩文の単位となる句についての構成や文体、さらには文章の分野についてである。第三巻（東）は、対句《ついく》表現を中心とする修辞《しゅうじ》論である。第四巻（南）は、詩文作成の作法、文筆者の心構え、文学と人間や人生とのかかわりなど、文学の本質論である。第五巻（西）は、作品の欠点・欠陥についてであり、批評論の一種である。第六巻（北）は、語彙《ごい》論や助辞を中心とする文法論であり、附録として王室に関する表現特集「帝徳録」がある。

以上は、きわめて大雑把な要約であるが、実はこの構成の順序自体に空海の立場が現われているのである。

そのことを論ずる前に、『文筆眼心抄《ぶんぴつげんしんしょう》』について述べておきたい。『文筆眼心抄』（弘仁十一年〈八二〇〉中夏〈五月〉）は、『文鏡秘府論』の要約である。空海四十七歳のときの成立であり、唐から帰国してからの活動の中期の作品である。しかし、『広付法伝《こうふほうでん》』の成立をはじめ、顕密二教の優劣を論ずるなど、空海の真言教学はすでにもう確立していた。すなわち、空海において真言体系ができていたなかでの作品が『文鏡秘府論』であり『文筆眼心抄』であった。

空海は、後に五十七歳のとき、真言体系書として正確に言えば『秘密曼荼羅十住心論《ひみつまんだらじゅうじゅうしんろん》』十巻を撰するが、その要約として『秘蔵宝鑰《ひぞうほうやく》』三巻を撰している。大作とその要約書とを作るという形式は、すでに始まっていたのである。すなわち『広付法伝』に対する『略付法伝《りゃくふほうでん》』がそれであり、『文鏡秘府論』に対する『文筆眼心抄』がそれである。

ただ、私には研究上において一つの貴重な経験がある。かつて中江藤樹《なかえとうじゅ》（一六〇八―四八）の『孝《こう》経啓蒙《きょうけいもう》』を検討したとき、同書の諸写本を時間的に並べた結果、初期には藤樹の注解の量が多いのであるが、改訂を加えてゆくうちに、注釈の量がしだいに減ってゆき、最後には、藤樹は注解を離れ、『孝経』本文のみを重んじ、それもついには黙読するという境地になったのである（拙著『中国思想からみた日本思想史研究』吉川弘文館、一九八五年）。この経験からいえば、要約書を作るというのは、便宜上という実用的意味にとどまらず、そこに認識の進展、理解の深化、主張の尖鋭化、といったような積極的立場があったのではないかと思う。単なる要約とは思わない。

さて、『文筆眼心抄』とは、「文の眼、筆の心」であり、その「文・筆」について『文鏡秘府論』第五巻「文筆式」は「文とは、詩《し》・賦《ふ》・銘《めい》・頌《しょう》・箴《しん》・讃《さん》・弔《ちょう》・誄《るい》等、是《これ》なり。筆とは、詔《しょう》・策《さく》・移《い》・檄《げき》・章《しょう》・奏《そう》・書《しょ》・啓《けい》等なり」とし、こうつづける。文とは、韻《いん》があって二句で、筆とは、韻にかかわりがなく四句で成り立つと。つまり文とは詩文であり筆とは論説や叙述ということであり、この「文・筆」ということばによって、表現された文章のすべてを指すことができる。

この『文筆眼心抄』は、はじめに、序文につづき目録を記している。これは『文鏡秘府論』にはない試みである。この目録の順序や内容を『文鏡秘府論』と比較してみると、分類のしかたが必ずしも一致していないので疑問点があるが、ほぼ『文鏡秘府論』に沿っている。

しかし、決定的に異なる二ヵ所がある。①『文鏡秘府論』巻末附録の「帝徳録」がなく、②『文鏡秘府論』にはない「凡例」がある。この①については後述するが、②は非常に興味深い。というのは、この「凡例」の内容の大半は、実は、『文鏡秘府論』第四巻「論文意・論体・定位・集論」の「論文意」すなわち「文の意を論ず」の第二段落「凡《およ》そ詩を作る体は……」以下とほとんど同じ内容なのである。

文字の展開　ちなみに、その第一段落は『文筆眼心抄』には収録されていないが、文学史である。しかし、今日の文学史すなわち歴史研究の一分野としてのそれではない。言語の生成の展開の歴史である。その内容は、実は中国古典学としては、ほぼ常識的なことであるので省略したのかもしれない。けれども、言語のその展開の歴史を踏んで文章・文学の歴史に小真言の姿を表しているのである。すなわちこう述べる。

古人――それをだれと特定していない。古人という以上、この世の実在の人物となるが、根本的なことをした人という意味が託されている。この古人が或るもの（大真言）から、「一」という文字を画したとする。文字の始まりである。類比的にいえば、大真言を伝える毗盧遮那如来《びるしゃなにょらい》に対して、小真言を伝える古人、ということになるであろう。

この「一」の時代、人々は、だれも取り立てて「言《ものい》わずとも天下自《おのず》から理《おさ》まり、教えずとも天下自から然《しか》るなり」という「天理に合《かな》う」状態であった。ところが、しだいに人びとが堕落していったので、たとえば、中国では聖人が八卦《はっか》を画して人びとに教えるようになった。この教えが六経《りっけい》を重んじる儒教すなわち浅教（いわば小真言）である。「一　名を生じ、名　教えを生じ、然る後に名教　生ず」となったとする。

この展開は、『易経《えききょう》』繋辞伝《けいじでん》下の「古は、庖犠《ほうぎ》氏の天下に王たるや、仰いでは則ち象を天に観《み》、俯《ふ》しては則ち法を地に観、……始めて八卦を作る」を踏んでいることはいうまでもない。また繋辞伝上では「天一地二、天三地四……」という数字の増加を記しているが、この「一」は太極《たいきょく》という宇宙の根源の意味にも充てられているので、空海の言う「一」には、そのことが念頭にあったかもしれない。

文字のこのような展開の構造が重要である。一（小真言）が現われて名（文字）の世界ができ、その文字から文章が作られ教えが生まれ、儒教的世界（文章の世界）が成立したとする。

ただし、儒教的立場からいえば、名から教えが生じ、名教《めいきょう》が成立したとするとき、名教とは儒教そのものを指すことになる。しかし空海は、『文鏡秘府論』において、「名教」を仏教教典としているので、整合性上、ここでは名教を仏教としておく。さて、その「一」から「名教」の成立へというその構造は、あたかも大真言が顕現する過程の構造と類型的である。

そのことの具体的な展開が『文筆眼心抄』凡例に表わされているので、そのことを述べたい。

『文筆眼心抄』凡例　凡例の内容自体は、文筆の技術論と見てもおかしくない。たとえば「凡《およ》そ詩を作る人は、皆自ら古今の詩語の精妙の処を抄《しょう》し、随身《ずいしん》の巻子《かんす》となし、以て苦思を防ぐ」とある。日ごろからいいことばをノートして携帯しておき、あれこれ苦労したりせず利用せよ、ということである。つづいて「文を作るに、〔感〕興〔が〕もし来《きた》らずんば、則《すなわ》ち須《すべか》らく随身の巻子を看《み》て、以て興を発《おこ》すべし」と言う。材料につまればそのノートを読んでヒントを得る、ということである。

しかし、そういう技術論は、二次的問題であって、空海が主張したいのは、もっと本質的な問題なのである。すなわち、言語による表現の意図がなぜ起こり、かつ、それがどのような過程を経て顕出するのかということである。それを空海はこのように述べている。「凡そ詩は志に本づくなり。心に在るを志と為し、言に発《あらわ》るるを詩と為す。情　中に動きて言に形《あら》わる。然《しか》る後に之《これ》を紙に書す」と。

これは、周知のように、中国古典学における文学理論、『詩経《しきょう》』大序の「詩は志の之《ゆ》くところなり。心に在るを志と為し、言に発るるを詩と為す。情　中に動き言に発る」をそのまま踏むものである。ただ、経学《けいがく》（中国古典学）においては、この文学論、狭くは詩論は、もともと音楽との関係を強く意識している。そのため、『礼記《らいき》』楽記《がくき》篇の言説がそれに対応している。すなわち、右の大序がつづけて「情　声に発り、声　文を成す。之を音と謂《い》う」と述べるのと相応して、楽記篇は「凡そ音は人心に生ずる者なり。情　中に動く。故に声に形われ、声　文を成す。之を音と謂う」とする。この場合の「文」とは楽音の意。

これによれば、人間が物に感じて生じた〈或る表現せんとするもの〉すなわち志が、声となり、その声が音（一定の型をした楽。竹内照夫訳『礼記』中、明治書院、一九七七年、五五八ページによれば楽）となるとする。そして文学としては、その音が形式化した文字に化し、作品となる。そのようにしてきたもののうち、大序「治世の音は……天地を動かし鬼神を感ぜしめる」に至る。それが『詩経』の詩であり、人びとを徳化してゆく力を持っているとする。

経学上のこの文学理論を空海は前提としている。「凡そ文章の興作は先ず気を動かす。気　心に生じ、心　言に発り、耳に聞き目に見て紙に録す」（『文筆眼心抄』）。

しかしそれだけであるならば、取り立てていうほどの目新しいものではなくて、当時の経学的素養のある文人からすれば、常識的なことであった。けれども、右の経学的文学理論は、いわば総論であって、その具体化の方法とか過程とか例示とかといった各論の体系的叙述の書はなかった。そこへ踏みこんだものこそ、『文鏡秘府論』であった。そこに『文鏡秘府論』の特長があった。『文筆眼心抄』にはそれはない。そこで、『文鏡秘府論』の特長について述べることにしたい。

3　『文鏡秘府論』の体系的叙述

ことばの展開　『文鏡秘府論《ぶんきょうひふろん》』の序は、簡潔な言語文化史である。この序について、福永光司《みつじ》氏の翻訳がすでにあり（『日本の名著3　最澄・空海』所収、中央公論社、一九七七年）、詳しい注解が付せられ

仏教（密教）	俗世に顕現（儒教）
①大仙利物，名教為基 大仙の物を利するや，名教もて基と為す	①君子済時，文章是本也 君子の時を済(すく)うや，文章　是れ本なり
②能空中塵中，開本有之字＊ 能く空中塵中に，本有の字を開く	②亀上龍上，演自然之文＊＊ 亀上龍上に，自然の文を演(の)ぶ
③一為名始 一は名の始たり	③文則教源 文は則ち教の源なり
④以名教為宗 名教をもって宗と為さば	④則文章為紀綱之要也 則ち文章もて紀綱の要と為すなり

＊　「空中塵中」は「無」。

＊＊　「亀・龍」は『易経』のことばであるが，現代になって発掘された亀の甲を使った甲骨文字などの伝承があったのではないかと思う。

ている。

しかし疑点がないわけではない。同序中、「夫《そ》れ大仙《だいせん》の物を利するや、名教もて基となす。……一は名の始めなり、文は則ち教の源なり。名教を以て宗と為せば、則ち文章紀綱の要たり」とある。福永訳注では、引用文中の「一」を『老子《ろうし》』の「一は名の始め」を踏むものとする。

しかし、従来の解釈と同じく福永訳注が冒頭の「大仙」を仏、「名教」を仏教とする以上、「一」において突如それを『老子』を踏むとするのは、首尾の一致がないことになる。やはり「大仙」と並んで、「一」は仏教を指すとして整合した解釈をするほうが妥当と考える。以前、私は「大仙」を道教と解し、そこから「一」を『老子』「一は名の始め」とするというかたちで整合したが、今回、「大仙」を仏教と解する考え方に改めたいので、「大仙（道教）」から「一（老子）」へという自説を退ける。

というのは、前記引用の文章を含めて、『文鏡秘府論』序は、仏教（密教）における真実が顕現して、中国の文化の開花すなわち儒教的世界となったという主張であり、そのことが対照的に述べられているからである。それらを条項化すると前頁の図のようになる。

このように、「名・字・一・文」を演繹《えんえき》して、「文章」が世に使われ、それが人間社会の制度・規範など、言語による諸文化（紀綱）を構成するのだとする。

だから、阿毘跋致菩薩《あびばっちぼさつ》は、まず必ず文章を理解することができなければならないとしたのであり、孔子《こうし》も『詩経』を学ばねばならないと弟子に教えたのであるとし、「ここに知んぬ。文章の義、大なること、遠なることを」と述べる。

すなわち、ことばが示す世界、文章の世界、それは現実の生きた人間世界と重なっているのであるが、それは、秘密（真言による仏教的世界）が顕現（主として儒教的世界）したものということである。『老子』はもともと「不言の教」である。

しかし、ことばの現実化による多様化に伴ない、かえってことばの真相が見えなくなったとする。それを空海は、仏教・道教（老荘思想《ろうそうしそう》）・儒教の鼎立《ていりつ》とする。もちろん、ここでいう仏教は、秘密真言の密教ではなくて、釈尊《しゃくそん》が語る顕教のことを指す。すなわち、「釈経は妙にして入り難く、李篇《りへん》（『老子』に代表される道教系文献）は玄《げん》にして和すること寡《すく》なく、*桑籍《そうせき》（儒教文献）は近くして唱を争う」と。

＊　桑籍について。福永注は「空桑の地で生まれた孔子学派（儒教）の経典の意か」とする。私も以前にそう解釈していた。しかし、『史記《しき》』貨殖列伝《かしょくれつでん》に名産として「斉《せい》・魯《ろ》は千畝《せんぼ》の桑麻」とあり、桑は孔子の生まれ

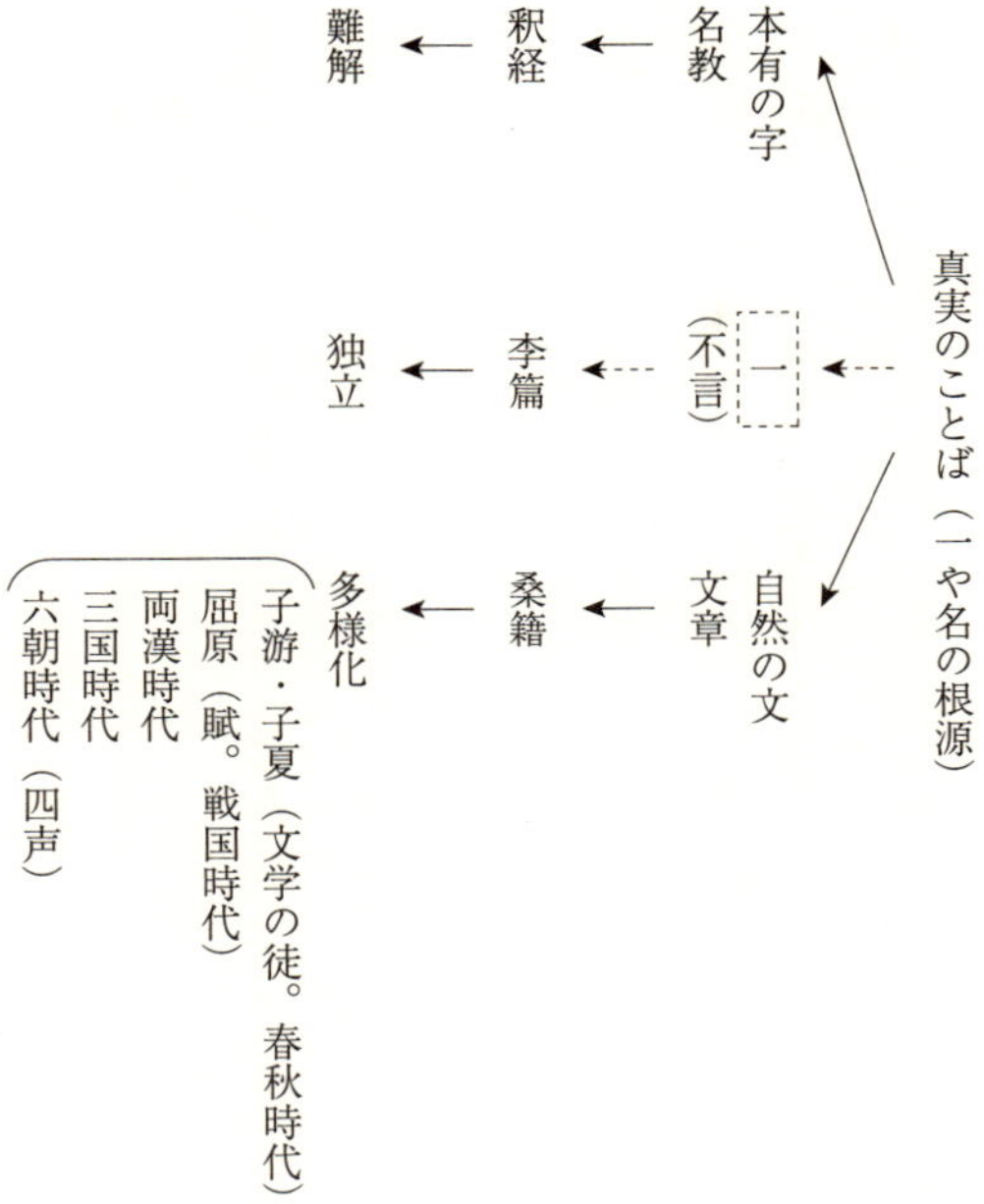

た魯や儒教が盛んであった斉・魯の地を表わす代名詞な意味とも、『礼記《らいき》』内《だい》則篇《そくへん》中の「桑弧蓬矢《そうこほうし》」についての疏《そ》『礼記正義《らいきせいぎ》』の「桑は衆木の本なり」のような含意ともとれ、未詳であるが、文脈上、「桑籍」は儒教文献ではある。「桑門」（出家）・「桑戸」（隠者）とは関係なしとする。

それは、仏（釈）・道・儒ともに、元来の意味が分かりにくくなったことをいっている。

なぜかといえば、というのがこの序の狙いである。すなわち、文章の歴史、換言すれば、広義の文学の歴史が展開してゆくうちに、煩雑となり不要なことばの世界になってしまったとする。それを序はこう表現している。「巻軸多しと雖《いえど》も、要枢《ようすう》は則ち少なく、名　異《こと》にすれども、義　同じくして、煩穢《はんえ》尤《もっと》も甚《はなは》だし」と。いや、文章だけがそうなのではないとする。すなわち、真実がことばとなって現われる際、音声を伴なうわけであるが、その音声の段階でもう誤まっているのだと。すなわち「盛んに四声を談じ、争いて病犯を吐く」と述べる（前頁の図）。

さて、このような展開の中で、自分（空海）は「幼にして表舅《ひょうきゅう》（母のいとこ）に就きて、頗《や》や藻麗《そうれい》（文学）を学び、長じて西秦（中国）に入り、粗《ほ》ぼ余論を聴く」。しかし、その知識を述べずにいたところ、後輩たちの願いもあったので、ここに文学理論ならびに詩文の実作概論として『文鏡秘府論』を執筆することになったとする。

そこで、四声《しせい》という音韻問題から説き起こすのである。

この音韻論から始めるというのは、一般的にいって、きわめて正統的である。周知のように後漢期に伝来した仏教は、インド音韻学をも伝えたので、その影響下、魏《ぎ》の時代に始まる中国音韻学が発達する。今は亡佚《ぼういつ》した周　顒《ぎょう》の『四声切韻《しせいせついん》』、沈約《しんやく》の『四声譜《しせいふ》』、王斌《おうひん》の『五格四声論《ごかくしせいろん》』はその代表書であるが、隋代《ずい》に至り、陸法言《りくほうげん》らによる『切韻《せついん》』が登場する。以降の精密な発展はいうまでもない。そのような歴史的事実に基づいての所論と見れば、きわめて正統的ではある。

しかし、空海の意図は、必ずしもそうした正統的な一般論だったのではあるまい。というのは、四声という音声現象は、空海にとって、音声という単なる物理的問題ではなかったからである。

それはどういう意味か。

ことばの構造　『声字実相義《しょうじじつそうぎ》』はいう、「大日如来《だいにちにょらい》、此の声字実相の義を説きて、彼《か》の衆生《しゅじょう》〔の〕長眠の耳を驚かす」と。

なぜそうなのかといえば、「悟れる者は大覚と号し、迷える者は衆生と名づく」。この「衆生は痴暗《ちあん》にして自ら覚るに由《よし》なし」。そこで大日「如来、加持《かじ》して其の帰趣《きしゅ》を示す」。

その大日如来はこのように教える。「帰趣の本は名教にあらざれば立たず」と。その「名教の興るは、声字にあらざれば成らず」。

すなわち、現実世界における名教（仏教）の根本として〈声字〉を持ち出している。その「声字分明にして〔はじめて〕、実相　顕《あら》わる」とする。この声字実相が密教の根本義であることはいうまでもない。

さて、この『声字実相義』はこう述べる。「内外の風気、纔《わずか》に発すれば必ず響きあり。名づけて声と曰うなり」。この「響きは必ず声に由《よ》る。声は則ち響の本なり」と。

この声についていえば、「声　発すれば虚《きょ》ならず。必ず物の名を表わす。号して字と曰うなり。名は必ず躰《たい》を招く。之《これ》を実相と名づく」と。

また、「声字実相は三種（声・名・躰）に区別せられ、義と名づく」とある。この原文の「声字実相、三種区別、名義」の「名義」（義と名づく）はおそらく「名曰義」（名づけて義と曰う）という文であっ

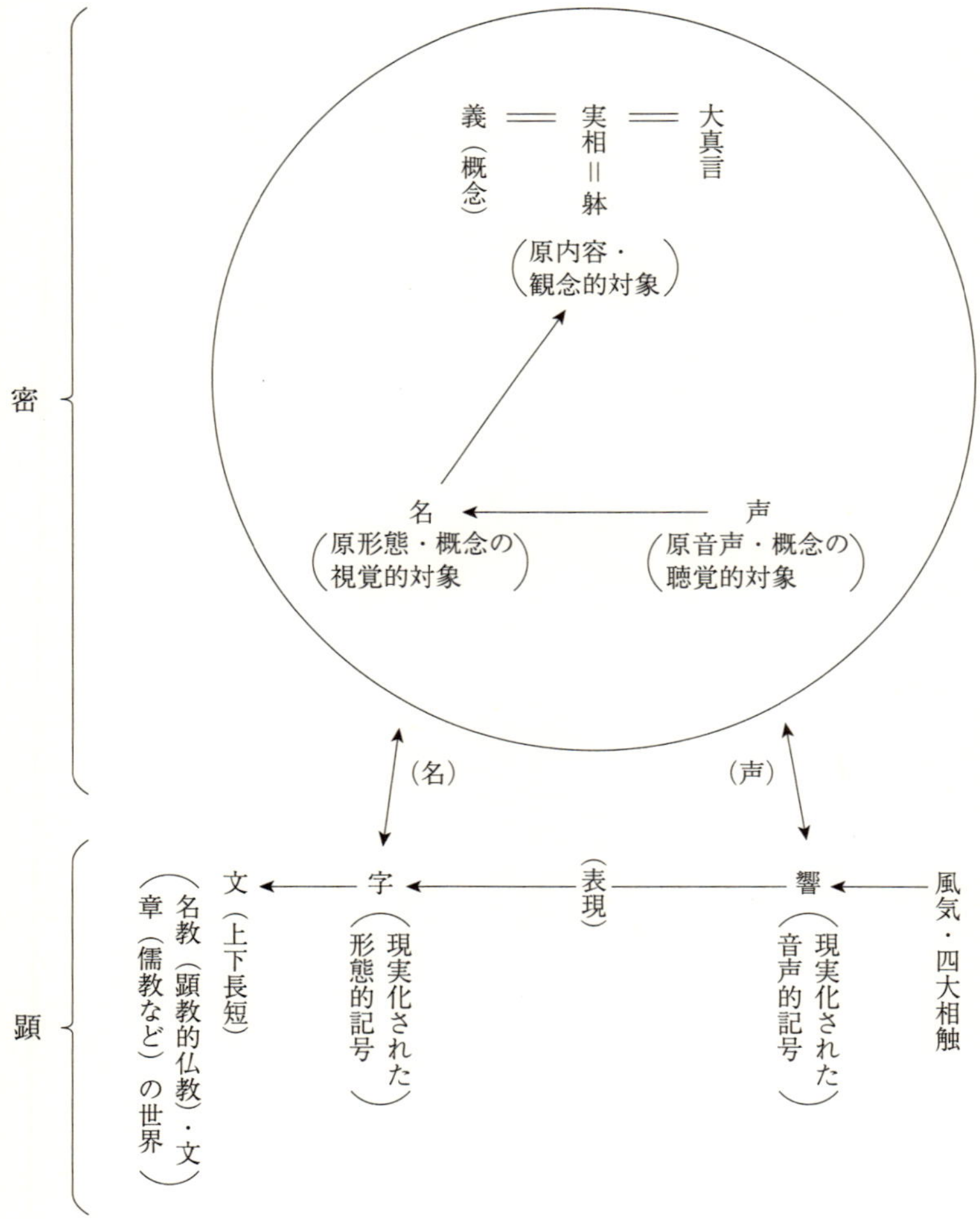
密
顕
大真言
実相＝躰
義（概念）
（原内容・観念的対象）
名
（原形態・概念の視覚的対象）
声
（原音声・概念の聴覚的対象）
（名）
（声）
風気・四大相触
響
（現実化された音声的記号）
（表現）
字
（現実化された形態的記号）
文（上下長短）
（名教（顕教的仏教）・文章（儒教など）の世界）

たと考える。というのは、その直後の文が「四大相触、音響必応、名曰声也（名づけて声と曰うなり）」とあり、対句《ついく》的表現となっているからである。

さらにまた、「声は空しく響するのみにして詮するなきも、字は上下長短ありて文を為す」とある。その主張を総括して図式化すると、前頁の図のようになると考える。この図は顕・密二つの世界の関係を表わしているが、それは、空海が物事を見るときの視点ともなる。すなわち、一定の体系を持って諸現象を見るという、思想家としての立場ということである。

そうした視点で文学の世界を見るとき、そのときにも顕密二教の観点が据えられることになるのではあるまいか。事実、『文鏡秘府論』の構成にそれが見られるのである。

空海は言う。幼少時から詩文の道に入り、中国へ渡航後、知らなかったことをさらに学んだ。しかし「志　禅黙に篤く」、詩文のことについては語ってこなかった。けれども、多くの若い人からの希望もあり、そういう要求についに応《こた》えざるを得なくなり、ここに論述することになった、と。

その「志　禅黙に篤く」していた自分が、「音響　黙し難く」述べるのだ、とするその過程こそ、大真言の〈秘密〉から小真言の〈顕現〉へという発展そのものではないか。

であればこそ、その音〈響〉が最初にあらわれるものこそ〈声〉である。その〈声〉とは、詩文的に具体的にいえば、ことばのイントネーションを含む〈四声〉である。すなわち、『文鏡秘府論』を四声論から始めるのは、空海の思想体系である〈大真言から小真言へ〉、そしてその遂行《すいこう》との相即相《そうそくそう》入《にゅう》を背景とする、と私は解釈したい。

もちろん、すでに前述したように、文学概論という立場に立てば、音声論から始めるというのが、形式的に正統的である。しかし、そういう客観的形式論のみに基づくとするものであるならば、『文鏡秘府論』の序（ことばの発生と展開との真言的考察）は不要でないか。空海の思想体系（大真言から小真言へ）を踏んで、それを類型的に把握した詩文論（文学概論）であったと考える。単なる文学概論・詩文創作教授書ではないのである。

だからこそ、この四声からすべての詩文が生まれるとする。「四声論」において空海はこう記す。「夫《そ》れ四声は、響きて到らざることなく、言《げん》として摂《と》らざるなく、三才《さんさい》（天・地・人の全世界）を総括し、万象を苞籠《ほうろう》す（包みこむ）」と。

こうして『文鏡秘府論』は、以下、詩文論を展開し、最後に「句端」（句の書き出し）の項を設け、語助（助字など）について述べる。これは、現代流にいえば、文法論である。このように用意周到の体系的な詩文論となっている。

もし、この「句端」論をもって終わるとすれば、詩文論として完成する。しかし、『文鏡秘府論』はそうではない。「句端」論の後に、「帝徳録」を置き、それを大尾《たいび》としているのである。これは、何を意味するのであろうか。

「帝徳録」の意義　「帝徳録」とは、古代の王者について表現されたことばを集めた文献を空海が写したものとされている。すなわち原本があったはずだが、それは散佚《さんいつ》したとされている。その「帝徳録」は、詩文創作において、参考となる語句集という形式となっている。その意味では、他の巻における参考語句集と形式的には同じといえる。しかし、他巻のそれは、修辞上《しゅうじ》の巧拙《こうせつ》を念頭においたものであるのに反し、この「帝徳録」は、創作上の巧拙の参考のためにあるのではなくて、王者について表現するところの参考語句集なのであって、そこには、『文鏡秘府論』本文中にある拙なるものの例といった負《ふ》の面はない。

常識的にいって、それはそうである。王者を誇《そし》り貶《おとし》める詩文などというものは、革命など戦時のよほどの事情のときしか必要がないし、もし平時においてそのようなことがあれば問題となるのが前近代社会である。という風に割り切って見れば、「帝徳録」は単なる表現参考語句集に終わる。だが、そういう単純なものなのであろうか。

まず、その構成について順次記してみる。

（一）① 古の帝王（伏犠《ふくぎ》から漢王朝を建国した劉邦《りゅうほう》まで）の名状……其の盛衰に随って叙すとき。

② 先代（王者一般）を叙すとき、並びに適用するを得。

（二）① 〔天から王となる命を与えられた〕受命の始めを標《あら》わす（標《しる》す）とき。

＊中国の漢末から登場する讖緯《しんい》説の諸文献からの引用。

② 功業を叙すとき。

③　礼楽を叙す法。
④　政化思想を叙すとき。
⑤　天下の安平を叙すとき。
(三)　①　遠方の帰向（地理）を叙す。
②　異俗（外国）の名。
③　恩を慕う状。
④　瑞物の感致を叙すとき。
⑤　（瑞物）
⑥　瑞応の諸文。
(四)　実作上の注意点。

すべて、表現方法と王者に関する使用語句集であるが、(一)は、王者の歴史である。(二)は、王者の顕彰であり、(三)は、地理と瑞応などを記すという構成である。最後には、二条ではあるが注意点があり、いわば、王者についての表現全集といった感がある。そして全体として讖緯《しんい》思想的表現が非常に多い。これは、讖緯思想が中国においてやがて一掃される前の記録としても興味深い。

一方、この構成を一見して分かることは、典型的な中華思想の表現である。

(一)すなわち、天から地上の統治を命ぜられた有徳の王が現われる（最初が木徳《ぼくとく》の伏犠）。そうした有徳の王がつぎつぎと交代して登場する。というのは、有徳の王が開いた王朝であっても、その世襲の子孫に徳が欠けると、別の有徳の王が現われるからである。

（二）そうした歴史を背景として登場した王は、有徳であるがゆえに、功業《こうぎょう》著しく、周囲の者に感化を与え、泰平となり、そのようにして国家が治まる。

（三）そのようなすぐれた感化、徳化、教化、文化がしだいに周辺に広がってゆき、異国の者も、中国の者と同じく、感化、徳化、教化、文化されてゆき、天下が治まる。そして瑞兆《ずいちょう》が各地に現われる世界・時代となる。

この（一）から（三）への過程、すなわち有徳の王の道徳的感化によって天下が治まるという王化が中華思想である。武力によって天下を治めるというのは覇者《はしゃ》であって、王者ではない。王道（道徳力）と覇道《はどう》（武力）とはまったく異なる。よく覇道が中華思想と誤解される。

この中華思想は大構造であるから、当然、日本においても小構造として天皇が日本における中華思想の実現者に擬せられる。事実、この「帝徳録」の「（二）の①」には、古典の「神武・聖武・欽明《きんめい》」といったことばを引いているが、それは「漢祖の神武」という表現と重ねて、各天皇の称号を念頭に置いたものといえよう。たとえば、具体的には「至徳を以て天下に光《かが》やき、神功　以て海外を截《とと》のう」の「神功《しんこう》」は、「すぐれた功業」という意味ではあるが、新羅《しらぎ》を征したいわゆる神功《じんぐう》皇后を指すようにも読める。

王者の顕彰として、たとえば『日本書紀《にほんしょき》』景行《けいこう》天皇において、東国を王化し「往《ゆ》きて其《そ》の境に臨み、示すに徳教を以てす」と記すのは、中華思想の日本版である。あるいは同書・孝徳天皇において、白《はく》雉《ち》が献上され、「帝徳録」前記（三）の④〜⑥にあることばと同様、瑞兆として年号を「白雉」とする讖緯的記録がある。

このような「帝徳録」は、原本が未詳であり、空海がどのように筆削したのか、今となっては分からない。しかし、『文鏡秘府論』の序が、前述したように（九三頁）、後世に顕現（儒教）するとき、自然の文に始まり、文章に終わるその文章は「紀綱の要」である。紀綱は、人間社会の原則・秩序・あり方といった諸文化である。すなわち、四声に始まり、文章の極致が帝徳に託される紀綱に終わるという構成となっていると見ることができる。

つまり、「帝徳録」をあえて大尾《たいび》に意識的に置いたのものと考える。心の内部から発する四声に始まり、有徳の王者讃仰《さんごう》へ、秘密の大真言から小真言に顕現してゆく構成と考える。

このように、体系として撰述されているところに、『文鏡秘府論』の思想性があるのであり、真言思想に基づいてあらゆる事象を洞察する体系的思想家、空海の把握する文学観が示されている。

さらに推測が許されるならば、それは当代の大文化人でもあった嵯峨《さが》天皇に対する大いなる敬意と尊崇との表現でもあったと見たい。もちろん、この推測には、一層の検討が必要ではあるが。

五　即身成仏への道
——文字とマンダラ——

岡村圭真

1　即身成仏ということば

不思議なことば　即身成仏《そくしんじようぶつ》とは、何と不思議で魅力的なことばであろう。『今昔物語集《こんじやくものがたりしゆう》』は、空海が清涼殿《せいりようでん》において、宗論《しゆうろん》の席で金色《こんじき》まばゆい仏身《ぶつしん》をあらわした話を伝えている。はやくから、空海のとく即身成仏というおしえがもてはやされ、説話や唱導《しようどう》の世界では一種、スーパーマンの出現のように驚異の的となっていたのであろう。

空海といえば即身成仏、即身成仏といえば空海を思う、そういう人は、今も昔もずいぶん多いのではないだろうか。その場合、むろん即身成仏とは何か、どんなおしえなのかは、一切お構いなしである。空海がどうして即身成仏なのか、両者の関係はどうか、といったせんさくも無縁である。

こういう庶民の想いとは違って、宗門の学僧たちは、各自がよって立つ伝統の立場から、かんかんがくがく諸説を述べて、収まるところを知らないようである。古来の研究書はその数をしらず、『即《そく》身成仏義《しんじょうぶつぎ》』一巻にかぎってみても、問題続出のありさまだという。たとえば、著作成立の年代がさだかでない。おなじ題名の異本が六本もあって、その真偽《しんぎ》が問題だといわれる、など。

それにしても、どうして真言密教は即身成仏のおしえである、といった命題が声高に論ぜられるのか。考えてみると不思議な気がする。密教の経典にこのことばは出ていない。むしろ天台系の論書に、その出典があるといい、いや、不空《ふくう》や恵果《けいか》の説かれたおしえだという。にもかかわらず、空海が即身成仏のおしえを説いて、一世を風靡《ふうび》したことにまちがいはない。しかし、空海の説く即身成仏が、なぜ、何によって、どのように説かれたかという点は判然としないようにみえる。

たしかに、即身成仏、この魅力的な一句が残されたというだけでも、空海はじつにすばらしい宗教的な天才思想家であり、詩人だったと思う。奈良の仏教は、目にみえる大仏を造立したが、空海は、仏が各自の心のなかにあると説いたといわれる。まさしく日本人の心のうちに、仏との通路が開かれ、伽藍《がらん》や経典《きようてん》のなかではなく、ひとりひとりの心のなかで仏と出会うという、未曾有の転換の道を示したのが空海だったのである。

この転換は、今のことばであらわすと、当時の仏教界や社会の通念であった共通の思考や観念の枠組みを変換すること、つまりパラダイムの転換ということではなかったのだろうか。学僧も俗人も、この意表をつく思いがけない発想の転換にびっくりし、畏《おそ》れを抱いたとしても不思議ではない。ただ、それが何を、どう変換したのかを、検討する作業が、まだ十分になされていなかったように思う。そのためには、まず空海その人における、通常の思考や観念の枠組みが、まったく崩壊してしまうような体験の検証から始める必要があるに違いない。それが、やがて思考方法の転換に結びついて、思想として結実するのであろう。はたして、空海の場合、そういう体験や転換を跡づけることができるかどうか、試してみることにしよう。

2 密教と出会う

空海の体験 空海が密教と出会ったことを示す文章は、まず『三教指帰《さんごうしいき》』序のなかにあらわれる。この著作は、二十四歳のときに書かれた初稿『聾瞽指帰《ろうこしいき》』の改訂版である。そのなかで、はやくから詩・文章を学び、叔父の阿刀大足《あとのおおたり》のもとで儒学をおさめた空海が、十八歳で大学に遊学したとある。当時もっとも恵まれた理想的な教育環境のもとで空海がそだち、学問にうちこんだということであろう。ところが突如、大学を中退した空海は私度僧《しどそう》の群れに投じて、山林修行にはげんだとある。阿波《あわ》の太滝岳《たいりゅうがたけ》や土佐《とさ》の室戸崎《むろとのさき》にこもって、ひとりの僧から授かった密教の瞑想《めいそう》に専念したというのである（『定本弘法大師全集』〈以下『定本全集』と略す〉七―四一）。

この学問から山林修行への転換は、あまりにも急激であるため、われわれに強烈な印象を与えずにはおかない。それはちょうど、近世の哲学者デカルトの決断に似ている。デカルトも、当時、世界でもっとも恵まれた教育機関で熱心に学んだのち、「文字による学問（人文学）を捨てて、自己および世界という書物による学問（真理の探求）を決心した」（『方法序説』）というのである。たしかに、空海もまた、文字による学問（儒学）を捨てて、自己および大自然という書物による学問（真実なるものの探求）を決心したということができそうである。ただ空海の場合は、文字・学問をはなれて山野を跋渉《ばつしょう》し、実践修道というかたちで真実の探求に立ち向かったということになるであろう。

しかし、他の文章によると、空海の別の体験が伝えられる。『性霊集《しょうりょうしゅう》』に収める弘仁十二年（八二一）の両部マンダラ新修の願文《がんもん》によると、青年時代のきびしい試練のすえ、空海は、幸いにして秘門と出会うことができたという。

精誠感あって秘門を得、文に臨《のぞ》んで心昏《くら》し（『定本全集』八―一〇八）

すなわち、真剣な修道と遍歴のすえ、根源のおしえ（法）を求める願いが天に通じて、秘門、つまりは密教の経典を手にすることができた。ところが、通常の仏教経典と違って、文字だけではその真意を知ることができない。その衝撃は大きく、はげしい挫折感におそわれたというのである。

この秘門との出会いを、伝承は『大日経《だいにちきょう》』の感得として捉え、大仏殿の夢告によって大和の久米《くめ》寺《でら》東塔のもとで、これを発見したという説話に仕立てる。しかし、空海の文章は、むしろ経典と出会って衝撃を受け、挫折した体験の方に重点をおいている。ここでいう秘門とは、たやすく手に入らず、たとえ入手できても、文字だけではそのおしえの真意が把握できない、その意味で秘密のおしえということであろうか。ちょうど、門前に立つことはできたが、どうしても門内には入れないという状況に似ている。そのときのはげしい焦燥《しょうそう》と絶望感が、やがて空海の入唐《にっとう》をうながす原因となったと書かれている。

空海の苦悶　ところで、入唐前の空海の苦悶《くもん》という点では、もう一つの証言があった。『性霊集』を編集した弟子真済《しんぜい》は序文のなかに、つぎの文章を記録している。

わが生の愚なる、誰《たれ》に憑《より》てか源に帰せん。ただ法の在ることあり。（『定本全集』八―三）

つまり、（過去〈釈尊《しゃくそん》〉と未来〈弥勒《みろく》〉の二仏の中間に生まれた）わたし（空海）の生来の不肖のために、求むべき師、根源にかえる道を指示してくれる指導者がいない。現にその（根源の）おしえは、ここにあるというのに。

この腸をさく痛恨のさけび声は、さきの「文に臨んで心昏し」の心境とあい通ずるものといえるであろう。求める根源のおしえは、現に今ここにある。がしかし、その秘門に入るための手段、方法がまるでわからない。その門をひらく秘密の鍵を求めて、空海はついに海を渡る決心をするにいたったのである。

このように入唐以前の状況を伝える文章は、いずれも回想のかたちで示され、瞑想《めいそう》よりも秘門、そして秘門の解きがたい秘密の鍵へと収斂《しゅうれん》していくようにさえみえる。むつかしい考証はさておき、文字の学問をすてた空海は避けがたい「文字」という名の障壁にぶつかって、再度あらたな探求の道へと踏みださずにはいられなくなったのであろう。

それにしても、秘門の文字が、どうして空海を挫折させ、絶望の淵《ふち》に立たせたのだろうか。たしかなことはむろんよくは解らない。しかし、通常の経典・論書に関する空海の広汎多岐にわたる豊富な知識を示す資料が、日本古典文学大系『三教指帰・性霊集』（岩波書店、一九六五年）に出ているから、これを参考にすることはできる。ここでは、空海の文章に基づいて密蔵《みつぞう》・秘門の特色をうかがうこととしてみよう。

密教のおしえ　それによると、まず中国密教にあっては、密教のおしえは文字・ことばでは表現できないとする立場がとられていたようである。たとえば『御請来目録《ごしょうらいもくろく》』は、

密蔵、深玄にして翰墨《かんぼく》にのせがたし。さらに図画をかりて悟らざるに示す。（『定本全集』一―三一）

〈密教のおしえは深遠であるから、文字によって表現するのはむつかしい。そこで、図像などを使って修行者にこれを示すのである。〉

同様に、また恵果《けいか》は、

真言秘蔵は経疏隠密《きょうしょおんぴつ》して、図画をからざれば、相伝することあたわず。（『定本全集』一―三六）

と、つまり、真言のおしえは経典・註釈書にはあらわに説かず、マンダラ図像によって、秘法を相伝するほかに方法はないという。恵果の場合は、『金剛頂経《こんごうちょうぎょう》』と『大日経《だいにちきょう》』によって、金剛界《こんごうかい》と大悲《だいひ》

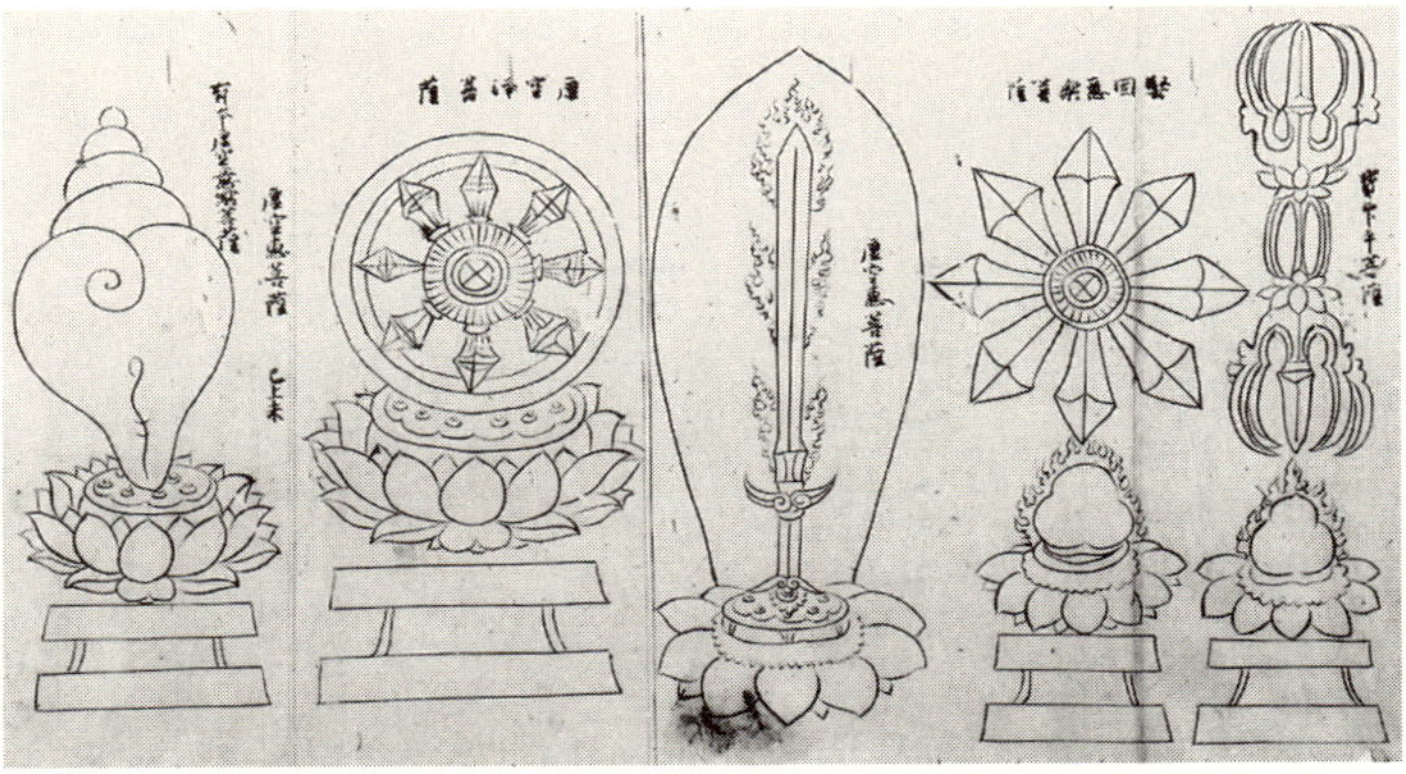

図6　大悲胎蔵三昧耶曼荼羅（石山寺所蔵）

胎蔵《たいぞう》・両部のマンダラを整備・完成させたことが推定されるという。さらに、青龍寺の諸堂は、恵果の指導のもとに、いたるところにぎっしりと仏・菩薩の図像が極彩色で描かれ、さながら生ける仏・菩薩たちと対面するかのようであったという。そこにはマンダラの仏たちという世界空間が、リアルに現前していたとみてよいであろう。おそらく、密教のおしえの根本は経典や文字でなく、マンダラ図像にあるとするのが、恵果の密教だったのであろう。

先の弘仁十二年（八二一）の願文は、じつはこうした恵果の密教をしのびつつ、両部マンダラをあらたに製作し、供養《くよう》したときの文章であった。このとき空海は、恵果のもとで密教の眼を開かれたこと、その恵果の密教が、今こうしてこの国に根づいたこと、そして恵果の後継者としての大任をひとまず果たすことができたことを、実感したのではないだろうか。それと同時に、あらためて宿命的ともいうべき秘門との出会いに想いをはせたのかもしれない。

3　文字の義用、大いなるかな

経典の書写

入唐《にっとう》した空海は、さいわい恵果《けいか》のもとで、真言密教の奥義《おうぎ》をあますところなく伝授された。そして師の恵果の指導によって、両部マンダラをはじめ、不空《ふくう》の新訳経典、密教の修法《しゅほう》のための法具などを整えて請来《しょうらい》することができた。このことは、中国の密教を細大もらさず、ほぼ総括するかたちでもち帰ったということを意味している。

こうして請来された仏像（図像）や経典などは、大同四年（八〇九）ようやく入京を許された空海のもとへ、朝廷から返却されたといわれる。それを受けて、最澄《さいちょう》が経典や論書など十二部の借覧を申し入れる。この経典書写の申し入れが、最澄と空海との交わりの発端となった。やがて弘仁三年（八一二）の冬、有名な高雄灌頂《たかおかんじょう》という儀式をへて、両者の関係が破局に向かって急変したことは、よく知られているとおりである。

ところが、よくわからないのは、経典書写をめぐる双方の考え方である。さきにみたとおり、密教の経典は、文字だけではその真意をつかむことができないとすると、たしかに経典の書写に際していちいち指導を受ける必要が生ずる。しかし、最澄はすべてを写し終わったのち、一括して伝授を受けたいという。そこで両者の意見が対立し、借覧は拒絶されたのである。そのさい、表面上の理由とは別に、何かもっと深刻な問題が、空海の側にあったのではないか。その辺のところが、じつはよくわからないのである。

　というのも、弘仁六年（八一五）四月、空海は使者を送って、東国の徳一《とくいつ》や広智《こうち》などに、主要な密教経典の書写を勧進《かんじん》している。その書面は『勧縁疏《かんえんのしょ》』と略称されるが、空海が密教の立場を公表した最初の、いわば声明文として、きわめて重要である。この文章によれば、先の最澄の場合とは逆に、むしろ積極的なしかたで、空海の方から経典の書写を求めているのである。つまり、わずか二、三年のあいだに経典書写に対する空海の態度が豹変《ひょうへん》したことになる。この急旋回《きゅうせんかい》は、どう考えても尋常ではない。この短期間のうちにいったい何が起こったのだろうか。

顕と密　むつかしい問題はしばらくおき、ただはっきりしている点が一つだけある。『勧縁疏』には、顕と密、すなわち顕教《けんぎょう》と密教との経典の決定的な違いが初めて明示されたことである。釈尊《しゃくそん》が、衆生《しゅじょう》のため、また衆生の機根《きこん》に応じて説かれた経典は顕教、あらわなおしえである。これに対して、法身《ほっしん》、つまり真実なる法そのものがみずからのさとりの境地をあらわす経典、これを密教という。密とは、「つぶさに自証の理をとく如義《にょぎ》語、真実の説」（あるがまま如来のさとりを示す、真理そのもののおしえ）を指すとある（『定本全集』八―一七四）。このような顕教と密教の経典の成立基盤の違いを対置させたうえで、空海は

図７　徳一（勝常寺所蔵）

経典書写の勧進をすすめたわけである。

これをみると、最澄に接したとき、空海の方はまだ明確に、顕教と密教とを弁別《べんべつ》する基準（教相判釈《きょうそうはんじゃく》）が確立せず、中国以来の経典の捉え方を踏襲したままであったといえる。これに対して、最澄もまた、当時の学僧たちと同様に、密教経典の独自・固有な性質を認めず、経典と註釈書（『大日経疏《だいにちきょうしょ》』）によって密教のおしえが十分理解できるという立場にとどまっていた。有名な「新来の真言家は筆授の相承《そうじょう》を泯《ほろ》ぼす」（『依憑天台集《えひょうてんだいしゅう》』序）という空海批判は、もともと両者のこうした経典の捉え方の違いを表明したものだったのである。

このように考えてくると、最澄との交わりは、結果的に空海にあらたな課題を提起する機縁を与えたことになった、ということができるかもしれない。弘仁四年（八一三）十二月の文章（『金勝王経《こんしょうおうきょう》秘密伽陀《ひみつかだ》』）の一節には、つぎのような指摘が現れるにいたった。

如来の説法には二種あって、顕は「常途《じょうず》の所説」（通常のおしえ）であり、密は「密蔵の所論」（あらわに説かない密教のおしえ）であるとして、

顕家の趣は歴代の口実なり。密蔵の旨は、この土《くに》いまだ解せず（『定本全集』四―一四一）

つまり、顕教のおしえは、これまで解説されたとおりであるが、密教のおしえは、日本ではまだだれも理解するものがいない、というのである。

空海の文字観　そして翌五年（八一四）閏七月八日の上表文《じょうひょうぶん》には、「悉曇《しったん》の妙章、梵書《ぼんしょ》の字母」

（インドの梵字《ぼんじ》悉曇章とそのアルファベット）を絶賛する文章をかかげて、「文字の義用、大いなるかな、遠いかな」（文章の真実の意味とその妙用《はたらき》はなんと広大で深遠なことであるか）と記したのである（『定本全集』八―六二～六三）。この一節は、日本の学僧たちは、漢訳の経典・論書のみを研究して、文字（梵字）の真実の意味をさとらないから、経典のことばのかくれた真意を読みとけないでいると、暗に批判したものと読むことができるようにもみえる。

しかし、このあまりにも自信にみちあふれた文章は、はるかに重大な、空海のある確信をあらわしたものではなかったのか。これまでの消極的な文字観に対して、この文章は、威風堂々と積極的な文字観を謳いあげているではないか。この大きな転換の基礎となるものは、はたして何だったのだろうか。

じつは、この上表文の冒頭で、空海はすばらしいインドの文字・梵字悉曇章がはるばる到来したのは、盛大な文運によると、嵯峨《さが》帝の治世をほめたたえる一方、『梵字悉曇字母《ぼんじしつたんじも》并《ならびに》釈義《しやくぎ》』（略して『字母釈』という）一巻をそえて、献上したのである。すると、この『字母釈』が、空海の文字観に決定的な変化を与えたということになるのであろうか。もしそうでなければ、梵字悉曇章の請来を、あれほどまでに賛美することはなかったであろう。

この悉曇解説書は、けっして初心者向きの梵字入門書ではない。むしろ、漢字の世界では、まったく予想もできなかった、絶妙なる文字の洞察を断章風につづった、日本で最初の梵字研究なのである。

その内容は専門家に教わるほかはないが、少なくとも、文字の捉え方としては、つぎの二点が注目されるであろう。その一つは、文字の重層性ということ、二つには、文字が構造をもつということである。

文字の重層性　まず、文字の重層性とは、通常の文字と、経験を超えた文字の二重構造ということである。世間一般の日常的なことばも、学問的なことばも、基本的には、それぞれのことばの意味が、たがいに了解できるとき、ことばによる伝達が可能となるものである。ところが、秘門の文字のように意味がわからないことばがある。しかも、その通常の理解を超えたことばが、かくれた真実をあらわす文字だといった矛盾は、どうして起こるのか。この問題の鍵を、空海は悉曇章の解明をとおして発見したのである。

空海が伝えた智広《ちこう》の『悉曇字記《しったんじき》』は、インド学芸の基本テキストとされる悉曇章の解説書である。そこには玄奘《げんじょう》の『大唐西域記《だいとうさいいき》』を引いて、インドの文字である梵字は、「梵天《ぼんてん》所製」つまり梵天がつくったという伝承をのせている。ところが、空海はこの梵字起源の伝承は、真実の由来を知らない通俗の説であるという。『大日経』によると、この文字は「自然《じねん》道理の所作」つまり作者なしに天然の道理がおのずからあらわれた文字である。如来《にょらい》や梵天がつくったものではない、と説かれてある。この作者なしに真理そのものが自然に、おのずからなれる文字を「法然《ほうねん》の文字」というが、世間の伝承は、このかくれた真実の由来を知らず、梵天所製という説を信じているにすぎない（『定本全集』五―

一〇二)。

この伝承の説と経典のおしえとを対比すると、世間で真実と思われている梵天説は、真実を示さず、むしろ真実を覆《おお》いかくしていることになる。これに対して、経典は、そのかくれた真実をあきらかにするという意味において、真実をあらわすものである。しかも、真理そのものが自然にあらわれた文字(法然の文字)を用いて、如来が真実をあるがままに示されたものが、つまりは経典のことばなのである。

通常は、密教は秘密のおしえであるから、文字ではあらわに説かず、また文字によって表現できないとされてきた。ところが、この著作では、むしろ、かくれた真実をあきらかにするのが、密教のおしえだということになる。空海は、このような消極的な文字から積極的な文字への転換が、梵字のもつ二重構造のうちにはっきりと示されているとした。

文字の構造　それでは、文字が構造をもつとはどういうことなのか。簡単にいうと、一が多であり、多が一であるということ。空海は、法然の文字は出世間《しゅつせけん》の文字、ダラニ(総持《そうじ》)の文字であるという。総持とは総摂《そうしょう》・任持《にんじ》、つまりすべての文字や意味を包摂しているということであろう。たとえば阿字《あじ》のように、一字からすべての文字を出生し、一字のうちにすべてが収まる、いわば一即一切《いちそくいっさい》のシンボル的表象が阿字なのである。そこで、阿字は、「衆声の母」、「衆字の根本」となり、「内外《ないげ》の諸教みなこの字より出づるなり」、そのかぎり「阿字とは一切の法教の本である」と解説されてくる(『定本全集』五―一〇六）。つまりは、ア（阿）はすべての発声の始め、すべての文字を出生させる母胎《ぼたい》であるとし、仏教その他のおしえ（真理）すべてを総合するシンボルであり、阿字をみれば、一切のおしえの根本を知ることになるというのである。阿字がすべて、すべてが阿字という瞑想《めいそう》が背後にあって、これを支えているのであろう。

そのうえ、梵字の悉曇章は、子音の文字（体文《たいもん》）と母音・半母音の文字（十二摩多《また》）からなり、子音と母音の組みあわせによって、一つの字母から十二字が生ずる。このような悉曇特有の文字合成の規則によって、つぎつぎと文字が造成される、きわめてダイナミックな構造が注目される。これは漢字の場合の文字合成とはまったくちがう、表音文字の特性によるものである。字母という構成単位が、かぎりなく広大な文字の世界を生みだしてゆく、一種の有機体的な世界構造は、あたかも自然道理のおのずからなる自己展開のシンボルイメージを彷彿《ほうふつ》させるに十分である。このように悉曇字母は、一が多、多が一であるという動的な関係の縮図である。その字母表は、本来あるがまま法然の文字、ダラニの文字として、真理そのもののシンボルの体系にほかならない。

もとより梵字に関しては、空海は在唐時に般若三蔵《はんにゃさんぞう》や恵果《けいか》の指導のもとで熱心に研究したことがあきらかである。般若三蔵からは、梵夾《ぼんきょう》を授かり、恵果には、種子《しゅじ》真言《しんごん》（梵字）の法マンダラを受けている。さらに、梵字真言讃《しんごんさん》など四十二部四十四巻をまとめて請来《しょうらい》し、梵字研究の資料をまとめて導入していた。これだけ、まとまった梵字関連の文献を伝来したのは、むろん空海が最初である。これを受けて、梵字研究が、空海の手もとで進展したことは想像にかたくない。密教の伝授にあたって、梵字はとくに重要な役割を果たしたものと推定される。

がしかし、弘仁五年（八一四）に、『字母釈』が、嵯峨帝に献ぜられたことは、密教伝授のためだけではなかったと思う。それ以上に、密教の根本のおしえを、書と文字によるイメージでもって感得することを念頭に置いた、まったく新しい言語論の提起ではなかったかと考えられる。空海は、未曾有の快挙として、如来がそれをもちいて説法《せっぽう》されたその梵字（真理の根源）を、この国に請来して、これを献上した。この根源の文字は全仏教のおしえの根本であり、如来のさとりの境地をあらわすシンボルそのものである。この広大無辺なる功徳《くどく》をそなえた梵字とそのおしえを、空海は国中に広めて、すべての人に法縁《ほうえん》を分かちたいと願ったことであろう。

4　『勧縁疏』と即身成仏

文字を超えた文字　じつにたいへんな回り道であった。空海が、文字の学問をすてて、真実なるもの、根源的なものをただ一筋に求めてやまない求道《ぐどう》の遍歴を重ねた、その足跡をたどろうとすると、おのずとこういうかたちになってしまった。発端は、やはり文字だけではわからない秘門との出会いにある。「文に臨んで心昏《くら》し」という挫折。マンダラをかりて密教の根本を示す恵果《けいか》との出会い。このような体験を解せず、密教経典を顕教のそれと同様に受けとめる最澄《さいちょう》や日本の学僧たち。これと対

図8　板碑
上部に梵字（金剛界大日種子）がみえる。（妙光寺）

決するためにシンボル文字ともいうべき梵字《ぼんじ》（真言）の発掘と、かくれた真実をあかす密教経典の文字の解明。このような、「文字から出て、（文字を超えた）文字へ出る」（上田閑照のことば）、という空海の足どりは、まことに意表をつくものというほかはない。

その転換の鍵は、まず恵果との出会いであり、密教経典との出会いということにある。この二つの機縁をまとめて文章として公開したものが『勧縁疏《かんえんのしょ》』の内容だったのである。ここで初めて、空海はみずからの密教のよってたつ立脚点をあきらかにして、有縁《うえん》の人たちに経典の書写を求めるにいたった。これが、空海思想のあらたな出発点となったということができるであろう。

『勧縁疏』

『勧縁疏』は、のちに成立する『弁顕密二教論《べんけんみつにきょうろん》』（略して『二教論』という）ほどには注目されないが、空海研究のうえでは、きわめて重要な文章である。これについては、勝又俊教《しゅんきょう》『密教の日本的展開』（春秋社、一九七〇年）に詳細な解説が収めてあり、その趣旨は、おおむね『二教論』の内容と対応すると説かれている。しかし、すこし注意してみると『勧縁疏』には、『二教論』では触れていない主題が展開されているようにも読めるのである。

この文章は、大きく分けると二つの部分からなっている。その前半部は、勝又説のとおり、密教の特色、とくに経典の文字・ことばを中心に、顕教と密教の違いを比較して論じたものである。そのため、内容的には『二教論』とほぼ重なることになる。ところが後半部は、恵果のことばを援用して、簡潔に密教の基本的な立場をあきらかにしたものである。とくに、恵果の密教の骨子をまとまったかたちで空海が示した文章は、「阿闍梨《あじゃり》恵果和尚の碑」（『性霊集』巻二）と、この『勧縁疏』の二ヵ所だけである。むろん『二教論』では、密教の要旨をこのようなしかたで論ずることはない。そのうえ、『金剛頂経《こんごうちょうぎょう》』と『大日経《だいにちきょう》』の両部経典、そして龍猛《りゅうみょう》（龍樹《りゅうじゅ》の密教名）の論書である『発菩提心論《ほつぼだいしんろん》』によって、密教のおしえを集約して示すという手法は、『二教論』よりもむしろ『即身成仏義《そくしんじょうぶつぎ》』の立場に近いというべきであろう。

このように、『勧縁疏』の内容は、いってみれば『二教論』と『即身成仏義』によって、さらに綿密・周到なかたちで論ぜられるところの二つの主題をあわせ含んだものである。つまり、密教の特色をあげて顕教との違いを示す前半と、密教のおしえを簡潔に要約してあらわす後半の二部によって構成された文章だったわけである。

むしろ『勧縁疏』の問題点は、形式としてはたしかに恵果のことばが援用されるが、はたしてその内容は、恵果その人の意見そのままを伝えるものか、それとも空海が受けとめた恵果のことばであったのか、その点がじつは定かでないというところにある。その一つは、『大日経』の「菩提（さとり）とは如実《にょじつ》に（あるがまま）自心を知ることである」という根本命題を、華厳《けごん》の理論によって解説することにある（『定本全集』九―一七五）。もし『大日経疏《だいにちきょうしょ》』ならば、天台の理論によるところであるが、ここでは華厳によっている。のちに『十住心論《じゅうじゅうしんろん》』において、同じ「自心を知る」という命題を、空海が鮮烈な密教のことばで解説することに留意したいと思う（『定本全集』二―三〇七）。

もう一つは、恵果の密教は両部マンダラを根本とする立場である。ところが『勧縁疏』では「金剛頂十万偈《げ》および大毗盧遮那《だいびるしゃな》十万偈の経」という、いわば根源の文字でしるされた両部の経典が示される（『定本全集』八―一七九）。恵果のことばとしては、のちにふれる「金剛界・大悲胎蔵《だいひたいぞう》の両部（マンダラ）の大教」（『恵果行状』）という『付法伝《ふほうでん》』の表現の方が似つかわしい（『定本全集』一―一一二）。それをあえて、ここでは「十万偈の経」という神話伝承にしたがっている。空海としては、おそらく空中に影現せる十万偈の経文とは、さきにみたところの「自然道理の所作である法然《ほうねん》の文字」という観点から、本有《ほんぬ》・自然《じねん》（根源）そして真実の文字がそのまま永遠の文字、つまりは法然の文字でしるされた十万偈の経文だと、非神秘話化したうえでの用語だったのであろう。

ともあれ、中国密教では、文字では表現できないとされた密教のおしえが、経典のことばのあらたな意味変換によって、通常の文字の次元を超えた永遠の文字、根源の文字として蘇《よみがえ》るにいたった。それは、さながら不死鳥のごとき生命力であり、神秘主義のことばの絶妙なる変身をみる思いがする。

こうして『勧縁疏』は、作者なしに自然にあらわれた真理のシンボルという、あらたな文字観の金字塔ともいうべき位置を占めるにいたった。

これより、空海の著作は、文字どおり密教書として成立し、『二教論』や『付法伝』以下の密教の理論的な基礎がための時代に移っていく。これらの著作は、基本的には密教のことばを駆使し、通常の文字やことばの次元を超えた地平から書かれている点で、慎重な注意が必要とされる。「不退転《ふたいてん》の菩薩は、すべからく文字を解すべし」（『文鏡秘府論』序・『定本全集』六―三）と空海は誡《いまし》めているが、この「文字を解する」という一事が、じつはなかなか容易なことではないようである。

先に、文字から出て、文字へ出るといったが、それは通常の理論書や仏教書の文字の理解の仕方を超えた、文字の読み方があるということである。文字は、ときに真実をかくすことがあり、ときにかくれた真実をあらわすことがある。このような文字の重層性、あるいは二重映しともいうべき構造をしっかり押さえて、空海の文章を読むことが要求されるであろう。

密教の根本　それでは、密教の根本とは何か。一言でいうとどうなるのか。『勧縁疏』によると「諸仏自証の教」だとある。諸仏がそれぞれ自心の源底をさとる（如実知自心《にょじつちじしん》）おしえであるというのである。そしてこの、あるがまま自心の源底をさとる瞑想《めいそう》（三摩地《さんまじ》）は、他の仏教では説かれていないと、龍猛《りゅうみょう》がいっている。このように、『大日経』の「実のごとく自心を知る」という根本命題をかかげ、その自心の源底をさとる（自証の）方法を学ぶことが、つまりは密教だというのである。注目される点は、龍猛のことばとして自証の三摩地を引用して、即身成仏という一句を欠いていることにある。

念のために、『付法伝』にのせる呉殷《ごいん》の文章をつぎにあげる。

常に門人にいっていわく、金剛界・大悲胎蔵・両部の大教は、諸仏の秘蔵、即身成仏の路なり

（『定本全集』一―一一二）

すなわち、金剛界と大悲胎蔵の両部マンダラのおしえは、諸仏が深く秘蔵せるところの即身成仏の道である。これは、ほぼ恵果《けいか》のことばのままであろう。恵果にとっては、密教とは両部マンダラのおしえであり、即身成仏の瞑想がすべてであった、と考えられる。この恵果の密教観からすれば、『勧縁疏』の文章は、おなじ枠組みでありながら、あきらかに内容の方が変化している。その枠組みは、両部の経典（もしくは両部マンダラ）と龍猛の論書『発菩提心論《ほつぼだいしんろん》』であり、これはまた『即身成仏義』の冒頭「二経一論の証文」に対応している。これに対して変化が認められるのは、『勧縁疏』がとくに密教の根本命題（如実知自心）をあげて、これを諸仏自証のおしえと定義した点と、即身成仏という用語を使わなかった点の二つである。

マンダラと文字　このわずかの違いは、恵果がマンダラによるのと、空海が文字によるという両者の立脚点の相異をあらわしていないだろうか。そして、この立脚点の違いが、ふたたび、文字・ことばによって総括・集約されるとき、初めて恵果の密教を、全面的にことば化し、文章のかたちで再構

築することが成りたつのではなかろうか。

その再構築に関する重要な手掛りの一つが「智泉《ちせん》のための達嚫文《だつしんもん》」(『性霊集《しょうりょうしゅう》』)である。そこでは、即身成仏の一句が、まさしくそこにおいて、初めてほんとうに用いられるにふさわしい場所に、みごとに収まっている。空海が、即身成仏という用語を使うときの原点ともいうべきものが、たしかにそこにあると思える。智泉という最愛の弟子と、きびしい実践修道の極致について対話するなかで、その一句が密教のすべてを凝集することばとして提示されてある(『定本全集』八―一四〇)。空海の少ない使用例のなかで、この一句にもっともふさわしい場所は、この「智泉の達嚫文」をおいてほかにはないであろう。

もしそのように考えて誤りなければ、『勧縁疏』ではまだ、密教のおしえを、密教のことばで的確にあらわす段階には達せず、ただちに密教の根本問題を論ずる準備が、なお不十分だったとみることができる。ともあれ、即身成仏とは、空海にとって単なるプロパガンダではなく、安直には使用できない、あくまでも重い意味と内容を含蓄したことばだったと思われてならないのである。

5　恵果の密教と『即身成仏義』

恵果のおしえ　空海の『即身成仏義《そくしんじょうぶつぎ》』は、まことにむつかしい書物である。日本の仏教書のなかでも、無類の難解書ということができるかもしれない。そこで、すこしでもわかりやすく読む手がかりを求めて道をたどったのである。じつにたいへんな回り道であったが、ようやく『勧縁疏《かんえんのしょ》』（弘仁六年）の恵果《けいか》のことばまでたどりついた。

さて恵果の関連資料としては、空海の「恵果和上碑文」と『御請来目録』と『勧縁疏』、および呉殷《ごいん》の『阿闍梨《あじゃり》恵果《けいか》行状《ぎょうじょう》』の四点があり、伝記と密教の要旨、それぞれ二点ずつとなる。そのうち、空海が最後に、恵果のことばを明記した文章は『勧縁疏』だったのである。

では、『勧縁疏』にみられる恵果関連の事項を整理するとどうなるのか。

① まず密教の奥義《おうぎ》を授かった空海は、すみやかに日本に帰って密教を弘《ひろ》めよ、という遺命を受けた。

② その密教の東流とは、しかし中国の密教をそのまま受容すればよいというものではなかったのである。

③ 経典、マンダラなどの仏像、法具など、ほぼ完璧に請来できるかぎりのものは伝えられた。ところが、日本ではまだ一人も密教の経典を理解するものがいない状況のもとでは、その啓蒙と、従来の仏教との違い、その特色をあきらかにすることが急務である。新しい密教は、たとえ実践と儀礼の優位が認められたとしても、それを論証するものがない。

④ さいわい、恵果の両部マンダラというシンボルを継承した空海は、仏像や図像をとおして密教への道を示すことができた。文字では説きがたいおしえをシンボルであらわす、インド以来の仏

像・仏画の歴史をふまえて、仏・菩薩《ぼさつ》・明王《みょうおう》などを集大成する図像は、いわばシンボルの体系化を意味するといえるであろう。恵果は、そのシンボル体系を整備、完成して、両部マンダラという画期的な成果をもたらした。

⑤ この両部マンダラのおしえを、『勧縁疏』は両部経典のとく諸仏自証のおしえであるとし、龍《りゅう》猛《みょう》はこの自証の瞑想《めいそう》法(三摩地《さんまじ》法)を他の仏教には説かない、と記している。また、その密教経典のことばが、他の経典(因分可説)のように、菩薩《ぼさつ》・修行者にわかる文字で説かず、如来《にょらい》のさとりの世界(果分不可説)を、文字を超えた文字で説かれたものとする。そして、密教の経典と他の経典(顕教)とのことばの違いは、法身《ほっしん》と応化身《おうけしん》という仏身の違いに基づくという。

このように、如来の説法、それぞれの経典のことばと説法する仏身の違いに着目した教相判《きょうそうはん》釈《じゃく》は、むろん類例がない独創の説である。つまり、これは、恵果が説き得なかった密教の独自・固有性を、あらたに文字によって再構成したものであったといえる。

⑥ こうして、一方では恵果のおしえを、基本の枠組みとして継承しつつ、他方、恵果が果たさなかった、文字による密教の理論構成の糸口をつかみ、これを文章化したものが『勧縁疏』だったわけである。

さらに、『勧縁疏』以降で注目されるのは、弘仁十二年(八二一)の両部マンダラの建立《こんりゅう》と、最晩年、両部マンダラを本尊《ほんぞん》として厳修《ごんしゅ》される密教最高の法要、宮中御修法《みしほ》の発願《ほつがん》ということであろう。このようにみると、空海は、まことに恵果のただ一人、密教を伝えることのできた最高・最愛の弟子だったことはあきらかである。

空海の立場　ところが、恵果から空海へ、マンダラから文字へという立脚点のズレが、はっきりするのは、おそらく密教のおしえの捉え方であろう。恵果は、「(如実) 知自心」(あるがまま自心を知る)がほんとうのさとり (大覚) であるとして、仏教最高の哲学によってこれを解説する。しかし、空海は、その華厳《けごん》学のことばでは、どうしても十分にあらわせないものが、密教の説くさとりである。また、恵果は「即身成仏の道」を密教のおしえとする。しかし空海は、これをまだほんとうの密教を示したものではないという。道とは、そこに導くための手段、方法であり、いわばさとりにいたる修行の過程ということになろう。これは、たとえ通常の仏教の極致を示したものではあっても、空海はまだ密教そのものの立場ではないとする。

修行者が、特定の方法にしたがって、さとりにいたる段階をのぼると考える立場は漸悟《ぜんご》(段階的にさとる) といって、頓悟《とんご》(即座にさとる) とはいわない。即身成仏の道というのは、頓悟にちかいが、まだ段階をすみやかに飛びこえて頓悟にいたる、という考え方が残っている。

『即身成仏義』は、こうした修行してさとりにいたる道という考え方を、むしろ覆《くつがえ》す立場にある。通常の立場で、さとりへの道とされるものは、本来の意味では、仏の智慧をひとしくそなえた根源的な自己 (本有・自然のわれ) にめざめることである。その手段・方法は仏みずから示されるのであって、他によって示されるのではない。この本来の根源的な自己にめざめ、自己にかえる道は、もはや段階的な経過を示す道とはいえないものである。

こみ入った議論になったが、空海は、あくまで文字・ことばによって真実をあらわすという立場を貫いて、恵果の立場を一歩踏み超えることとなった。『勧縁疏』を最後として、恵果のことばがその後の著作にあらわれないのはそのためであったかもしれない。

六　即身成仏の世界観

——根源性と調和——

岡村圭真

1　二経一論の証文

『即身成仏義』の構想　周知のとおり『即身成仏義《そくしんじょうぶつぎ》』は、つぎの三部より構成されている。

第一部　問答と経典・論書の証文
第二部　即身成仏のうた（偈《げ》）
第三部　うた（偈）の解説

論の中心はあくまで第二部、即身成仏のうたであり、その解説にあたる第三部である。しかし、即身成仏という主題が、第一部において設定される点を無視することはできないであろう。

第一部の問題は、およそ三つある。①三劫《さんごう》成仏と即身成仏の問答、②経典のことば、③経典と論書による証文、である。

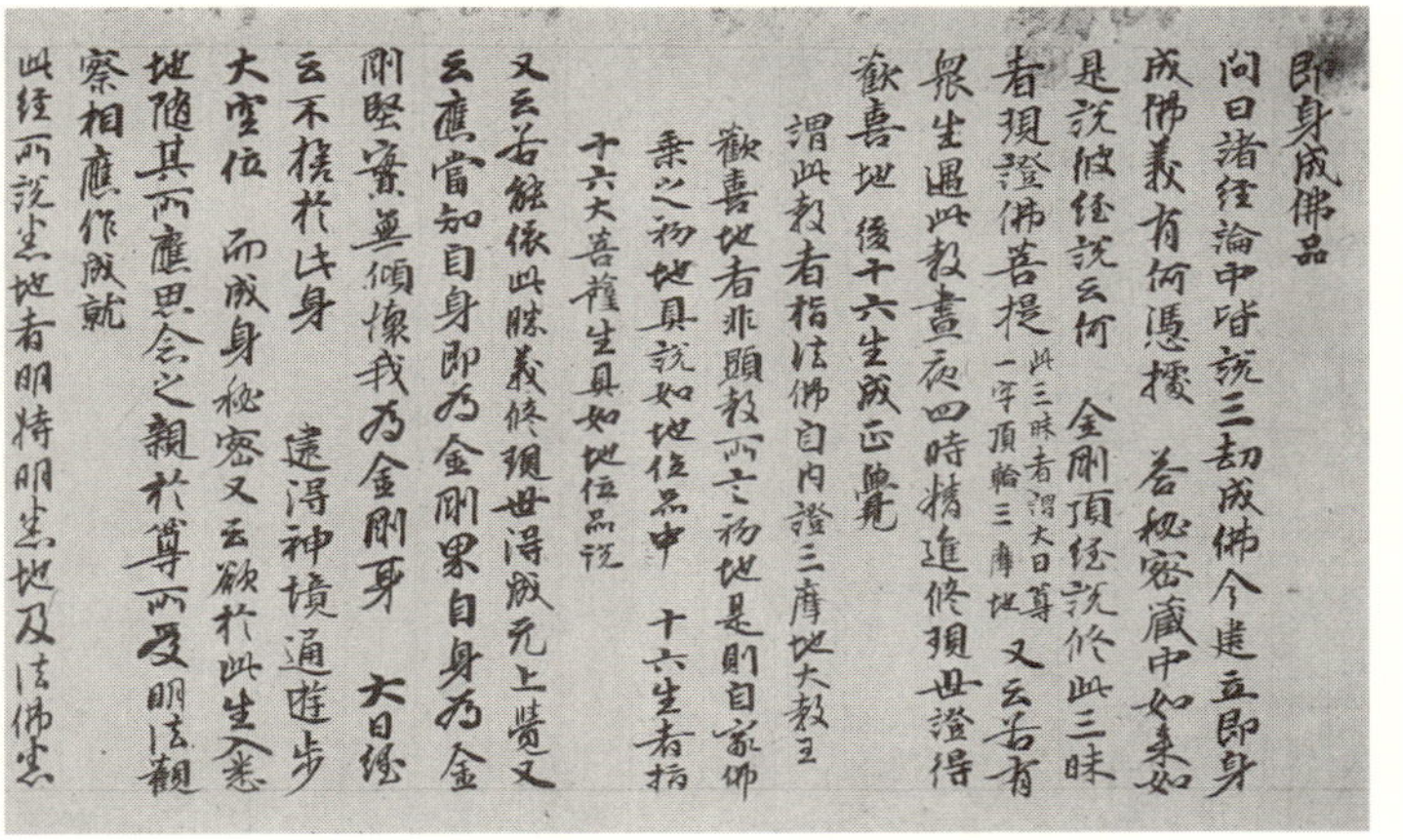
即身成佛品
問曰諸経論中皆説三劫成佛今建立即身
成佛義有何憑據　答秘密蔵中如来如
是説彼経説云何　金剛頂経説修此三昧
者現證佛菩提 此三昧者謂大日尊一字頂輪王三摩地 又云若有
衆生遇此教晝夜四時精進修現世證得
歓喜地　後十六生成正覺
謂此教者指法佛自内證三摩地大教王
歓喜地者非顕教所言初地是則自家佛
乗之初地具説如地位品中　十六生者指
十六大菩薩生具如地位品説
又云若能依此勝義修現世得成無上覺又
云應當知自身即為金剛界自身為金
剛堅實無傾壊我為金剛身　大日経
云不捨於此身　逮得神境通遊歩
大空位　而成身秘密又云欲於此生入悉
地随其所應思念之親於尊所受明法観
察相應作成就
此経所説悉地者明持明悉地及法佛悉

図9　『即身成仏品』巻頭（金剛峯寺所蔵）

三劫成仏と即身成仏の問答　冒頭の一節は、つぎの問答で始まる。

問うていわく、諸経論の中にみな三劫成仏を説く。いま即身成仏の義を建立《こんりゅう》する、何の憑拠《ひょうこ》かある。答う、秘密蔵《ひみつぞう》の中に如来《にょらい》かくのごとく説きたまう。

（『定本全集』三―一七）

〈問い〉もろもろの経典・論書はすべて、三劫という無限に長い時間（劫）をへてさとりにいたると説いている。ところが、いま現にある肉身のまま成仏する、という説をたてるのには、どんな根拠があるのか。〔答え〕法身大日如来《ほっしんだいにちにょらい》の説かれた密教の経典には、如来みずからそのように説かれてある、と。〉

この問答は、きわめて重要である。すでに『勧縁《かんえん》疏《のしょ》』でも、三僧祇《そうぎ》（三劫）をへずして、父母所生の身もて十地の位を超越して、速かに心仏に証入《しょうにゅう》せん（『定本全集』八―一七六）つまり、無限に長い時間をへないで、父母より生まれたこの身体のまま、菩薩《ぼさつ》の十地という段階を超えて、すみやかに自心仏をさとるであろう、といわれる。あきらかに、この「父母所生の身もて……心仏に証入せん」という密教の成仏説が、『即身成仏義』の冒頭で、従来の三劫成仏説と対置されたわけであろう。

その場合、即身成仏という用語は、無限の時間を要する三劫成仏に対して、さとりにいたる所要時間を尺度として比較されている。つまり、すみやかに心仏に証入する、あるいは成仏の径路《けい》（『御請来目録《ごしょうらいもくろく》』）といった意味で、即身成仏の用語がもちいられる。

そのために、この『即身成仏義』は、密教の瞑想《めいそう》法によりすみやかに自心仏を証し、さとりを開く独自の修行を説いた成仏論であるとか、あるいは、即身成仏の可能性を説いた理論書であるといわれる。

ところが、このテキストの難解さは、むしろこのような実践的な関心から読むことを拒むものがある、という点にある。たとえば、釈尊《しゃくそん》は、三劫成仏でなく、生身のままさとりを開かれたから、即身成仏であるという説がある。まさにそのとおりに相違ないが、空海の『即身成仏義』における即身成仏の用語法とは、やはり違うというほかはあるまい。即身成仏という用語は、もともと多義的であるために、空海の用語法は、テキストに即して捉えることが必要となるであろう。

経典のことば　空海のテキストは、即身成仏の説（義）について「秘密蔵の中に如来かくのごとく説きたもう」と記す。では、密教経典のなかに、即身成仏の語があるかというと、みつからない。むしろこの語は、このテキストにしたがえば龍猛《りゆうみよう》の論書『発菩提心論《ほつぼだいしんろん》』のなかにある。この不空《ふくう》訳の論書が唯一の典拠であれば、あるいは不空が造った新しい訳語だったかもしれない。少なくとも文字どおりには、如来の説かれたことばではない。とすると、如来が説かれたのは、即身成仏ということばではなく、即身成仏の説（義）ということになるのだろうか。にわかに決着がつく問題ではないようである。

空海が、このテキストで根拠とする二経一論のうち、二経すなわち『金剛頂経《こんごうちようぎよう》』と『大日経《だいにちきよう》』の両部経典は、恵果《けいか》のおしえに基づく。『金剛頂経』系の経典、儀軌《ぎき》をまとめて『金剛頂経』と称し、「この教とは法仏自内証の三摩地《さんまじ》大教王をさす」のごとく、法仏大日如来がみずからのさとりの境地（自証の三摩地）をみずから説いた経典と規定する。この捉え方は、そのまま恵果直伝をあらわしたものであろう。ただ、経文《きようもん》をひとつひとつあげて根拠を示したのは、やはり空海である。

この経文の的確な標示から、微妙な変化があらわれる。文字は、マンダラとは異なり、リアルに瞑想のとき、ところ、規則および到達する目標などを、ことばによって表現する。むろんそれらはすぐれた師僧の伝授という領分に属する。しかし、たとえば『大日経』の一節に「この身を捨てずして神《じん》境通《きようずう》を逮得《たいとく》し、大空位《だいくうい》に遊歩《ゆぶ》して、しかも身秘密《しんひみつ》を成ず」とある。文字どおりに解すれば、（修行者が）神通力《じんずうりき》を獲得して、自在に空中を遊歩し、遁甲《とんこう》の術を得て姿をかくす、霊験《れいげん》をあらわすことを示したものであろう。ところが、空海はこれを「大空位」と「身秘密」の二句に焦点を合わせて、法身の根源的なあり方を示す文章と読むのである。

法身《ほっしん》は太虚に同じて無礙《むげ》なり、衆象《しゅうぞう》を含じて常恒なり。故に大空という。諸法の依住《えじゅう》する所なるが故に位と号す。身秘密とは、法仏の三密は等覚も見難く、十地も何ぞ窺《うかが》わん、故に身秘密という。（『定本全集』三―一八）

〈法身、すなわちさとりの当体は、虚空と同じく、さまたげ、さえぎるものがない。すべての存在を包みこんで永遠である。だから「大いなる空」という。あらゆる存在のよりどころとなるから「位」（あり場所）という。「身秘密」とは、真理そのものの根源作用（三密）は、仏と同格とされる菩薩にも見えず、それ以下のものは、窺い知ることもできない。だから、さとりの当体は（かくれた）身体というのである。〉

これは、実践の具体的な内容を示したものではない。そうではなくて、法身のあり方を、隠喩・暗号文字で示す文章のごとく読みかえる操作なのである。

この操作、つまり解釈法はまったく、正式な密教の継承者である阿闍梨空海（遍照《へんじょう》金剛）の独壇場であって、余人の及ぶところではない。空海は、絶妙なる能力と手法を駆使して、経典のことばを、はじめてこのように解読したわけである。

経典と論書による証文　さて、経典のことばが、このように通常の理解を超えたものだとすると、二経の六つの証文が示す内容はいったい何か。空海は、それを法仏みずからのさとりの境地をあらわすと要約し、加えて、その法身観《ほっしんかん》を示したものと読んでいる。しかし、これらを総括することばは、ここには示されていない。

その総括することばを示すのは、龍猛《りゅうみょう》の論書『発菩提心論《ほつぼだいしんろん》』である。付法の三祖、法身大日如来のおしえを初めてこの世に伝えたとされる密教の祖師である。

龍猛は、この両部の経典のおしえを即身成仏の一句で総括して示された。これらの経典のことばを、いわば思想のことばに翻訳し、解読可能な文字として提示したのである。これまで暗号のように読むことができなかった文字を読むキーワードが示されたというわけである。空海は、論書のことばを二つ、証文にかかげる。そのうち一つは、速疾にさとりを開くおしえという密教の実践面をあらわし、もう一つは、経典のことばの説く法仏みずからのさとりの境地を、思想としての即身成仏の一句に翻訳することを示す。

つづめてみよう。即身成仏の一句は経典にみえず、論書にあらわれる。この論書のことばは経典のことばを総括するキーワードである。つまり、経典のことばが示そうとした内容を、龍猛が如来《にょらい》の意向を受けるかたちで、この一句でもって総括した。この経緯を要約して、経典のなかに如来がそのように示されたということ。

このように考えてみると、即身成仏の一句が、実践的には速疾成仏の意味をもちながら、しかも同時に、密教のすべてを総括する根本命題として捉えられる、という両義性があきらかになるかと思う。その場合、即身成仏は、両部不二《りょうぶふに》思想の基底をあらわすものといえるかもしれない。両部不二の立場は、恵果の両部マンダラによって基礎が固められた。しかし、最初にこれを経典と論書に基づき思想体系として構築するのは、このテキストである。空海は、それぞれのしかたで説かれた二つの経典のことばをまとめて、法仏みずからのさとりの境地という命題でくくり、これを論書のことばで総括させる。このように、両部経典のうちに潜む不二の契機を、ある命題にまとめて集約し、これを不二の思想として練りあげるのは、空海の一貫した手法だったのではなかろうか。

こうして即身成仏が両部不二の思想と緊密に結びついてくると、もはや速疾成仏という主体的契機は、法仏みずからの境地をあらわす即身成仏という絶対主体の契機のうちに、包みこまれてしまう。空海にとって、即身成仏の一句は、単なる成仏論の命題ではありえず、これを包んで、密教そのものの主体である法身みずからが、自己を展開する世界構造を総括するところの根本命題となったのである。

2 六大の思想

即身成仏のうた 即身成仏《そくしんじょうぶつ》とは、密教の根本命題である。両部経典の根本のおしえを一句でつづめると、即身成仏にすべては収まる。そこで空海は、密教のすべてを即身成仏の世界として再構築する。「即身」の二字は、世界を構成する根源的で真実なるもののあり方と、様相と、作用とのダイナミックな三元構造（体・相・用の三大）をあらわす。これに対して、「成仏」はすべてに遍満する、法仏の智慧《ちえ》のあるがままなる遍在と現前を示す。いずれも、即身・成仏という文字をそれぞれ密教のことばで解読する、一種の解釈学の手法とみることができるであろう。

このようにして、即身成仏の意味（義）を読みとく即身成仏のうた（偈《げ》）が生まれる。これが第二部である。

六大は無礙《むげ》にして常に瑜伽《ゆが》なり　（体）
四種曼荼《ししゆまんだ》おのおの離れず　（相）
三密加持《かじ》すれば速疾に顕わる　（用）
重重帝網《たいもう》なるを即身と名づく　（無礙）
法然《ほうねん》に薩般若《さはんにや》を具足して
心数《しんず》・心王、刹塵《せつじん》に過ぎたり
おのおの五智・無際智を具す
円鏡力のゆえに実覚智なり　（成仏）

じつに深い洞察と、限りない英知の結晶のような詩である。この即身成仏のうたは、形而上的な思想詩として無類の傑作であろう。

主要な命題を、簡潔に詩や偈頌《げじゅ》のかたちで要約することは、空海の好んだ方法である。問題の核心をつかみ、ことがらの真実にせまる詩人の鋭い直感と構想力がいかんなく発揮されたその表現は、文字というシンボル（象徴）を駆使することにより、無限に深く広大な意味の世界を、凝縮された一字一句のうちにたたみこんでしまう。空海のことばは、無限な深さと測りしれない拡がりを一字一句に凝集する。

ここでは、口語訳を省略して、ただ読み下し文をあげる。一種のシンボリズムの詩として、声に出して読んでほしいからである。空海も、即身成仏の四字一句を讃嘆する詩であって、この一句のうちに「仏法はすべて収まる」と書いている。仏教や密教のすべてを凝収する即身成仏の四字一句が、シンボルとしての密教のことばで解読されているというわけである。

その即身成仏のうた、二頌八句の字義を解説するのが、第三部である。そのうち、第一句の解説にもっとも力点がおかれる。即身成仏と六大は、このテキストのキーワードであって、空海思想の核心をあらわすとされることが多い。

六大とは　第一句「六大は無礙にして常に瑜伽なり」

〈すべては六大（六つのエレメント）よりなる。その六大の義は、真実なるものの構成要素であって、たがいにさまたげず、不断に調和しあっている。〉

はじめの六大は地・水・火・風・空の五大と識大を指す。古くから仏教では、すべて存在するものを構成する要素が六大、また六界とされてきた。仏教は、すべてはそれ自体としてあり、他によらない自我とか実体という考え方をとらず、ものはすべて、相関的で単一ではないと考える。根源的なもののあり方を絶対者や唯一なる神とせず、むしろ、一にして多、多にして一というダイナミックなかたちで捉えるわけである。ところが、空海は、これまでの六大説は、真実の意味を十分に捉えたものではないとする。

では、六大が現象するもののすべてを構成し、すべてのものは六大だ、という通常の命題にかくされた真実とは何か。空海は、真実なるもの、根源的なものは、他によって窺《うかが》い知ることができない。根源的なものは、みずからをあらわす文字・ことばによって、おのずから自己をあらわす。その根源的なものの開示することばにより、そのことばがあらわす根源的なあり方を読みとくときにのみ、真実があきらかになるとする。

根源的なものがみずからあらわす根源のことば、それは真言《しんごん》である。まこと（真実）はまことのことば（真言）によってのみあらわれる。『大日経』および『金剛頂経』には、その根源のことばである真言と、その真言のあらわすところの根源的なあり方（実義《じつぎ》）が説かれている。経典には、大日如来の真言があり、大日如来のさとりの境界をあるがままに説いた偈頌がある。その真言は、「ア・ビ・ラ・ウン・ケン・ウン」の六字であり、そのさとりの境界をあらわす偈頌とは、次のとおりである。

われ本不生《ほんぷしょう》を覚り、語言《ごごん》の道を出過《しゅつか》し、もろもろの過は解脱《げだつ》をう、因縁《いんねん》を遠離《おんり》せり。空は虚空《こくう》に等しと知る（『定本全集』三―一九）

〈われは、（すべてのものが）本来、生起することなく、ことばの世界を超え、もろもろの迷いを断って解脱し、相関・相対というあり方を超出して、空のおしえがはてしない大空と等しいと知っている。〉

この偈頌の内容は、よくみると、そのまま、さきの六字真言を一字ずつ解読した意味内容（字義）とぴったり一致する。この不思議な符合は、まさしく法身《ほっしん》である大日如来がみずからのさとりの世界をあるがまま、まことのことば（真実語）によって説かれたことに基づくと考えられる。

この真言および偈頌という経典のことばが、根源的なものの真実のあり方をあるがままにあらわす。この霊妙なる事態を読みとく鍵は『大日経』と『大日経疏』のうちに、六大（五大）という象徴語によって与えられている。こうして、六大は、現象するものの構成要素という意味から転じて、真実在のあり方という、かくれた真実の意味をあらわすシンボルとなったのである。

六字の真言　では六大とはなにか。

④　阿（ア）字は、すべてのものは根源的なあり方としては、本来生起することがない（本不生《ほんぷしゅう》）という意味（字義）を象徴的にあらわし、堅固な大地がすべてのものをあらわしめていることと

照応する。そのために阿字は地大《じだい》とよばれる。

⑤ 嚩（バ）字は、すべてのものの根源的なあり方が、ことばによる表現の世界を超えていること（離言説《りごんぜつ》）の象徴であり、水がうるおいを与え浄化する力をもつことに照応する。そのために嚩字は水大とよばれる。

⑥ 囉（ラ）字は、すべてのものの根源的なあり方が、迷いというけがれのないこと（離塵垢《りじんく》）の象徴であり、あたかも火に、すべてのものを焼き浄化する力があるのと照応している。そのために囉字を火大と名づける。

⑦ 訶（カ）字は、すべてのものの根源的なあり方が、原因と条件という関連性を超えていること（因業不可得《いんごうふかとく》）の象徴であって、風の力がすべてのものを吹きはらうのと照応している。そのために訶字は風大と名づける。

⑧ 佉（キャ）字は、すべてのものの根源的なあり方が、すべてのものの執われを空《くう》じさった虚空にひとしいこと（等虚空《とうこくう》）の象徴であり、虚空がすべてのものを包みつつそれぞれのものに場所を与えていることと照応する。そのために佉字を空大と名づける。

⑨ 最後の吽（ウン）字は、すべてのものの根源的なあり方が、以上の五字と五大によって象徴され、表現されるものであると、根源的なもの自身がみずから知っている（我覚）ということを示すから、識大とよばれるのである。

このようにして、六字の真言は、それぞれ根源的なもののシンボルであり、これが、偈頌《げじゅ》に示された六大の意味内容（実義）と符合しているのである。

（六大）　（六字）　（六つの字義）
地大　阿（ア）　本不生
水大　嚩（バ）　離言説
火大　囉（ラ）　離塵垢
風大　訶（カ）　因業不可得
空大　佉（キャ）　等虚空
識大　吽（ウン）　我覚

空海は、大日如来の真言（ア・ビ・ラ・ウン・ケン〈ヘ・ウン〉）があらわす真理内容が、『大日経』および『金剛頂経』のなかでそれぞれ偈頌のかたちで示された、大日如来のさとりの境界（自内証《じないしょう》）とぴったり符節をあわせるところに、両部不二《ふに》のおしえの原点を見出したのであろう。真言とは、空海にとっては、もともと根源的なものが、みずからのさとり、もしくは法爾自然《ほうにじねん》の道理を、あるがまま開示せることば（如義語《にょぎご》・真実語）である。つまり法身仏の自内証のおしえ（法身説法《ほっしんせっぽう》）を、あるがままにあらわすものが、ほかならぬ大日如来の真言だったのである。

真言も偈頌も、それ自体は経典のことばであって、文字だけでは十分に理解できない。象徴と比喩《ひゆ》、融即《ゆうそく》と比例の論理を駆使して、これを思想のことばに変換する。一見、非論理的な構成を示す空海の思惟《しゆい》は、この経典のことばと、思想のことばのギャップを埋める、ほとんど唯一の方法だったのである。

これは、むろん通常の文字解釈の制約を一挙にとびこえる操作である。経典・註釈書と論書によって、仏教のおしえを省察するという研究方法とはちがう。いわば空海独自の経典の読み方とみるべきものであろう。ここでは、あえて六大（六界）の顕教《けんぎょう》的な理解と、空海の問題提起とを対置させてみた。顕教のことばは、空海からすればあくまで真実をあるがままに示すものではない。そのことばの真実の意味は、久しく覆いかくされたままであった。この事態を一新して、抜本的にあるがままの真実をあらわすことが、新仏教を奉ずる空海の使命である。

そのさい、空海は梵字《ぼんじ》の真言《しんごん》と、悉曇字母《しったんじも》の字義（釈義）という、『大日経』や『金剛頂経』字母《じも》品《ほん》の説を、よりどころにして、経典のことばを解読するという方法をあみだした。これが、文字・ことばによって密教のおしえを解読するという空海の解釈学の基礎であった。

六大に能生《のうしょう》と所生《しょしょう》、つまりすべてを構成する原理としての六大と、これによって構成される存在のすべてとがある。六字（真言）が根源的であるのと同様に、能生の六大はすべてをあらしめる根源の要素である。根源とは、おのずとあらわれる法爾・自然ということ、またすべてを包み、そのよりどころとなる包越者ということである。空海の法身とは、このような根源のあり方をあらわすものであろう。このような六大は、『金剛頂経』の法界体性《ほっかいたいしょう》という、すべてを超えて、すべてをあらしめる清浄なるものと等置される。ここでも、両部不二の思想が貫かれるわけである。

そこから、能生の六大、所生の六大という考え方を超えて「都《すべ》て能所を絶す」（能生・所生をすべて絶する）のが、真実のあり方だということもでてくる。つまり、すべては、根源的には六大より生じたもの（所生）である。がしかし、究極的には、根源的な六大（能生）も、これより生起した現象的な六大（所生）も、すべては渾然一体、融合・調和せる状態であるという。如来の大禅定《ぜんじょう》のうちでは、すべての差異・対立はとけあって一体となる。われ（衆生《しゅじょう》）と仏との感応《かんのう》（神秘的合一）といった極致にあっては、すべては瑜伽《ゆが》（相応）・調和するというのであろう。

かくして六大よりなるわれ、およびすべての存在が、その根源的なあり方としては、どこまでも真実在の根源的な調和のもとにある。あらしめるものと、あらしめられるもの、包むものと包まれるものが本来一であるところを、密教は存在の究極的なあり方とみるのである。そういう真実在の捉え方を、ここでは六大というシンボルであらわす。

上《かみ》は法身から下は六道《ろくどう》（地獄《じごく》・餓鬼《がき》・畜生《ちくしょう》・阿修羅《あしゅら》・人《にん》・天《てん》）にいたる存在は、生けるものも生命なきものも、すべて六大よりなる。六大はこのように存在の世界すべてをあらしめ、それらの存在（四大所生）をすべて如来のシンボルとする立場に立つ。つまり、すべての存在は法仏との不可分なる関係のもとにみられるということであろう。それぞれの存在のすがた、かたち、能力や性質のちがいを超えて、ひとしく無礙《むげ》・自由・平等であり、おのずと創造的で活力にあふれた存在であるというのが、六大よりなる身体（六大所生の身）ということであろう。

3　即の身、身の即

種字マンダラ　第二句「四種曼荼《ししゆまんだ》おのおの離れず」

〈四種のマンダラは真実なるものの様相をしめして、たがいに離れることがない。〉

六大無礙《むげ》である根源的なものは、虚空《こくう》のようにかたちなく、すべてのものを包み、あらしめる。その本体は、おのずから無数・無尽《むじん》のかたちを顕わして、一切のうちに遍在する。自然に根源的なものがみずからをあらわしたかたちが、つまりマンダラなのである。たとえば、法身《ほっしん》のさとりの境地は、かたちなきかたちとして自然《じねん》の文字にあらわれ、あらゆる経典の文字・ことば・意味のうちに開示される。これを具象的なかたちとして標示するシンボルが、種子《しゅじ》（梵字《ぼんじ》）マンダラだったのである。

マンダラは、恵果《けいか》のもとで整備、完成されたものを、空海が請来《しょうらい》した。両部マンダラ・法マンダラ・三昧耶《さんまや》マンダラの三種の名が『御請来目録《ごしょうらいもくろく》』にみえている。空海は、このマンダラについて、『大日経《だいにちきょう》』と『金剛頂経《こんごうちょうぎょう》』系の経典に基づいて、理論的に整備したわけである。まず、実践の場で、本尊を観想する場合の種子（真言）・持ちもの（シンボル）・尊形《そんぎょう》（すがた）をといた『大日経』に基づいて、三種のマンダラの体系を読みとく。さらに『金剛頂経』によって四種マンダラの構成をあらわ

図10　四種マンダラ

すわけである。

四種の区分はつぎのとおりである。

　大曼荼羅（尊形）

三昧耶曼荼羅（持ちもの、特性、シンボル）

法曼荼羅（梵字の種子真言）

羯磨《かつま》曼荼羅（彫像・身ぶり・働き）

すべての仏《ぶつ》・菩薩《ぼさつ》・明王《みょうおう》・天部《てんぶ》などの諸尊はこうして、法身の分身のごとくマンダラ世界のうちに座をしめ、それぞれの仏が、法身およびマンダラ世界を構成するシンボルとなるわけである。

現図マンダラを、われわれは通常、マンダラと捉えているが、目に見えない根源（本有《ほんぬ》のマンダラ）から、観想の世界、そして経典のいちいちの文字・ことば・意味、さらには修行者のさとりの体験まで、すべてがマンダラ世界を構成するものとして捉えられる。

一方では、両部マンダラのように整然と区分して表示されるとともに、それぞれが、無礙自在に関係づけられて、本尊や、聖なるもののシンボルとして縦横無尽に融合しあっていくという、ダイナミックな捉え方が、空海のマンダラ観である。このとらわれのない融合、調和、シンボルの無尽蔵な体系を指して、四種のマンダラは不離、つまりすべてがたがいに融即しあって離れることがないというのである。

三密とは　第三句「三密加持《さんみつかじ》すれば速疾《そくしつ》に顕わる」

〈すべてのものに、三つの根源的な作用《はたらき》が具わっているが、この三つの作用がたがいに渉入しあうから、真実のさとりの境地がすみやかにあらわれる。〉

三密は、四曼《しまん》とならんで空海密教を代表する標識である。三つの根源的な作用と訳してみたが、どうも落ちつきがわるい。空海の説明を聞いてみよう。

三密とは、一に身密《しんみつ》、二に語密《ごみつ》、三に心密《しんみつ》なり。法仏の三密は、甚深微細《じんじんみさい》にして、等覚十地《とうがくじっち》も見聞《けんもん》することあたわず、故に密という（『定本全集』三―二五）

〈三つの根源的な作用とは、身体（身）、言語（語）、精神（意）という根源的なはたらきである。法仏の三つの作用は、たいへん奥ぶかく、繊細であるから、仏と同格とされる菩薩《ぼさつ》をはじめ、その他の菩薩には、見ることも聞くこともできない。そのために根源とか深遠（密）というのである。〉

衆生《しゅじょう》のばあい、身・語・意の三業《さんごう》といえば、全人的なはたらきを指す。これと対比すると、法仏の三密は、真理そのものである法身のすべてのはたらきを、かりに三つの作用に配したものであろう。その三つの作用が、すべての仏たちにも衆生にも、ひとしく具わっている。仏たちのあいだでは純粋な作用が、たがいに渉入（加）し、保持（持）しあって、相互にポテンツを高め、融即する。衆生の場合は、この仏の三つの根源的作用の渉入、保持、融即という磁場のうちに引き入れられるとき、根底からそのあり方が変換されるということであろう。

密教では三密瑜伽《ゆが》行《ぎょう》といって、仏たちの三密に擬《ぎ》して、手に印契《いんげい》をむすび、口に真言をとなえ、心を集中して瞑想の境地に入る修行を行う。おそらく、挙体《こたい》全身、この仏たちの三つの根源的な作用という磁場《じば》に入って、行者のうちに具わるポテンツが高められるということが生ずるのであろう。空海は、この渉入、保持、融即しあう関係の場（加持《かじ》）を、つぎのような比喩で示す。

加持とは、如来の大悲と衆生の信心を表わす。仏日《ぶつじつ》の影、行者の心水に現ずるを加といい、行者の心水よく仏日を感ずるを持と名づく。（『定本全集』三―二八）

〈加持というのは、如来の大いなる慈悲と、衆生のあつい信仰心の関係をいう。仏日の光が衆生の清澄、静寂なる水面のごとき心に映るのが「加」であり、行者の信心が、仏日の光にふかく感応するのを「持」と名づける。〉

「加」と「持」、仏日の光と行者の心水という対比で示された神秘的な融即・呼応の関係は、宗教心の極致をみごとに描写している。融即・呼応といったのは、仏の三つの作用と衆生の三つの作用とが入我我入、たがいに渉入しあって、深遠なるはたらきの場を開くということである。

もとより、空海は、こうした神秘的関係が可能になるための不可欠な諸条件、とりわけ瞬時にして測りしれない修行の功徳《くどく》を獲得して、三つの作用の瞑想が成就《じょうじゅ》されることを、『金剛頂経』系統の経典を援用して、綿密・周到に記述している。

ただ、関連して注目すべき点は、『勧縁疏《かんえんのしょ》』にいう本有の三密という捉え方であろう。衆生には、もともと本性的に仏とひとしい智慧と能力（根源的な同一性）がそなわっている。そのために、根源的な三つの作用は、加持という呼応の原理によって、仏と衆生との超えがたい隔絶を一挙に超えるかたちで、渉入・融即が可能になると考えられたのである。

融即する関係　第四句「重重帝網《じゅうじゅうたいもう》なるを即身と名づく」

〈帝釈天《たいしゃくてん》（インドラ）の網にちりばめた珠玉がたがいに映しあう。そのようにすべては重なりあい、映しあってつきることがない。これを、まどかでさわりなき「即」の身体と名づけるのである。〉

これが、即身という二字の解読をまとめる第四句である。帝釈天の珠網《しゅもう》は、有名な比喩《ひゆ》であって広くつかわれる。

空海は、この帝釈天の珠玉のような円融無礙《えんゆうむげ》（まどかでさわりがない）、渾然一体《こんぜんいったい》（すべてが融けあって一つになる）、そして重層的に調和するすがたが、そのまま密教の世界構造のあり方だというのである。まるでライプニッツのモナド（単子）を連想させる調和の世界である。もっともここでは、六大や四曼、三密によって構成されるものは、すべて身体構造をもっている。たとえば、われの身体、仏の身体、衆生の身体のごとく、また法身があまねく遍在して、いろんなかたちを現ずる四種法身《ししゅほっしん》

（自性身《じしょうしん》・受用身《じゆゆうしん》・変化身《へんげしん》・等流身《とうるじん》）、さらにマンダラの仏たちを構成する、文字（梵字《ぼんじ》）象徴（標示《ひょうじ》）と形像（尊形《そんぎょう》）といったものも、すべて身体構造をもっている。ということは、それらが縦横無尽《じゅうおうむじん》にかかわって、たがいに融即し、渉入しあって渾然一体だということである。あたかも、二つの鏡に映る像が、かぎりなく映しあって無数に重なるようである。また千灯・万灯のあかりがきらめき、たがいに輝きあって光の輪となるようなものである。このような融けあって調和する関係が、つまりは「即」ということである。

ここでは孤立したもの、単独とか絶対的な一者がない。この身体は、そのままかの身体と一つであり、われと仏とは、不同にして同である。仏の身体と衆生の身体も、不異にして異である。すべてが「即」という融即する関係のうちにあり、すべては「即」という関係の場を構成する身体構造をもつ。それを「即の身」ということができるかもしれない。

このような関係の場を、根源的なしかたであらわすものが三等無礙《さんとうむげ》の真言であったのである。「アサンメイ・チリサンメイ・サンマエイ・ソワカ」（無礙・三等・三平等と空海は配釈する）。空海は、あくまで密教のことばで、密教的なしかたをもって真実を読みとこうとする。いま三等無礙、つまり三つのものが等しく、さわりなく融即関係にある、という原理を、如来のことばである真言があらわしている。即身の「即」という、根源的な関係の場を、この真言が端的に指し示す。その真言をとおして、密教者は瞑想中に真実なる関係の場を身体のうちでリアルに感得する。ここにあげた円融も無礙も、また融即も、総じて「即」という関係も、すべては通常の理念や観念ではない。

この三つのものの平等（三等）とは、たとえば仏と法と僧、また身体と言語と精神、あるいは心と仏および衆生といった、仏教のことばの真実をあらわすところのキーワードである。これら三つのものは、平等であって一体であり、一体であって無量（量りしれないもの）、無量であって一体である。すべては融即しあう無碍の関係にあって、しかも整序と調和を失うことがないのである。

ところで、空海は、弟子智泉《ちせん》の弔辞のなかで「我は本不生《ほんぷしょう》（云々）を覚る」という偈頌《げじゅ》、および三等（無礙）の真言をあげて、これらが「法体（法身）をこの身に示し、真理（法身のさとり）をこの心に表す」（『定本全集』八―一四〇）と記している。たしかに、この偈頌と真言は、空海の密教のアルファでありオメガである。さきの偈頌は、法身とわが身との根源的な同一性の構造をあらわし、あとの真言は、法仏みずからのさとりの境地と、わが心を知る境地との呼応・融即の関係を示している。この一節は、『即身成仏義《そくしんじょうぶつぎ》』における六大および即身（無礙）という、二つの主題ならびにその真言（または偈頌）と、あきらかに一致する。このことは、空海にとっては、この二つの真言が、まず即身の世界構造を解明する鍵であることを、明確にあらわしている。さらに、そこでは基本的に、こちらからではなく、むこうから、仏とひとしい視座に立って密教が捉えられることを示す。そのむこうからの開示のシンボルが真言なのである。その意味では、このような真言、如来のことばに基づいて理論を構築するという手法が、密教とは何か、という問題の設定にもっともふさわしい方法ということができるであろう。

4　曼荼羅世界の建立――両刃の剣――

空海の二重性　『即身成仏義』の特色は、即身成仏が密教の根本命題であるとし、『大乗起信論』にならって、独自のことばにより、体系的な総括を意味する「総持」の説をたてて、一切智智（薩般若《さはんにや》）の宗教を示したことにある。これを要約して、空海は「一切の仏法はこの一句を出でず」、つまり即身成仏の一句は仏教の極致、究極の仏教であると讃嘆している。

たしかに、空海の関心が先に示されたように諸仏のさとりの源底、文字を超えて文字に出るところにあったとするならば、即身成仏の一句は、けだし真言教理といった特定宗派の立場を超えて、一切仏法を包むものとなるであろう。

さらに、空海の鋭敏な文字・ことばの感覚によれば、森羅万象、宇宙の万物が発する響き、音、こえ《声》や、ことばと文字、ものの姿とかたち《字》、そのすべてはあるがまま宇宙の文字として真実在を告知するという（『声字実相義』）。また、勝義的には一字一句の文字には無限の意味世界が凝集され、宇宙論的な存在と意味を包含するから、文字はありとある思想やおしえの宝庫をひらく鍵でもある（『吽字義』）。

晩年の三部作（『般若心経秘鍵』『秘密曼荼羅十住心論』『秘蔵宝鑰』）は、こうした空海の透徹せる文字探求の帰結をあらわす。そこでは、すべての思想や宗教は、勝義の文字のうちに集約・総持されて、一字一句が真実在を読みとくキーワードの役割を果たすことになる。

最小の経典に、仏教のすべてのおしえを収納する『般若心経』を、類型に整理して、理論と実践、さとりと功徳の組みあわされた真言のマンダラ集成であるとするのが『般若心経秘鍵』である。

インド・中国の思想と宗教を網羅して、これを十類型にまとめ、迷いからさとりにいたる宗教意識の深まり・向上の階梯と連繫させて壮大きわまるマンダラ世界の体系化をはかったのが『秘密曼荼羅十住心論』である。

さらにこの十住心思想によって、真言教理を独自の瞑想・実践の立場から基礎づけたものが『秘蔵《ひぞう》宝鑰《ほうやく》』となる。

密教それ自体は、仏教のすべての立場を超えて包摂し、すべてをあらしめる一切智智の宗教である。ところが、歴史的形態としては真言宗の立場しか存立の道はない。最晩年に、真言宗年分度者三人を申請する一方、空海は虚空にひとしく、わが願いは尽きずと、悠久の誓願に生きる道を指示するのであった。

七　衆生救済の理念と実際

――二利円満と四恩抜済――

高木訷元

1　釈教はただ二利にあり

福祉のおしえ

長安《ちょうあん》における密蔵受法《みつぞうじゅほう》をなしおえた空海に向かって、師主恵果《けいか》は早々の帰国をうながす。それは、今まさに授け終わった真言の秘法を「天下に流布《るふ》して、蒼生《そうせい》の福《さいわい》を増せ」ということにあったのである。この師主の遺命を受けた空海は、帰国を申請する啓状《けいじょう》のなかで、真言の教法について「此の法は則ち仏の心、国の鎮なり。氛《わざわい》を攘《はら》い祉《さいわい》を招く摩尼《まに》、凡を脱《まぬが》れ聖に入る嘘径《きょけい》なり」という。

恵果が真言の法を「人々の福《さいわい》を増」すものとし、空海がそれを「祉《さいわい》を招く摩尼」と捉えたことは、まさしく真言密教が「福祉《さいわい》」をもたらすおしえであることの認識があったことを示唆《しさ》している。その福祉とは天的かつ人的なあらゆる災害を取り除き、人々の「さいわい」を意の儘《まま》に招きうるものであるとともに、それがそのまま即一的に無上菩提《むじょうぼだい》を啓発する聖者の境位へといたる近道であるというのである。つまり密教とは、人びとをして現実的な世間の成就《じょうじゅ》と出世間《しゅつせけん》の成仏《じょうぶつ》を速疾《そくしつ》に実現せしめるおしえなのである。このことは空海の請来《しょうらい》した不空《ふくう》訳の『分別聖位経《ふんべつしょういきょう》』に、真言行者《しんごんぎょうじゃ》の目指すべきこととして「毘盧遮那仏《びるしゃなぶつ》の言わく、汝等《なんじら》は将来、無量の世界において、無上乗者《むじょうじょうしゃ》のために、現世《げんぜ》に世・出世間の悉地《しつじ》成就を得しめよ」とあることに相応している。この世における世間の成就法と出世間の成仏法を即一的に包含するのが毘盧遮那仏所説の密教であり、その実現を可能とするのが真言行、それを目指すのが真言行者ということになる。

この密蔵《みつぞう》こそ、したがって仏陀《ぶつだ》のおしえの核心であり、同時にそのおしえによって国家社会の安寧《あんねい》が担保されるという。空海は帰国第一声ともいうべき『御請来目録《ごしょうらいもくろく》』の末尾で、「夫《そ》れ釈教は浩汗《こうかん》にして際《きわ》もなく涯《かぎり》もなし。一言にて之《の》を弊ぶれば、唯だ二利にあるのみ。常楽の果を期するは自利なり。苦空《くくう》の因を済《すく》うは利他なり」云々と述べて、広範多岐にわたる仏陀の教えも、帰するところは二利円満と四恩抜済《しおんばっさい》にありという。四恩とは、ありとしあらゆるもの生きとし生けるものを指すとみてよい。つまり、宗教としての仏教が最たる所以《ゆえん》は、深淵な哲理が悲済を根《もと》とする教薬たることにあるということになる。だから仏教の最たる密教の聖者は、孤高を誇る賢者ではなく大悲による救済者でなければならない。

空海が『御請来目録』のなかで、新来の密蔵の教の優劣、法の濫觴《らんしょう》を知るための典拠としてあげる

『金剛薩埵五秘密儀軌《こんごうさつたごひみつぎき》』には、「菩薩道を修し、無上菩提を証成《しょうじょう》せんには、一切有情《うじょう》を利益《りやく》し安楽ならしむるをもって、妙道となす」とあり、「二乗《にじょう》（声聞《しょうもん》・縁覚《えんがく》）の人は道果を証すといえども、無辺の有情において、ために利益安楽を作《な》すこと能《あた》わず」と真言行者のあるべきようを説示している。空海もまた「空《むな》しく願えども常楽を得ず。徒《むな》しく抜苦《ばっく》を計るにまた難《かた》し。当《まさ》に福智《ふくち》兼ねて修し、定慧《じょうえ》並べ行じて乃《いま》し能く他の苦を済《すく》い、自らの楽を取るべし」（『御請来目録』）という。「他の苦を済い、自らの楽を取る」というのは、先にみた「氛《わざわい》を攘《はら》い祉《さいわい》を招く摩尼《まに》、凡を脱《まぬが》れ聖に入る嘘径《きょけい》」に相応する表現である。それを可能とする福智の兼修と定慧の並行は、まさしく真言行によって完遂《かんすい》される。福徳の因としての六波羅蜜《ろくはらみつ》の菩薩道《ぼさつどう》も、三密加持《さんみつかじ》による瑜伽観智《ゆがかんち》の真言行によって、はじめて自他救済の教薬となる。だから『五秘密儀軌』では「もし五部五密の曼荼羅に入らず、三種の秘密加持を受けないままに、自らの有漏《うろ》の三業の身をもって、よく無辺の有情を度《ど》すといわば、この処《ことわり》あることなし」として、まことの福祉、究極の救済は真言行《しんごんぎょう》によってのみ可能と説くのである。まさしく教薬としての密蔵ということになる。

御修法の奏状　このことをもっとも端的にあらわしているのが、空海による「宮中真言院の正月の御修法《みすほ》の奏状」（『性霊集《しょうりょうしゅう》』巻九）であろう。当時、宮中大極殿《だいごくでん》（ときに紫宸殿《ししんでん》）で斎《とき》を設け、毎年正月八日から七日間、護国経典の一つ『金光明最勝王経《こんこうみょうさいしょうおうぎょう》』の講説を行うことで、国家の安寧《あんねい》が祈願された。かつての「国之大祓《くにのおおはらえ》」の祈年祭にかわる国家的な仏教行事で、「最勝王会《さいしょうおうえ》」とも「御斎会《みさいえ》」

ともいわれた。写経聞法《しゃきょうもんぼう》の功徳《くどく》については、多くの仏典にしばしば説かれるところではあるが、空海はこの『最勝王経』の講説について、「ただ其の文を読み、空《むな》しく其の義を談じて、曾《かつ》て法に依って像を画き、壇を結んで修行せず。甘露《かんろ》の義を演説することを聞くといえども、恐らくは醍醐《だいご》の味《あじわい》を嘗《な》むることを闕《か》きてん」として、『金光明最勝王経』の表面的な字義の講説だけでは、真の教薬たり得ないというのである。

空海は言う、如来《にょらい》の説法《せっぽう》には二種の趣きがあると。すなわち一は浅略趣《せんりゃくしゅ》であり、今一つは秘密趣《ひみつしゅ》である。浅略趣とは文字どおり表層的な常識の文言《もんごん》解釈であり、従来の普通一般の仏教経典にみられるものである。他方、秘密趣とは仏典のなかの陀羅尼《だらに》（真言）がこれにあたる。浅略趣とは、たとえば中国の『太素経《たいそきょう》』とか『本草経《ほんぞうきょう》』では病理や薬学のことが種々説かれているがごときものである。それに対して陀羅尼の秘法はあたかも処方《しょほう》によって薬を調合し、それを服用せしめて病を除くのに比せられる。たとえ病人に向かっていくら病理や薬効を説いた書物を読み聞かせても、その人の病痾《やまい》を治療することはかなうまい。肝心なことは、その病に応じて正しく薬を調合し、それを処方箋どおりに服用させることである。そうすることではじめて病患を治療し、その人の寿命を保つことができるという。つまり教えは単なる哲理ではなく、人びとを正しく救済する薬でなければならないのである。

そのために、空海は御斎会《みさいえ》の講説が行われる七日の間、宮中の別室に諸尊の像を安置し、密蔵の教法に通暁《つうぎょう》した僧たちをして真言を持誦《じじゅ》せしめ、人びとに現世と未来にわたるまことの福祉が得られることを祈ったのである。これこそまさしく如来の本意にかない、諸尊の悲願を実現するものという（『性霊集』巻九）。

救済者　空海は晩年の著書『秘蔵宝鑰《ひぞうほうやく》』で、「憑《たの》み仰ぐこと他にあらず。ただ国家を鎮押し、黎元（万民）を利済するにあり」ともいう。国家の鎮護と万民の利済こそ、教薬の目指すべき唯一の目的というのである。空海の著作のなかにも、ときとして国家と天皇がシノニムに表現されるのは事実である。しかし空海は、たとえば「天長皇帝、大極殿《だいごくでん》において百僧を嘱《くっ》して雩《あまごい》する願文《がんもん》」（『性霊集』巻六）では、天皇はつねに細心にこころをくだいて心身を清浄とし、かつ自らの行為を慎ましやかにたもって、人民の福祉に意《こころ》をくだき、人民の犯す罪はことごとく天皇自身に帰せられるべきことを述べて、「夫《そ》れ国は民をもって基《もとい》となす」と明言する。

さらに空海は『仁王経開題《にんのうきょうかいだい》』のなかで、「有情世間《うじょうせけん》（人類の社会）および器世間《きせけん》（自然界）を合して国となす。般若《はんにゃ》（まことの勝慧《しょうえ》）はよく此の二世間を護《まも》り、災を攘《はら》い福《さいわい》を招くがゆえに、護国と名づく」とも述べている。空海にとっての護国とは、したがって国の基《もとい》である蒼生《そうせい》（人びと）の利済と自然界への畏敬の発露ということになるであろう。空海の自然観については後に改めて述べよう。「群生（人びと）の無福」を悲しんでの教薬の投与による福祉の増進が、万農池《まんのうがいけ》の修築とか綜藝種智院《しゅげいしゅちいん》の創立にいたらしめることになる。高野山の開創自体も「諸仏の恩《めぐみ》を報じて密教を弘揚《ぐよう》」することで、諸神の「天威を増し、群生を抜済《ばっさい》せんがため」であったのである。「諸神の天威を増す」とは自

図11　万　農　池

然への畏敬の念をあらわすものとみてよい。高野山での万燈会《まんどうえ》に際して、空海が「虚空《こくう》尽き、衆生《しゅじょう》尽き、涅槃《ねはん》尽きなば、我が願いも尽きなん」というのも、『五秘密儀軌《ごひみつぎき》』や『般若《はんにゃ》理趣経《りしゅきょう》』にみられる「金剛薩埵《こんごうさった》の勝慧《しょうえ》は、いまし生死《しょうじ》を尽くすまで、恒《つね》に衆生に利を作《な》して、涅槃に赴かず」を踏まえての誓願であり、「無辺の衆生を度《ど》するを因とし、無上菩提を果とす」る衆生救済の理念を示したものといえる。

弘仁十二年（八二一）五月、讃岐国の国司清《きよ》原夏野《はらのなつの》が朝廷に対して空海を万農池修築の別当にあてるように上申したときの解文《げぶみ》に、「僧空海は此の土《くに》（讃岐国）の人なり」「海外に道を求め、虚《むな》しく往きて実《みち》て帰れり」「今、旧土を離れて常に京師に住す。百姓《ひゃくせい》は恋慕すること父母のごとし。もし師来《きた》ると聞かば、必ず履《くつ》を倒《さかさま》にして相迎せん」（『日本紀略《にほんきりゃく》』前篇十四）と書かれている。この解文ではまた「居れば則ち生徒《しょうと》は市をなし、出づれば則ち追従するもの雲のごとし」とも記されているが、これなど、かの有名な奈良期の行基《ぎょうき》に比すべき菩薩《ぼさつ》としての評価が空海に与えられていたことを示唆している。密教の聖者空海はまた民衆からは父母のように恋慕されていた救済者でもあったのである。

教育実践　民衆の救済といえば、空海による世界ではじめての私学の創立による教育の機会均等の実現を忘れることはできない。人みなすべて本来平等に有する尊厳なる「いのち」の啓発が教育であるのだが、その教育に身分による制限を課していたのが、律令制の大学であり国学であった。こうした大学の貴族化に異を唱えて、「高才未だ必ずしも貴種ならず、貴種未だ必ずしも高才ならず」、俊英はむしろ寒素な下層から出るものと批判した文章《もんじょう》博士 都腹赤《みやこのはらあか》のような人もいないわけではなかった。しかしこの批判はむしろ空海の私学創立に触発されての発言といえないこともない。

空海が教育の理念と施行細則を述べた「綜藝種智院《しゅげいしゅちいん》の式《しき》ならびに序」（『性霊集』巻十）には天長五年（八二八）十二月十五日の日付がみられるが、実際の創立は天長の初年ころであったろう。平安京の東寺《とうじ》に隣接する藤原三守《ふじわらのみもり》の土地と邸宅の提供を受けてのことであった。綜藝種智という名称自体が示すように、特定のイデオロギーによることなく、あらゆる学問を総合的に学習することによって勝慧《しょうえ》を体得するための教育機関であり、知識を求め学問を好むものは身分の貴賤や家庭の貧富にかかわりなく、すべて平等かつ自由に学ばせたのである。空海が総合教育について、ここで「未だ有らず、一味《いちみ》美膳を作《な》し、片音《へんいん》妙曲を調《しら》ぶということ」というのは、あまりにもよく知られていることである。空海が教育の四条件としてあげる処・法・師・資はそれぞれ教育環境、総合的カリキュラム、理想的な教師像、そして学生の生活費の支給を指す。教師には仏教経論を伝える道人《どうにん》の師と外書《げしょ》を広める俗の博士がおかれた。なかでも第四の「資」については、いやしくも道を求めてこの学舎に来たものには、僧俗を問わず「皆な須《すべか》らく給すべし」として、完全給付制をとっている。その財源として、公益信託あるいは財団が形成されたのではないかとみる説もある（米倉明「信託法のわが国における素地(2)」『信託』一六一号、一九九〇年）。

この学園での教育理念を「身を立つるの要、国を治《おさ》むるの道、生死《しょうじ》を伊陀《いだ》に断じ、涅槃《ねはん》を蜜多《みった》に証すること、此れを棄《す》てて誰《たれ》ぞ」とするのは、まさに教育の真のありようを示すものである。つまり、立身出世の要点や国を治める道は、もとよりこの世で生死の苦悩を断じ究極の静けき安穏の境地を得ることを措《お》いてはあり得ないのだが、それはいずれもこの綜藝種智の理念を捨てては、なんびととい えども達し得ないという。ただ、こうした崇高な理念に基づく教育課程を終えた後の学生の特典なり処遇についてはまったく言及されていない。その点、最澄の「山家学生式《さんげがくしょうしき》」とはきわめて対蹠的である。

2　宇宙はコトバなり

世界観　弘仁四年（八一三）の中冬に、空海は自らの四十歳の初算賀にあたり、感興《かんきよう》の五八詩《ごはちのし》を作っている。「中寿感興の詩ならびに序」（『性霊集』巻三）がそれである。五八詩とは押韻《おういん》の四十字からなる詩であるが、その序文に「三昧《さんまい》の法仏《ほうぶつ》は本より我が心に具し、二諦《にたい》の真俗は倶《とも》に是れ常住なり。禽獣卉木《きんじゆうきもく》は皆な是れ法音《ほうおん》なり。安楽観史《あんらくとし》は本より来た胸中《このかなか》なり」と述べている。法仏とは法身仏を指し、法身とは存在の本体をいう。空海はこれを瑜伽禅定《ゆがぜんじよう》の境位にある摩訶毘盧遮那仏《まかびるしやなぶつ》、つまり大日如来とする。その法仏が本来的にはわれわれの心そのものとつながっているというのは、たとえば『大日経』の住心品《じゆうしんぼん》で「何《いか》が菩提《ぼだい》とならば、謂《いわ》く実の如く自心を知るなり」と説かれることに相応する。「我即大日」の自覚である。

法音とは法身のコトバを意味する。禽獣卉木とは有情《うじよう》と非情の動植物、つまりはこの世界のあらゆる事物事象をあらわしている。したがって根源的存在である大日如来の語るコトバ（真言）の現象形態が、一切の事物事象ということになる。大日如来が最初に発するコトバは「阿《ア》」であり、江戸期の学僧運敞《うんじよう》はこのことについて「阿字第一命の故に」と注釈する。万有は根源の大生命たる阿字の顕現であり、すべてはつながり、すべては「いのち」をともにしているのだ。つまり、すべての存在が大日如来のコトバであるかぎり、自己も衆生（人と自然）も仏の世界も、根源的にはコトバである法身の自己顕現ということになるからである（井筒俊彦『意味の深みへ』岩波書店、一九八五年）。

空海はまた長篇の「遊山慕仙詩」（『性霊集』巻一）のなかで、「乾坤《けんこん》は経籍の箱なり、万象《ばんしょう》一点に含み、六塵《ろくじん》縑緗《けんしょう》に閲《す》ぶ」と詠ずる。この前節で、中央に坐《いま》す遮那《しゃな》（大日如来）は本来われわれの心の主体なのであり、そのはたらきは全世界に遍満している。なるがゆえにこそ虚空《こくう》はまさしく菩提《ぼだい》の道場であり、現実世界の真実性が保証されることになる。この虚空すなわち宇宙空間は「山毫溟墨《さんごうめいぼく》を点じ」たものであるという。たとえば須弥山《しゅみせん》を筆にして、あらゆる海の水を墨として書きこまれたものが、この宇宙であり、この世界であるというのである。

そのことが重ねて「乾坤は経籍の箱」云々と詠じられる。天と地のあらゆる事物事象は文字すなわちコトバがぎっしりと書きこまれた空間をいう。そのコトバの根源が「一点」すなわち「阿《ア》」である。あらゆる事物事象は、この究極の根源たる「一点」に含まれる。六塵《ろくじん》とは色声香味触法の六つの認識対象、つまりは存在を指す。縑緗《けんしょう》とは浅黄《あさぎ》色の本の表紙で、転じて書物自体をあらわす。だから「六塵縑緗に閲《す》ぶ」とは、空海が『声字実相義《しょうじじっそうぎ》』で述べる「六塵ことごとく文字」「文字の所在は六塵その体なり。六塵の本《もとい》は法仏の三密すなわち是《こ》れなり」というのと同じことの表現ということになる。それはまさしく存在は根源語としての法身のコトバであり、宇宙はコトバであるということになる。それは根源的にコトバであるところの法身そのものが自らを顕現しているのが、この宇宙であり、この世界なのである。

自然観 空海がしばしば口にする「入山念仏《にゅうざんねんぶつ》」すなわち山に入って仏を念《おも》うというのも、根源的にコトバである法身を瑜伽念想《ゆがねんそう》することであり、さらにいえば、自然《じねん》の声を聞くということになる。

弘仁五年（八一四）に、下野《しもつけ》の講師であった勝道《しょうどう》は同じく前の下野の伊博士《いはかせ》を介して、自らの二荒《ふたら》山《さん》（日光）開創を記念しての碑銘を空海に依頼する。「沙門勝道、山水を歴《へ》て玄珠《げんじゅ》を瑩《みが》くの碑ならびに序」（『性霊集』巻二）がそれである。この碑文によれば勝道は神護景雲《じんごけいうん》元年（七六七）四月以来二度にわたって二荒山（補陀洛山《ふだらくさん》）への登嶺を試みるも、ことごとく失敗。天応二年（七八二）の三月なかばに諸神祇《しんぎ》のために経を写し仏像を図絵し、道のためには命を捨てる覚悟をきめて、その経像を背負って山麓にいたる。そこで経を誦し仏を礼すること一七日《いちしちにち》、堅く誓いを立てて「もし神明にして知あらば、願わくは我が心を察せよ。我が図写するところの経および像等、当《まさ》に山頂に至りて神の為に供《く》養《よう》し、以《もっ》て神威を崇《あが》め、群生《ぐんじょう》の福《さいわい》を饒《ゆたか》にすべし。仰ぎ願わくは善神威を加え、毒龍霧を巻き、山魅《さんび》前導して、我が願いを助け果せ。我れもし山頂に到らずんば、また菩提に至らじ」と告げたという。

古人が山に登るのは、神々のいますその山に入り、まさしく神仏を念《おも》うことで菩提《さとり》にいたり、人々の福祉を増進するためであったのである。勝道の場合、「仏を念う」とは深き瞑想によって、自己の心と自然のこころと仏心とが本来的本質的に差別なく平等であることの、いわゆる三心平等の自覚を指しているのだが、空海は自然と人の心について、この碑文の序で次のように述べている。

夫《そ》れ境は心に随って変ず。心垢《けが》るるときは則《すなわ》ち境濁《よご》る。心は境を逐《お》って移る。境閑《しずか》なるときは則ち心朗《ほが》らかなり。心境冥会《みょうえ》して道徳玄《はるか》に存す。

人間の心と自然の環境は「冥会」しているというのは、本来内密的に一体なるものとしてつながっているということ。それゆえにこそ環境はそこに住んでいる人の心にしたがって変化する。住人の心が垢穢《こうあい》すれば環境も汚濁し破壊されることになる。人の心は環境につれて変移する。だから環境が閑静で清浄なるとき、そこに住する人の心もおのずから朗らかとなる。「道徳」を荘子的に解すれば、心と境つまり心と物との内密的一体は、絶対無分節の存在本源としての道と、その分節のはたらきの玄理からみても自明であるということになろうか。しかしまた儒教的にみれば、人の心と自然の環境の内密的つながりが自覚されたとき、人の人たる道が明らかになると解することもできよう。

存在の本源・本体としての法身のコトバについてはすでにみたとおりである。

3　パラダイムの転換

ことばの深層　空海は「中寿感興詩ならびに序」を作った翌月、榁《むろ》の律師と呼ばれた真円の要請に応じて「金勝王経秘密伽陀《こんしょうおうきょうひみつかだ》」を著わしている。『金光明最勝王経《こんこうみょうさいしょうおうきょう》』の趣旨を偈頌《げじゅ》（伽陀）で示したものである。この序において、空海は旧来の一般仏教（顕教《けんぎょう》）の所説も、その奥底に密教の秘旨を読みとるべきことを述べ、旧来の聖典読誦《しょうでんどくじゅ》のパラダイムの転換が必要であることを強調する。

夫《そ》れ如来《にょらい》の説法《せっぽう》は必ず顕密の二意を具す。顕は則ち常途《じょうず》の所談これなり。密は即ち秘蔵の所論すなわち是れなり。顕家の趣《おもむき》は歴代の口実なり。密蔵の旨《むね》は此の土《くに》に未だ解《し》られず。今、此の経を見るに、傍に顕の義を説き、正しくは真言を以て宗を立つというのがそれである。

空海は後に『声字実相義《しょうじじつそうぎ》』において、「名の根本は法身を源となす。彼より流出して、稍《ようや》く転じて世流布の言となるのみ」と説く。つまり、われわれが日常的に「ことば」と呼び、「ことば」として日々使っているものも、その根源をたどってみれば法身《ほっしん》大日如来のコトバということになる。われわれが日常使っていることばは、存在の根源としてのコトバ、すなわち真言の世俗的展開の形態にすぎない。だからこそ、言語によって人間と世界の実相に迫る文芸の真実性が認められることになるのである。つまり、常途すなわち日常的なことばで説かれることの奥底に、法身の根源語が秘められているということになる。そのことが「如来の説法は必ず顕密の二意を具す」といわれるのだが、たとえどのような経典とても、顕《あら》わに説かれる字義の深層には必ず法身大日の根源語の密意が秘められている。

換言すれば、この立場は旧来の字義どおりに読むことからの転換をはかることで、異文化、他宗教の対話を可能とするパラダイムを現出してくれる。そのことを空海は『弁顕密二教論《べんけんみつにきょうろん》』巻上で、さらに明確に次のように述べる。

縦使《たと》い顕網《けんもう》に触《つ》いて羝蕃《ていばん》し、権関《ごんかん》に壅《ふさ》がれて税駕《ぜいか》す。いわゆる化城《けじょう》に息《やす》むの賓《ひん》、楊葉を愛するの児、何ぞ能《よ》く無尽荘厳《むじんしょうごん》、恒沙《ごうじゃ》の己有《こう》を保つことを得んや。醍醐《だいご》を弃《す》てて牛乳を覓《もと》め、摩尼《まに》を擲《なげう》って、以て魚珠を拾い、寂種《じゃくしゅ》の人、膏肓《こうこう》の病の如くに至っては、医王手を拱《こまね》き、甘露何の益かあらん。

顕網も権関も応化仏《おうけ》たる釈尊《しゃくそん》が、人びとの理解が得られるように、機根に応じて顕《あら》わに説かれた権《かり》の方便《てだて》としてのおしえを指す。空海はこの応化仏の説法を顕教《けんぎょう》といい、最澄は権教《ごんきょう》と呼ぶ。

こうした顕教の経典にみられる表面的な字義にのみ泥《なず》み執《とら》われて、その字義の奥底に秘められている法身のコトバの世界へ踏みこもうとしない者は、あたかも牡羊が囲いの柵に角を取られて、枠外に踏み出して進めないようなものであり、柵に遮断されて外の世界がわからず、その柵内で安堵しているようなものである。「税駕」とは車につけている馬を放すことで、休憩を意味する。もともと瑜伽《ゆが》（ヨーガ）とは馬に軛《くびき》を繋《つな》ぐことを原意とするから、「権関に壅がれて税駕す」というのは、瑜伽観智の深い密教の瞑想の欠如をも暗に示していることになる。

「化城に息む」云々は『法華経《ほけきょう》』の「譬喩品《ひゆほん》」にみられる有名な話で、説明の必要もなかろう。顕教の経典が方便の教えということに気がつかず、もっぱら表層の字義にのみ固執するものは、柳の葉を黄金と思いこみ、未精製の牛乳や魚珠すなわち偽の珠玉で満足しているようなものというわけである。

ここで「ことば」に関連して「顕網」とか「権関」として、顕教が網とか柵に譬えられているのは興味深い。言語学者のジームソンは、「言語は自然と文化を分ける境界線」、つまり柵であり、それを「言語の牢獄」と表現しているという。永遠に脱出できない「ことばの獄舎」にいるかぎり、それなりに安堵できるとしても、そこを「終《つい》の棲家《すみか》」と考えるにいたっては、まさしく「寂種の人」、病《やまい》、膏肓《こうこう》に入ることになる。

深層世界の探究　空海はさらにつづけて、つぎのように説く。すなわち「顕を伝うる法将は深義を会《え》すも、しかも浅に従い秘旨を遺《のこ》して未だ思わず。師師伏膺《ししふくよう》して口に随い心に蘊《つつ》み、弟弟積習《ていていしゃくじゅう》して宗に随って談を成ず。我れを益するの鉾《ほこ》を争い募《つの》って、未だ己れを損《そこ》なう剣を訪《とぶ》らう遑《いとま》あらず」。

これまで顕教を伝えてきた法将たち、たとえていえばインドの龍樹《りゅうじゅ》、世親《せしん》などはもとより、中国のもろもろの仏教大家、玄奘《げんじょう》とか華厳《けごん》の法蔵《ほうぞう》、天台の智顗《ちぎ》、法相の窺基《ききき》などの法将たちは、それぞれ経典の奥底に輻湊《ふくそう》して秘められている深秘の意味を会得してはいても、あえて表面的な字義に泥《なず》んで、浅略な意味にこだわって釈し、深秘の奥旨をあえてそのままにして、これを汲み取ろうとはしなかったのである。

かくしてインド以来のさまざまな論師やその弟子たちは、無難で保守的な解釈に終始して、いわれるがままに、それぞれの宗、すなわち枠組み、自らのパラダイムのなかで、自分の立場に都合のよい常識的な世界のみを求めてそれに満足し、そこから一歩でも踏み込んで、自らの宗には都合の悪いと思われる経典の奥底に秘められている真実の世界、常識を超えた深層の世界を積極的に求めようとはしなかったのである。

同じようなことは、空海に帰せられる『梵字悉曇字母并釈義《ぼんじしったんじもならびにしゃくぎ》』においても、「如来は彼《か》の実義を説きたまう。もし字相に随って、しかもこれを用うれば則ち世間の文字なり。もし実義を解《さと》れば則ち出世間の陀羅尼《だらに》の文字なり」と記されている。「一字の中に無量の経文を総摂《そうしょう》し、一法の中に一切の法を任持《にんじ》し、一義の中に一切義を摂持《しょうじ》し、一声の中に無量の功徳《くどく》を摂蔵《しょうぞう》す」ることこそ、密教の立場というべきである。

『弁顕密二教論』巻下にはまた、「外道《げどう》の経書にもまた秘蔵の名あり」とある。仏教以外の聖典に対しても、深秘釈が及ぶことを、それは示唆《しさ》しているといえよう。空海の主著といわれる『秘密曼荼羅《ひみつまんだら》十住心論《じゅうじゅうしんろん》』では明確に深秘釈が説かれているが、「ことば」への因襲的なパラダイムに基づく固定観念に泥《なず》むのでなく、そのパラダイムを転換することで、異文化、異宗教間の対話協調が可能となることを明示したのが、空海のコトバ論であったといえよう。

八　空海の芸術観

1　密教絵画の表現するもの

頼 富 本 宏

密蔵の肝要　平安時代の初めに真言宗という日本仏教の個性的な一派を築き上げた空海は、以前の仏教にはみられなかった新しいほとけの造像と信仰を持ち込むとともに、実際の修行や修法《しゆほう》においても、聖なるほとけと俗なるわれわれを直接関連づける種々の新しい試みを用いている。

その直接の要因を、奈良朝後期から平安初期にわたる山林修行の要素の強い雑密《ぞうみつ》的要素のなかに育ち、しかも身・口・意の三種の行為形態を聖俗合一の通路とする三密《さんみつ》修行をうたう中期密教の萌芽をいち早く嗅ぎとって中国へ渡り、都長安《ちようあん》において最先端の密教を体得した空海の個人的意義に集約することも可能だが、文化的形態をとって表現される真言密教の総体を考えると、やはり「密教」そのものの持つ要素が決定的役割を果たしているといえよう。

広大にして深遠な内容を誇る仏教でも、空海がとくに意識的・意図的に選びとったのは密教、なかでも三密の聖俗合一体系が整っている金剛乗《こんごうじょう》（『金剛頂経《こんごうちょうぎょう》』『大日経《だいにちきょう》』を基本とする密教）であったと思われる。密教史の立場からいえば、空海が長安で修得した密教は、後述のように金剛界・胎蔵《たいぞう》の二つのタイプの密教がいわば双入《そうにゅう》・止揚《しよう》されたものであり、①本尊大日如来《ほんぞんだいにちにょらい》、②速時成仏《じょうぶつ》、③三密行の具備、④曼荼羅《まんだら》の確立などの重要要件を備えていた。

とくに、仏（聖）・凡（俗）合一の瑜伽《ゆが》こそは、金剛乗密教の中心であり、思想・教義も、それを体現する実践も、また修行者の感覚に訴える美術・芸術にしても、瑜伽という概念を離れては存在しない。空海の美術観を表現することばとして有名な『御請来目録《ごしょうらいもくろく》』の、

> 密蔵深玄にして、翰墨《かんぼく》（ふでとすみ）に載せがたし。さらに図画を仮りて悟らざるに開示す

ということばも、単に密教は奥が深いから、文献資料（思想）だけでは理解しがたいという段階にとどまるのではなく、つぎにつづくことば、

> 種種の威儀《いぎ》（動作）、種種の印契《いんげい》（手のサイン）、大悲より出でて一覩《いっと》（一瞬）に成仏す

に狙いがあることを見逃してはならない。

そこで、密教の聖なる空間と時間を現出するのに不可欠な曼荼羅と祖師図《そしず》の二種の絵画に焦点をしぼって、その内容と意義を論じてみたい。それこそ、密蔵の肝要にほかならないからである。

曼荼羅の意義　つぎに、空海の美術要素のなかでも中心的役割を果たしている曼荼羅と祖師図につ

いて、もう少しその内容と意義を検討してみよう。両者とも、いわゆる絵画が基本となっているのは単なる偶然ではない。

まず、密教の説く聖なる世界をほとけの集会《しゅうえ》によって表現した曼荼羅は、単に芸術・美術の造型表現にとどまらず、空海の密教思想においても中軸の位置を占めている。とくに、金剛界《こんごうかい》・胎蔵《たいぞう》の両部(両界ともいう)曼荼羅の持つ思想的意義は、美術の枠内でのみ論じられるものではない。

そもそも曼荼羅は、法界《ほっかい》・法身《ほっしん》という概念で全体的、かつ象徴的に表現される聖なるものを、ある構造と数種の尊格の組み合わせと配置によって呈示する装置である。その宗教的意義は、本来は人間の感覚を超えた超越的存在であるはずの実在性と意味性と威力性をそなえた聖性を私たちの観想《かんそう》と視覚の世界に産出させることにある。

そして、実際に姿・形や色彩によってあらわされた曼荼羅が、最も狭義の曼荼羅であるが、インドの密教の学匠であるブッダグヒヤによって著された『法曼荼羅経《ほうまんだらきょう》』によれば、無限定の聖性から成る自性《じしょう》曼荼羅、それが修行者の心(想念)のうちに瞑想《めいそう》される観想《かんそう》曼荼羅、さらに最終的に図絵として視覚的に認識される形像《ぎょうぞう》曼荼羅の三種の曼荼羅が存在することとなる。

美術という観点からいえば、当然ながら第三の形像曼荼羅が直接の対象となることは疑いないが、すでに指摘されているごとく、曼荼羅は、けっして美的鑑賞の対象にとどまるものではなく、密教の実践儀礼において不可欠の役割を果たしていることも忘れてはならない。

以上の基本要素を念頭に置いたうえで、まず空海の用いた曼荼羅、とくに絵画化された狭義の曼荼羅を考察してみよう。

請来された曼荼羅　空海が曼荼羅に直接かかわったのは、おそらく長安の青龍寺において師の恵果《けいか》和尚から貞元二十一年（八〇五）六月、まず大悲胎蔵大曼荼羅に臨んで灌頂《かんじょう》を受け、さらに七月上旬に金剛界大曼荼羅に臨んで金剛界の五部灌頂を受けたときであった可能性が高い。

もっとも、現在の密教寺院の空間配置から考察すると、本堂にあたる金堂《こんどう》、もしくは実際に灌頂を行う灌頂堂では、左右の両壁に胎蔵と金剛界の両部曼荼羅を懸用していた可能性も想起されるが、実証することは難しい。

そこで、まず空海が密教の伝燈《でんとう》（伝法と同義）の阿闍梨《あじゃり》となった後、中国から持ち帰った曼荼羅の内容を、公式の帰朝目録である『御請来目録』からたどってみよう。

仏像等

大毘盧遮那大悲胎蔵大曼荼羅《だいびるしゃなだいひたいぞう》　一鋪　七幅一丈六尺
大悲胎蔵法曼荼羅　一鋪　三幅
大悲胎蔵三昧耶《さんまや》略曼荼羅　一鋪　三幅
金剛界九会《くえ》曼荼羅　一鋪　七幅一丈六尺
金剛界八十一尊大曼荼羅　一鋪　三幅

図12　両部曼荼羅図残欠（甲本）

胎蔵（上），金剛界（下）。空海が唐から請来した現図曼荼羅の古層の作品。建久2年（1191）に宅磨勝賀によって新写されたもの。（東寺所蔵）

このあと、金剛智《こんごうち》阿《あ》闍梨《じゃり》影《えい》を始めとする伝法《でんぽう》阿闍梨の影像《えいぞう》（祖師図）が列挙されるが、それらの内容と意義については、後述するとして、まず空海の曼荼羅理解を考察してみよう。

ところで、曼荼羅を、白描図像《はくびょうずぞう》や個別の尊像を本尊とする別尊曼荼羅《べっそんまんだら》まで範囲を広げると、空海は

『御請来目録』に言及のない、いわゆる録外《ろくげ》の資料を有していたことは疑いない。

また、帰朝後もたとえば、弘仁十二年（八二一）、入唐《にっとう》の際の遣唐大使《けんとうたいし》として公私にわたって奇《く》しき関係を保った藤原葛野麻呂《ふじわらのかどのまろ》（七五四―八一八）の追善供養《ついぜんくよう》のために「大楽不空《だいらくふくう》十七尊の曼荼羅」を造らせている。これをその内容から推して、金剛界九会《くえ》曼荼羅の第七会にあたる理趣会《りしゅえ》の曼荼羅の別出と考えることも可能だが、典拠となった『遍照発揮性霊集《へんじょうほっきしょうりょうしゅう》』所収の願文《がんもん》に、

ならびに大楽金剛不空三昧耶理趣経《だいらくこんごうふくうさんまやりしゅきょう》一巻を書写して、兼ねて香華《こうけ》を設けて、仏に供し、経を演《の》ぶ

とあることから、やはり『金剛頂経』よりも大乗経典《だいじょうきょうてん》である『般若経《はんにゃきょう》』に近親性のある『理趣経《りしゅきょう》』に基づく曼荼羅とみる方が適切であろう。もっとも形態的には同内容となるが。

両部曼荼羅の意義　さて、先掲の『御請来目録』の「仏像等」の記述から第一に知られることは、空海は経典につぐ密教の中心として明確に両部曼荼羅を意識したという事実である。すなわち、公式の進官録《しんかんろく》としての『御請来目録』には、金剛界と胎蔵《たいぞう》の両部曼荼羅のみを曼荼羅として扱っている。このことは、密教の免許皆伝《かいでん》というべき灌頂作法《かんじょうさほう》において、二種の曼荼羅の入壇《にゅうだん》灌頂という体系がすでにでき上っていたということのみならず、やはり両種の曼荼羅を一対《いっつい》として重視するという思想と実践が完成したことをも意味している。

それは、胎蔵三種、金剛界二種の各異なった曼荼羅が列挙されるなかで、それぞれの最初の一点が、

「七幅一丈六尺」と記され、他の曼荼羅が「三幅」（絹三枚の縦継ぎ）という小寸（幅約一・八㍍）であるのに対して、幅約四・五㍍と巨幅である。つまり、この両幅の大毘盧遮那大悲胎蔵大曼荼羅《だいびるしゃなだいひたいぞうだいまんだら》と金剛界《こんごうかい》九会曼荼羅《くえまんだら》は、あきらかに一対として特別視されており、以後、日本密教の根本曼荼羅、世にいう（狭義の）現図《げんず》曼荼羅として絶対的役割を果たしてゆくのである。

『御請来目録』の曼荼羅の条項で気づく第二の点は、空海は曼荼羅表現の多様性を意識し、かつその系統の違いを知悉していたことである。

空海は、後に著した『即身成仏義《そくしんじょうぶつぎ》』などの教義書から知られるように、大（尊形）・三昧耶《さんまや》（象徴物）・法（種字《しゅじ》）・羯磨《かつま》（立体）の四種曼荼羅《ししゅまんだら》説をとっていた。『御請来目録』の胎蔵の三種曼荼羅と対比すると、以下のようになる。

大毘盧遮那大悲胎蔵大曼荼羅	大曼荼羅
大悲胎蔵法曼荼羅	法曼荼羅
大悲胎蔵三昧耶略曼荼羅	三昧耶曼荼羅

要するに、四種の曼荼羅のうち、最後の羯磨曼荼羅（立体曼荼羅）を除いて、残りの三種の曼荼羅を空海はすでに中国から持ち帰っていたことになる。

なお、羯磨曼荼羅は、絵画では物理的に不可能であり、木像や鋳像を特定の意味をもって配置することが多い。インドやチベットほど作例は多くないが、空海の直接指導したという東寺講堂《とうじこうどう》と東寺五重塔の諸尊像を羯磨曼荼羅とする伝承があることに留意しておく必要があろう。

系統的多様性　曼荼羅の多様性に関して、もう一点指摘しておくべきは、金剛界曼荼羅の系統的多様性とそれを自覚していた空海の寛容性と融通性である。空海が一方で特定の内容（胎蔵十二院《いん》・金剛界九会《え》）を持った現図両部曼荼羅を権威化したことは、弘仁十二年（八二一）に「四恩の奉為《おんため》に二部の大曼荼羅を造する願文《がんもん》」という文を著わして、他の数点の仏画とともに藤原冬嗣《ふじわらのふゆつぐ》などの有力貴族の援助のもとに両部の大幅曼荼羅を新写せしめたことからも明瞭である。

しかし、空海は、これらの現図系曼荼羅とは別に、「金剛界八十一尊大曼荼羅」を請来している。残念ながら空海請来の現物は伝わっていないが、後に天台宗の円仁《えんにん》（七九四―八六四）が持ち帰った同種の曼荼羅から、一会《いちえ》（一つの集会図《しゅうえず》）から成った金剛界曼荼羅であったことが確認されている。真言系の密教で絶対視されている九会系の金剛界曼荼羅との違いが、その根拠となった『金剛頂経《こんごうちょうぎょう》』の経軌《きょうき》の相違に起因することは筆者などによって指摘されているが、いずれにしても空海は、聖なるものの顕現《けんげん》（海会《かいえ》の根源）の多様性に心をいたしていたのである。

要するに、『御請来目録』の後文に、

種々の威儀、種々の印契《いんげい》、大悲より出でて一覩《いっと》に成仏《じょうぶつ》す。経疏《きょうしょ》に秘略《ひりゃく》してこれを図像に載せたり。密蔵《みつぞう》の要、実にこれに繋《かか》れり。伝法受法《でんぼうじゅほう》、これを棄《す》てて誰ぞ。海会の根源、これすなわち、これに当れり。

とあるように、曼荼羅は、つぎに述べる祖師図《そしず》とともに密教の求める聖なるものとの出会いを生み出す必要不可欠の役割を果したのである。

なお、円形や方形の曼荼羅の形態的構造に関心のうすいわが国では、むしろ多数の尊格の集中と拡散に興味が注がれ、聖なる集会《しゅうえ》としては、主に組み合わせと配置が重視されている。

請来された五祖図　空海の密教美術観を理解するうえで、曼荼羅と並んで重要な意味を持つのは、善無畏《ぜんむい》・金剛智《こんごうち》などの密教を伝えたインド・中国、そして日本の祖師たちを描いた図、いわゆる祖師《そし》図《ず》である。ただし、空海の段階では、「日本の祖師」はまだ造形化されていない。『御請来目録《ごしょうらいもくろく》』の「仏像等」の条でも、五点の曼荼羅につづいて、つぎの祖師の影《えい》（肖像画）を列挙している。

金剛智阿闍梨影《あじゃりえい》　一鋪　三幅
善無畏三蔵《さんぞう》影　一鋪　三幅
大広智《だいこうち》阿闍梨影　一鋪　三幅
青龍寺恵果《けいか》阿闍梨影　一鋪　三幅
一行禅師《いちぎょうぜんじ》影　一鋪　三幅

これら五幅の祖師図の絵画的意味については、後に詳しく触れるとして、密教の血脈《けちみゃく》（相承）を中心とする宗教的意味を無視することはできない。換言すれば、『御請来目録』において金胎《こんたい》両部の曼荼羅にすぐに連続して、なぜ五幅の比較的大幅の祖師図が取り上げられなければならないのかという疑問点である。

この問題の一端を解明するのが、五人の密教僧の名称のあとに付される尊称名の相違である。五人は、すべて同種の尊称ではなく、つぎの三様に分かれている。

① 阿闍梨《あじゃり》
　金剛智《こうごうち》
　不空《ふくう》（大広智）
　恵果《けいか》

② 三蔵
　善無畏《ぜんむい》

③ 禅師
　一行《いちぎょう》

五人とも密教の僧であることは共通しているのに、善無畏と一行の二人はなぜ「阿闍梨」と称されないのだろう。生粋《きっすい》の中国人であり、実際に禅と天台も修得していた一行が禅師と呼ばれるのは当然としても、『大日経《だいにちきょう》』の訳出者として名高い善無畏に対しては、中国人の俗弟子であった李華《りか》の著わした二種の伝記も、空海の撰とされてきた『真言付法伝《しんごんふほうでん》』も、ともに「三蔵」と記すのみで、「阿闍梨」という言及はない。

結論を述べるならば、『金剛頂経』とそこに説かれる金剛界曼荼羅と、『大日経』とその胎蔵曼荼羅を両部の大経《だいきょう》、および両部曼荼羅と称しておりながら、現実には密教化のより進んだ『金剛頂経』・金剛界曼荼羅があくまで中心であったことを如実に示している。

空海は、積極的に密教の宣布を始めた弘仁六年（八一五）から、著作を中心とするある程度の活動が一段落する弘仁十二年までの間に、真言密教の付法・伝法の阿闍梨の名号と徳を要約した『秘密曼《ひみつまん》茶羅教付法伝《だらきょうふほうでん》』（通称『広付法伝《こうふほうでん》』）二巻を著した。

そこでは、以下の七祖《しちそ》が列挙されている。

第一祖　大日如来《だいにちにょらい》

第二祖　金剛薩埵《こんごうさった》

第三祖　龍猛《りゅうみょう》菩薩《ぼさつ》

第四祖　龍智《りゅうち》菩薩

第五祖　金剛智

第六祖　不空

第七祖　恵果阿闍梨

後世、第七祖の恵果阿闍梨の法脈を得た空海を第八祖とし、八祖を合わせて「付法《ふほう》の八祖」と呼び習わしている。その意義は、密教の根源的実在としての大日如来と、その因位《いんに》の存在として想定され、仏教的には菩薩の代表にあたる金剛薩埵《さった》という宗教的存在、また現実の密教史において主に『金剛頂経』系密教をインドから中国へ伝え、それを確立した金剛智・不空・恵果という歴史的存在、最後に宗教的存在である大日如来・金剛薩埵と、歴史的な三師を結ぶ神話的存在としての龍猛・龍智の二祖師を介在させて、結果的には聖なる存在たる大日如来と、空海以降に連なる私たちという俗なる存在を直結させたといえる。

なお、数少ない唐代肖像絵画の遺作として、これらの祖師図にみられる雄渾《ゆうこん》さと写実性が高く評価されるのは、五祖の持つ歴史的意義と宗教的役割と不可分に関連していたといえよう。

図13　龍　　智

弘仁12年（821）に日本で制作された。（東寺所蔵）

空海は、両部の曼荼羅を授けられた際に、とくに『金剛頂経』・金剛界曼荼羅における大日如来と金剛薩埵における密接な関連を知悉《ちしつ》していたものと思われる。また、青龍寺での灌頂受法ののち、師の恵果和尚が宮廷画師の李真《りしん》らに命じて制作させた祖師図のなかに金剛智・不空・恵果の三師の御影があり、今も京都の東寺に伝えられている。また、弘仁十二年には、わが国で龍猛・龍智の二祖師図が新写されている。これらを受けて、のちに空海像を加えた八祖図が成立した。京都の神護寺、高知の金剛頂寺に鎌倉時代の遺品が伝わっている。

このように、祖師図は、時間的（歴史的）密教継承のみならず、超時間的にも聖なるものと俗なるものを継ぐ重要な仏具として不可欠の役割を果たしているのである。

祖師図の付加的意味

空海請来《しょうらい》の五幅の祖師図のなかに、阿闍梨《あじゃり》という尊称名を付さない善無畏《ぜんむい》三蔵《さんぞう》と一行禅師《いちぎょうぜんじ》の画像があることは先に紹介した。これらの二祖は、相承《そうじょう》系譜的には『大日経《だいにちきょう》』・胎蔵《たいぞう》曼荼羅の法脈につらなることは事実であり、『金剛頂経《こんごうちょうきょう》』・金剛界《こんごうかい》曼荼羅の法脈と別々に受法し、しかも自らのうちに両部思想を確立したと考えられる恵果《けいか》和尚にして初めて可能な総合思想であった。

空海は、その思想と表現形態を両部曼荼羅と祖師図をよりどころとして持ち帰ったわけであるが、時間的、かつ超時間的流れを示す世にいう付法の八祖に入らない善無畏・一行の二祖師像をめぐる新たな理解が生み出されたようである。

その代表的な例が、『真言付法伝《しんごんふほうでん》』（通称『略付法伝《りゃくふほうでん》』）と呼ばれる付法伝で、写本の一本（東寺本）では、末尾に「弘仁十二年九月六日書す」の記を持つ。内容としては、第七祖の恵果のあとに、「沙門《しゃもん》輸波伽羅《しゅばから》（善無畏）」と「沙門一行」の短い伝記を付加する。

これを空海の真作とすれば、龍猛《りゅうみょう》・龍智《りゅうち》図を新写させた弘仁十二年の意味と勘案して、『略付法伝』

の中から、大日如来《だいにちにょらい》と金剛薩埵《こんごうさった》を除くとき、空海（弘法大師）以外の伝持の八祖が成立することとなる。ただ、近年では、『略付法伝』は空海よりは後の著作と推測されている。

鎌倉時代の新義の学匠《がくしょう》・頼瑜《らいゆ》（一二二六—一三〇四）の『真俗雑記問答鈔《しんぞくざつきもんどうしょう》』第十五によれば、さらに東寺の灌頂院《かんじょういん》の壁画の祖師銘のために『略付法伝』を作った旨を記している。空海の直弟子の実恵《じちえ》（七八六—八四七）によって建立された灌頂院の壁画祖師図は、早くとも東寺別当の会理《えり》（八五二—九三五）のころとされているので、空海まで遡《さかのぼ》ることはむずかしいが、十世紀中ごろの醍醐寺《だいごじ》五重塔内の八祖図壁画を合わせて考えると、聖なる世界との統譜的つながりを主に時間的に表現していた祖師図が、金胎《こんたい》両部の双修を完成することによって、さらには灌頂院・五重塔などの密教寺院の空間的聖性を保証する役割をも加重して行ったのである。

図14　一　行

嘉暦2年（1327），定審作，板彫真言八祖像より。（金剛頂寺所蔵）

両部曼荼羅も、祖師図も、密教絵画としては、最も根本となる聖なるものの空間的、かつ時間的創造を可能にする装置であることを改めて強調しておきたい。

なお、両部相承《そうじょう》と空間配列性の乏しか

った天台系祖師図が真言系祖師図ほど普遍化しなかったのは、けっして不思議なことではない。

2 芸術と儀礼

森 雅秀

宗教と芸術 「法はもとより言なけれども、言にあらざれば顕はれず。真如《しんにょ》は色を絶すれども、色をもってすなはち悟る」。

これは、芸術作品に対する空海の考えとしてしばしば紹介される『御請来目録《ごしょうらいもくろく》』の一節である。唐より請来した金剛界《こんごうかい》と胎蔵《たいぞう》の五鋪《ほ》の曼荼羅《まんだら》と、金剛智《こんごうち》などの五人の祖師《そし》の像について説明した箇所に登場する。法や真如と呼ぶ絶対的な真理は、ことばやかたちを超越したものであるが、われわれはことばやかたちを通してのみ、それに接することができるという意味である。

さらに空海は「密蔵深玄《みつぞうしんげん》にして翰墨《かんぼく》に載せ難し。更に図画を仮りて悟らざるに開示す」、すなわち密教の教えは奥深く、文筆であらわすことは困難なため、図像を用いて悟らない者に示すと述べる。これにつづく「種種の威儀、種種の印契《いんげい》、大悲《だいひ》より出でて一覩《いっと》に成仏《じょうぶつ》す」という一節は、密教美術の特質を示すものとして重要である。仏の姿やそれを象徴的にあらわす印は、すべて仏の大悲から出現したもので、これを一目でみて成仏することができるというのである。

密教芸術の特質　洋の東西を問わず、宗教は無数の芸術作品を生みだしてきた。キリスト教や仏教はもとより、偶像崇拝を強く戒めるイスラム教でさえ、寺院の内外をさまざまな文様で装飾している。現代ではこれらの宗教芸術を、美術館や博物館で鑑賞することも多い。しかし、展示室に置かれた途端に、それらはほとんど宗教芸術としての意味を失ってしまう。宗教芸術はそれが置かれた場と切り離されては存在し得ないからだ。

仏教芸術の中心となる尊像《そんぞう》は、絵画であっても彫像であっても、礼拝《らいはい》や供養《くよう》の対象であるのが一般的である。われわれ人間は仏や尊格《そんかく》に対面して、これに祈る。両者の物理的な距離がどれだけ短くても、その間にはけっして越えることのできない懸隔《けんかく》がある。しかし、密教芸術はそうではない。空海が「一覩に成仏す」と述べたように、見ることによって悟りを得ることができる。礼拝の対象ではなく、いわばわれわれが同化すべきものなのだ。しかし、密教芸術は、それを見るものが誰もが悟ることができるような「魔法の絵」ではない。

他の宗教芸術と同様に、あるいはそれ以上に、密教美術は「場」と密接に結びついている。「一覩に成仏」するのは、日常的な空間ではなく、特定の実践や儀式においてはじめて可能となるのだ。それを行うのも寺院のような「聖なる空間」である。芸術作品に結びついているこのような場や状況を知ることで、空海にとって芸術がどのような意味を持つかが理解できるのではないだろうか。

図15　東寺講堂

東寺講堂　空海の考案した寺院プランとしてもっとも有名なものが東寺講堂《とうじこうどう》である。東寺は弘仁十四年（八二三）に嵯峨《さが》天皇より下賜《かし》され、講堂は天長二年（八二五）ごろから建立《こんりゅう》が開始された。堂内には横長の巨大な須弥《しゅみ》壇《だん》が置かれ、中央に大日如来《だいにちにょらい》を中心とする五仏、向かって右に五菩薩《ぼさつ》、左に五大明王《みょうおう》（五忿怒《ふんぬ》）が安置される。これらを取り囲むように、須弥壇の四隅には四天王《してんのう》が、また左右の両端には梵天《ぼんてん》と帝釈天《たいしゃくてん》が位置する。

東寺講堂のこれら二一体の密教尊像群は、空海みずからがその配置プランを考案したと推測されている。しかし、その背景となる経典や思想について、空海自身は明示していないため、研究者のあいだでさまざまな考察がなされてきた。現在、もっとも有力な説は、代表的な護国経典《ごこくきょうてん》である『仁王経《にんのうきょう》』と、空海が唐より請来《しょうらい》した『金剛頂経《こんごうちょうぎょう》』に依拠した複合的なプランとする見方である。『仁王経』やそれにもとづく儀軌《ぎき》には、三宝《さんぽう》を護

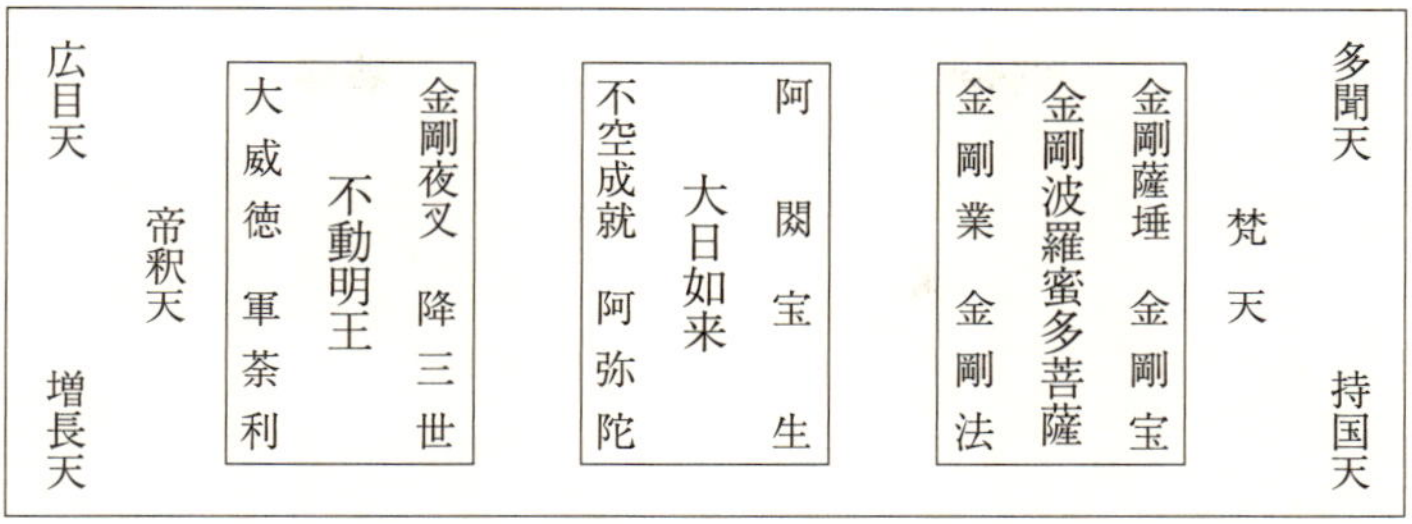

図16　東寺講堂内配置図

持し、正法《しょうぼう》を建立する国王のために国を守護する五尊の仏が登場する。彼らは救済の対象である衆生《しゅじょう》に応じて、柔和な姿の菩薩と、怒りに満ちた忿怒尊という二種の姿をとる。文献の中では菩薩たちが法輪《ほうりん》（正法輪）、忿怒尊が教令輪《きょうりょうりん》と呼ばれている。東寺の講堂にはこれらの二つのグループが東西に配されている。一方、中央の五尊は『金剛頂経』所説の五仏であるが、正法輪と教令輪という二種の輪身《りんじん》の根源的存在とみなされるため「自性輪身《じしょうりんじん》」と呼ばれることもある。そして、全体で三輪身という三種のグループで構成されることから、東寺講堂の尊像配置プランは三輪身説にもとづくと説明される。

ただし、注意しなければならないのは、空海自身は三輪身という用語を用いていないことである。実際、三輪身説の典拠となる『摂無《しょうむ》礙経《げきょう》』という経典は、空海よりも一世紀以上遅れる奝然《ちょうねん》（九三八―一〇一六）によって日本に請来された。東寺の尊像群は、三輪身の三つのグループを横一列に並べたのではなく、中心となる『金剛頂経』系の五仏の両側に、菩薩と忿怒尊たちを左右対称となるように配したとみるべきなのである。

羯磨曼荼羅　東寺講堂の諸尊は立体曼荼羅《まんだら》あるいは羯磨《かつま》曼荼羅と呼ばれることもある。立体曼荼羅という呼称は比較的最近のもので、伝統的な用語ではない。曼荼羅とは本来、立体的な構造を有しているという理解が進んだことや、チベットに残された立体的なマンダラを視野に入れた用語であろう。一方の羯磨曼荼羅は、空海の主著のひとつである『即身成仏義《そくしんじょうぶつぎ》』による。同書には大、三昧耶《さんまや》、法、羯磨という四種《ししゅ》の曼荼羅（四曼《しまん》）の解説があり、そのうち羯磨曼荼羅は「仏菩薩の威儀事業」すなわち、動作を伴なった姿で、「もしくは鋳、もしくは捏等もまたこれ（＝羯磨曼荼羅）なり」と述べられている。東寺講堂の尊像群にこの説明を適用して、「仁王経羯磨曼荼羅」というように説明されることもあるが、このような配置の曼荼羅が『仁王経』に説かれているわけではない。羯磨曼荼羅の「羯磨」とは『即身成仏義』に空海が示すように、「動き」や「行為」を意味する言葉で、立体という意味はない。

高野山　東寺下賜に先立つ弘仁七年（八一六）、空海は修禅の道場として、高野山《こうやさん》の下賜を嵯峨天皇に上奏《じょうそう》している。勅許後、ただちに伽藍《がらん》の造営に着手したが、東寺建立《こんりゅう》とも重なり、空海在世中に完成をみたのは多宝塔《たほうとう》一基と講堂、僧房にとどまったと考えられている。しかし、伽藍全体の大まかなプランを、すでに空海が定めていたことは『続遍照《ぞくへんじょう》発揮《ほっき》性霊集《しょうりょうしゅう》補闕抄《ほけつしょう》』第八巻の「金剛峯寺《こんごうぶじ》に毘盧遮那《びるしゃな》法界体性塔《ほっかいたいしょうとう》二基及び胎蔵金剛界《たいぞうこんごうかい》両部曼荼羅を建て奉《たてまつ》る」という記述からうかがうことができる。このうち、塔二基は東塔（現在の大塔、図17）と西塔（図18）に相当する。両部の曼荼羅は、はじめは真言堂という建物の中に掛けられていたが、真言堂は十世紀頃には姿を消し、その機能は講堂などの他の建造物に吸収されたと推測されている。

当初、講堂（現在の金堂）の内部には七体の仏像が安置されていたが、さらに十二世紀ごろからは金剛界と胎蔵の二種の曼荼羅が掛けられていたことが確認される。創建時の建造物は早くに焼失して

図 17　高野山金堂（左）と大塔（右）

図 18　高野山西塔

中尊の左辺（左から金剛王，降三世，虚空蔵）

中尊の右辺（右から金剛薩埵，不動，普賢延命）

図 19　高野山焼失像

しまったが、七体の仏像は、昭和元年（一九二六）まで守られてきた。その内容は、阿閦《あしゅく》を中心に置き、その右辺に金剛薩埵《こんごうさった》、不動明王《ふどうみょうおう》、普賢延命《ふげんえんめい》菩薩、左辺に金剛《こんごう》王《おう》菩薩、降三世《ごうざんぜ》明王、虚空《こくう》蔵《ぞう》菩薩の三体ずつが一列に並んでいたと伝えられる。中央の阿閦は秘仏であったため、まったくその姿は知られていないが、残りの六体は焼失前の写真が残されており、平安初期の典型的な様式を示している。

これら七体の仏たちの配

列の典拠も明らかではない。金剛薩埵と金剛王菩薩が金剛界曼荼羅における阿閦の親近菩薩で、降三世明王が阿閦の教令輪身であることから、やはり三輪身説を背景に推測することもあるが、むしろ、横一列に並べられたことの方が重要であろう。阿閦を中心にその左右に密教の菩薩、明王、顕教《けんぎょう》の菩薩が対《つい》になって置かれていることは、容易に看取される。中心と左右という構造は、東寺の講堂とも共通している。

二基の仏塔　東西に両部の曼荼羅を置くというプランは、高野山の伽藍《がらん》の場合、当初は真言堂、後には講堂に掛けられた二幅の曼荼羅に加え、さらに東西二基の仏塔によって、二重に示されている。このうち、東塔は胎蔵五仏を安置し、一方の西塔は金剛界の五仏を置いていたと伝えられる。とくに十六丈の高さを持つと記された創建《そうこん》時の東塔は、深山幽谷の地にそびえ立つきわめて巨大な建造物であったであろう。

インドに起源を持つ仏塔（ストゥーパ）は、きわめてコスモロジカルな建造物である。本来、釈迦の遺骨すなわち舎利《しゃり》を安置するモニュメントとされるが、その構造はインドの宇宙観と密接に結びついている。インド密教の時代には、四方に四仏を安置した仏塔も制作された。中心軸とその四方に広がる仏塔の構造は、大日如来を中心とし、阿閦や阿弥陀などの仏国土《ぶっこくど》を四方に置く密教的な宇宙論に、容易に重ね合わせることができる。

高野山の場合、このような塔を二基建てたことがおそらく重要であろう。金剛界と胎蔵の二つの曼茶羅をそれぞれ仏塔として再現したのである。そして、金胎不二《こんたいふに》という日本密教の基本的な教理がそこにおりこまれるようになる。高野山の大塔の場合、胎蔵の五仏だけではなく、両部の五仏を五体であらわすという解釈が、遅くとも十三世紀ごろには登場する。しかし、空海の意図したのは、あくまでも二基の仏塔を建立することで、一基で両部を表すことではなかった。

灌頂の意味　寺院や仏塔が恒常的な建造物であるのに対し、儀礼や儀式を行うのは、一時的な空間でしかない。しかし、堂宇《どうう》という聖なる建造物の内部に生み出された儀礼の場は、より聖の密度の濃い空間である。

空海の人生を通じて最も重要な儀礼はおそらく灌頂《かんじょう》であったであろう。空海は長安《ちょうあん》において、恵果《けいか》阿闍梨《あじゃり》より胎蔵《たいぞう》と金剛《こんごう》界の両部の灌頂を受ける。これによって真言密教の正式の継承者となった。灌頂の中のプロセスのひとつ「投華得仏《とうげとくぶつ》」において、空海の手からはなれた花が曼荼羅の中央の大日如《だいにちにょ》来《らい》の上に落ち、恵果が「不可思議、不可思議」と賛嘆したことが、『御請来目録《ごしょうらいもくろく》』のなかに記されている。

灌頂とは密教における一種の入門儀礼である。準備的な学修を終え、密教の実修にふさわしいと判断されたものが、灌頂を受けることができる。これによって密教の教えを受け継ぐ資格を有することになる。また、おもに在家の信者を対象とした結縁《けちえん》灌頂と呼ばれる灌頂もある。

「灌頂」という語は密教以前にも大乗仏典《だいじょうぶってん》にすでに登場する。そこでは、所定の修行階梯《かいてい》を終えた菩薩《ぼさつ》が、仏となる資格を獲得するという文脈で用いられる。灌頂は古代インドにおける国王即位儀礼に範をとったとしばしば説明される。しかし、むしろ現国王が次期の王位継承者を定める立太子《りったいし》の式と考えた方が理解しやすい。法の王である仏が、その後継者として仏となる菩薩を自ら決定するのが灌頂だからである。大乗仏教の世界観では、ひとつの世界にはひとりの仏のみが存在し、仏から仏へと教えが受け継がれていく。密教の灌頂儀礼は、儀式を司る阿闍梨《あじゃり》が王すなわち仏に相当し、灌頂を受ける弟子が皇太子である菩薩に相当する。灌頂では曼荼羅が用いられる。やがて仏となる弟子に、みずからが仏として君臨する世界を示す模式図が曼荼羅であるからだ。灌頂の儀式の場に目隠しをして入場した弟子は、投華得仏ののち、目隠しをはずされ、目の前にある曼荼羅と向かい合う。弟子が自分のあるべき姿を自覚する瞬間である。

灌頂の儀礼空間　空海は延暦二十五年（八〇六）に唐から帰国し、約三年後に入京が許されると、はじめは高雄山寺《たかおさんじ》に止住したと伝えられる。空海が唐から請来《しょうらい》した金剛界と胎蔵の二幅の曼荼羅は、この高雄山寺で灌頂や修法を行うために用いられた。根本曼荼羅とも呼ばれるこの二つの曼荼羅は、ここで初めて結縁灌頂が行われた弘仁三年（八一二）からわずか九年後の弘仁一二年（八二一）に、第一回の転写本を制作しなければならないほど、いたみが生じていたと伝えられる。貴重な請来本を粗略に扱ったとは考えられないため、いかに利用の頻度が高かったかがうかがわれる。

絹を七枚継いで作られたこの根本曼荼羅は一丈六尺の大きさを有し、灌頂を受けた当時の人びとの前に、圧倒的な迫力をもってあらわれたであろう。請来本やその第一回の転写本が失われてしまった現在では、それは想像にまかせるほかはないが、空海が在世中に発《ほっ》願《がん》されたと考えられる別の転写本が現存している。天長六年（八二九）から十年（八三三）の間に制作されたと考えられる、いわゆる「高雄《たかお》曼荼羅」である。

この高雄曼荼羅がおかれたのが、高雄山寺から名称を改めた神護寺《じんごじ》の灌頂堂（真言堂）であった。その名のとおり、灌頂の儀式を行うための道場である。この神護寺灌頂堂は、建築史家の手によって、その大まかなプランが復元されている（図20）。東西に長い母屋《もや》の中に、対面するように東に胎蔵、西に金剛界の曼荼羅がかけられていた。なお、創建時には確認できないが、鎌倉期には真言八祖《しんごんはちそ》の影像が、東西の壁面に四鋪《ほ》ずつ掛けられていたという記録も残されている。これらの祖師像も灌頂を行う空間に必要な画像であった。

東西に対面するように両部の曼荼羅を掛けるこの形式は、その後、建築された諸寺院の灌頂や修法の道場でも踏襲される。空海が関係したものとしては、東大寺の灌頂道場や東寺の灌頂院があるが、

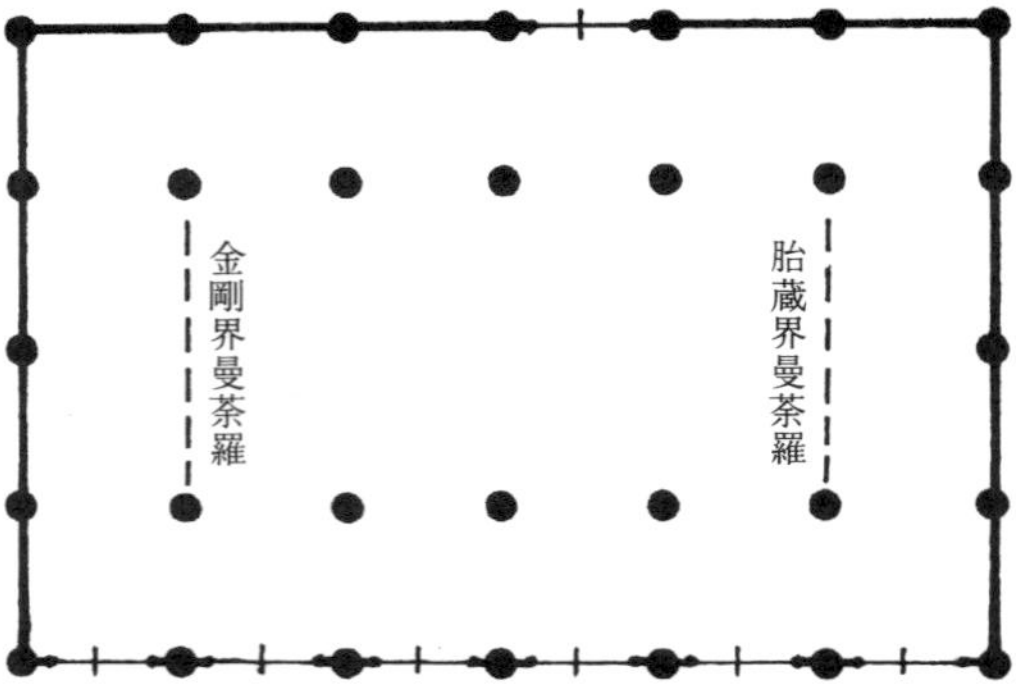

図20　神護寺根本真言堂復元平面図
藤井恵介『密教建築空間論』中央公論美術出版社，1998年より。

さらに宮中内裏におかれたいわゆる宮中真言院もそのひとつである。ここで行われた修法が、空海にとってもうひとつの重要な密教儀礼であった後七日御修法《ごしちにちのみしほ》である。

後七日御修法　空海がその生涯の最晩年にあたる承和元年（八三四）に勅許《ちょっきょ》を求めて始められた後七日御修法は、国家鎮護、玉躰《ぎょくたい》安穏を祈る大規模な護国儀礼である。いくどかの中断を経て、場所も宮中真言院から東寺の灌頂院に移されてはいるが、現在でも毎年、修せられている。正月の第二週すなわち八日から十四日までの七日間行われるため「後七日」の名がある。

空海は後七日御修法の勅許を求める上奏文《じょうそうぶん》において、あらたな密教の修法が必要なことを説いて、「然《しか》るに今、講じ奉《たてまつ》る所の最勝王経《さいしょうおうきょう》、但其《ただそ》の文を読み空しく其《そ》の義を講ずれども、曾《かつ》て法に依って像を画き壇を結びて修行せず、甘露《かんろ》の義を演説するを聞くと雖《いえど》も、恐らく醍醐《だいご》の味を嘗《な》むることを闕《か》かむことを」と述べている。これは、それまで正月に行われてきた御斎会《ごさいえ》という顕教の護国儀礼が、十分な効果を有していなかったことを強調したものである。

この御斎会では「曾て法に依って像を画き壇を結びて修行」しなかったのに対し、空海の提唱した後七日御修法では「別に一室を荘厳《しょうごん》し、諸の尊像を陳列し、供具《くぐ》を奠布《てんぷ》して真言を持誦《じじゅ》せむとす」と述べている。そして、その言葉のとおり、仁明《にんみょう》天皇から勅許されて建立《こんりゅう》された宮中真言院は、内部空間を画像で荘厳した修法のための建物であった。

宮中真言院　創建時の建物は永祚元年（九八九）に大風で顚倒《てんとう》し、その後、何度も罹災《りさい》しているが、

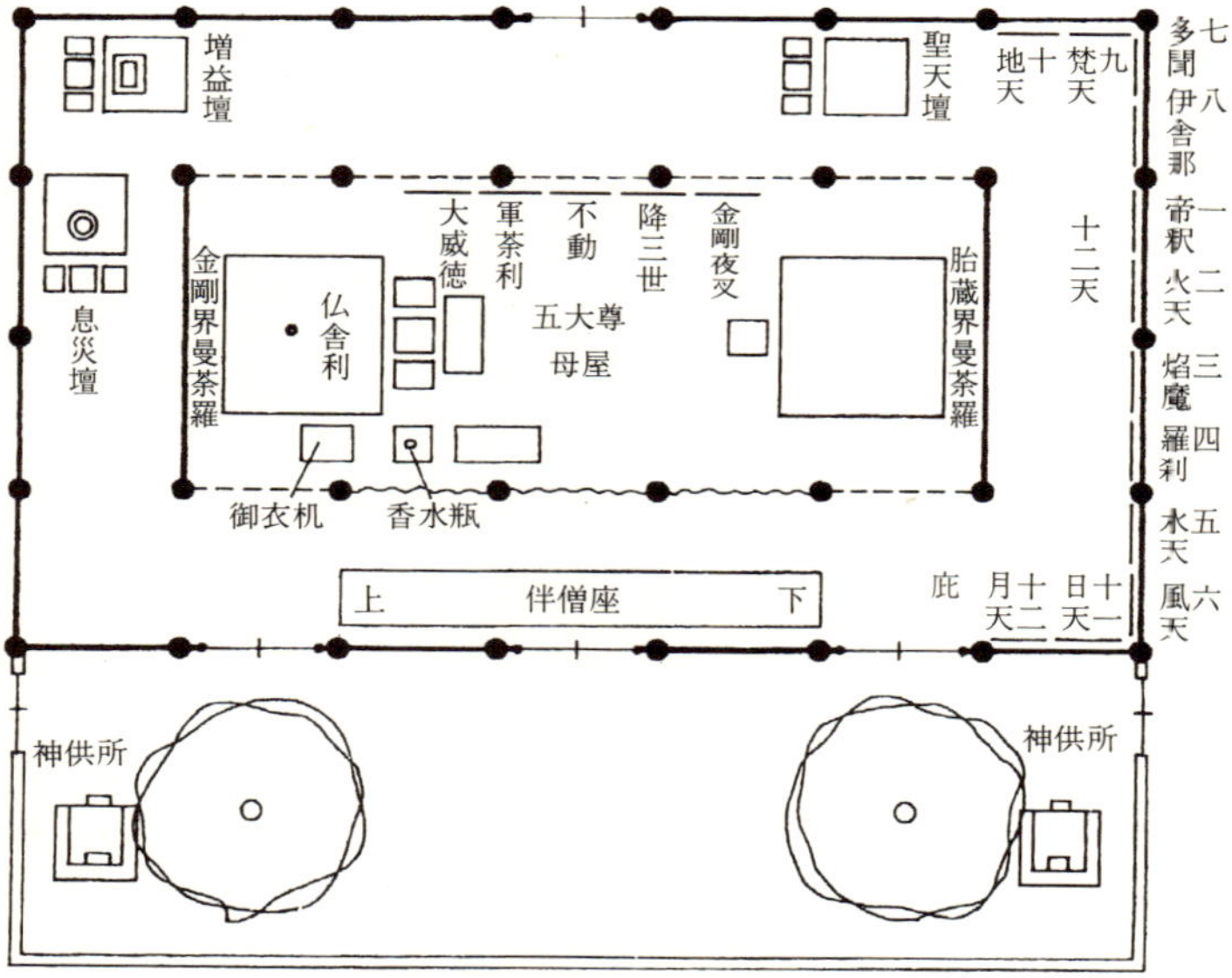

図21　宮中真言院壇所復元平面図

藤井恵介『密教建築空間論』中央公論美術出版社，1998年より，一部改変。

十二世紀ごろの平面図が復元されている（図21）。これによれば、建物の内部はさらに幔幕《まんまく》によって周りを囲まれた空間があり、その東西にやはり胎蔵と金剛界の曼荼羅が掛けられている。正面には五大尊すなわち五大明王の画像が掛けられているが、その中心は不動明王《ふどうみょうおう》である。周囲の庇《ひさし》の部分には、胎蔵の外側にあたる東の壁面を中心に十二天の画像が置かれ、その近くには聖天供《しょうてんぐ》を行う壇がしつらえてある。反対の西側には、護摩《ごま》の修法のための息災壇《そくさいだん》と増《ぞう》益壇《やくだん》がある。

　儀式は金胎《こんたい》の曼荼羅の前に置かれた大壇の舎利《しゃり》への修法を中心に、息災と増益の護摩、五大尊供《ごだいそんく》、十二天供《じゅうにてんく》、聖天供《しょうてんく》、そして前庭での神供《じんく》が平行して行われる。本尊である舎利への修法は、金胎が隔年で行われる（図21は金剛界の年）。儀式の最も重要な部分は、正月十二日より十四日までの三日間にわたって、九回実施される御衣加持《おんぞかじ》であった。天皇の御衣に対する香水《こうずい》加持で、大壇の横にある香水瓶《こうずいびょう》から、牛玉杖《ごおうじょう》と呼ばれる杖によって灑水《しゃすい》を行う。これによって、天皇の玉躰安穏、さらに国家の安泰と豊穣が祈願された。

後七日御修法は空海にとって、密教の実践の集大成ともいえる儀式であった。その儀礼空間は、灌頂の場合と同様、金胎両部の曼荼羅を左右に置いた対称性の強いものであったが、さらに多くの画像が加わることで、それが強調されている。幔幕で囲まれた空間の中心部分は、正面に五大尊の画像が置かれているが、その中心的存在である不動明王が、配置のうえでも中心を占めている。東側の壁に配された十二天は、本来は護方神とも呼ばれ、帝釈天《たいしゃくてん》は東、夜摩天《やまてん》は南というように、各方位を守る役割を持つ。後七日御修法での彼らの配列は不規則に見えるが、図にみるように、中央にはじめの四尊、その外側に次の四尊、さらにその外に残りの四尊が置かれている。幔幕の内部が南北の軸を中心とした対称形であるのに対し、ここは東の壁面を中心としている。このような左右の対称性は、寺院内部の尊像配置にも見られたように、空海が関与した密教空間の基調なのであった。

密教の儀礼空間　このような左右対称性の強い密教空間を、空海はどこで知ったのだろうか。密教の源流であるインドまでは、おそらくそれはさかのぼりえない。密教が有力となったパーラ朝時代の大規模な寺院は、十字型プランの仏塔を中心とし、これをロの字型の建造物で取り囲むような形態をそなえていた。仏塔が単独で建てられる場合、円あるいは方形の基壇を持っている。いずれも中心と周縁からなる構造で、左右対称ではない。また、十二天に相当する護方神を寺院の外壁などに配した場合、対応する方角に置かれるのが一般的であった。

灌頂《かんじょう》のような儀礼空間はどうであったであろう。インドの場合、日本よりもはるかに多くの曼荼羅《まんだら》が生み出されたが、灌頂を受ける場合はそのうちのひとつだけが選ばれて、地面の上に制作された。このような曼荼羅はわが国では土壇《どだん》曼荼羅と呼ばれることもあるが、インドでは掛ける形式の曼荼羅は灌頂では用いられなかったようで、儀礼のための曼荼羅はすべてこのタイプのものであった。曼荼羅の構造そのものも、中心に本尊を置き、全体を円や正方形で取り囲むという求心的な構造をとっていた。儀式の場の中心に置かれるのはこのような曼荼羅であり、儀礼の場全体が同心円的な構造となっている。

インドではなく中国の儀礼空間に、そのモデルを求めるべきであろう。空海が恵果《けいか》について密教を学んだ青龍寺に、金胎の両部の曼荼羅が掛けられていた灌頂用の建物があったと推測する研究者もいる。当時の中国で行われていた灌頂が、空海が恵果から授けられたものも含め、具体的にいかなる方法であったかは明らかではないが、断片的な記録から見て、日本に伝えられた次第にかなり類似した方法と考えられる。儀礼の方法は儀礼の空間と密接に結びついていたはずであるから、両者の原型は中国密教においてすでに成立していたと見るべきであろう。

長安と王権儀礼

空海が本格的な密教とはじめて出合った長安《ちょうあん》という都市も、視野に入れるべきかもしれない。日本の平城京や平安京に影響を与えたことからも知られるように、長安はきわめて左右の対称性の強い人工的な都市である。それは単に人工的であるだけではなく、宇宙をかたどったコスモロジカルな空間であった。ここで行われる国家儀礼は、国家の中心的存在である王が持つ権力を、臣民たちが確認するような、王権強化の儀礼である。そして、その儀礼は長安の持つ空間構造をしばしば利用したものだった。しかも、長安に入ってわずかひと月後には、空海は徳宗《とくそう》皇帝の崩御《ほうぎょ》に接することになる。皇帝の代替わりに行われるさまざまな儀礼は、王や国家の存在を強く意識させるものだったであろう。

国家や王権と結びついていたのは、密教の高僧たちも同様であった。不空《ふくう》や恵果は宮中の内道場と呼ばれる施設で、灌頂をしばしば行っていた。これは皇帝や貴族を対象としたもので、空海の修した結縁《けちえん》灌頂や後七日御修法《ごしちにちのみしほ》にも受け継がれる王権儀礼である。もともと灌頂という儀礼が、理念的には王位継承という性格を持った儀礼であっただけに、王権儀礼として機能するのは自然なあり方でもあったであろう。

法の正統性と芸術

このような状況をふまえて、空海にとっての芸術を考えると、われわれが美術作品に接するのとは、まったく異なる様相が浮かび上がる。空海にとって曼荼羅や祖師像《そしぞう》は、儀礼とくに国家儀礼と密接に結びつき、その儀礼空間を構成する一部であった。冒頭にあげた『御請来目録《ごしょうらいもくろく》』で、法や真如《しんにょ》と呼ばれる絶対的な真理を示す「図画」は、単なる絵画ではない。曼荼羅は法の正統性を体現した灌頂の受者が君臨するべき宇宙であり、祖師像《そしぞう》によって、その法の正統性を歴史的な文脈で確認することができるのだ。

空海は『御請来目録』の中で、密教法具や舎利《しゃり》、白檀《びゃくだん》の龕像《がんぞう》（金剛峯寺《こんごうぶじ》所蔵のいわゆる枕本尊）、白《びゃく》緤《せつ》曼荼羅尊（おそらく曼荼羅の諸尊の白描集）などもあげているが、これらは「道具」や「阿闍梨《あじゃり》付嘱物」に含まれ、金胎の曼荼羅や祖師像とは別に扱われている。現代的な感覚からすれば、これらはすべて芸術作品と呼ぶことができる。しかし、空海にとって、寺院の内部に組み込まれ、儀礼空間を構成する曼荼羅や祖師の図画こそが、真理をあらわすものであった。『御請来目録』の同じ箇所で述べているように、これらは「国を鎮め人を利するの宝」であるからこそ、それが可能になるのである。

3　空海における書

飯島太千雄

論点について　古来空海は、嵯峨《さが》天皇、橘逸勢《たちばなのはやなり》とともに日本三筆《さんぴつ》にあげられてきた。のみならず三蹟《さんせき》の小野道風《おののみちかぜ》、藤原佐理《すけまさ》、藤原行成《ゆきなり》を交えても、日本第一の書家とするのが、ほぼ定評となっている。そうした空海における書の問題を論じようとするとき、従来、第一に考えられたのが、空海がどのような書をかき遺したかを詳《つまび》らかにするということである。第二は、そうした書をかいた空海の、日本書道史上の位置や影響、そしてその評価や尊重の変遷をあきらかにすることであった。

第一の問題については、私は「空海　灌頂記」（『墨美』二六〇号、墨美社、一九七六年）に真蹟《しんせき》と伝来された書蹟六十三点を網羅的に集めて図表化して以来、「空海の書——その実像について——」（『弘法大師書蹟大成』研究篇、東京美術、一九七九年）で、その六十三点を解説している。さらに拙編『空海大字林』（講談社、一九八三年）では、その数を七十三点に広げ、解説と各々の書像分析を行い、総括している。管見に及ぶところ、ほかにこの問題を論じている研究家は中田勇次郎氏（「弘法大師の真蹟」『弘法大師真蹟集成』法蔵館、一九七四年ほか）のみである。このテーマについては、多数の図版と紙数が入用なのでここでは及べない。

世上行われている空海の書についてのほとんどの文は、第一のなかから代表的、または評価の定まっている書蹟を抽出し、その解説と第二の問題を融合したもので、これについては枚挙に暇《いとま》がなく、省略する。私自身は、いまだこの問題をこうした観点から論じたことがない。これを体系的に論ずべき機会がなかったこともあるが、先行諸説の不備を補い得てからという思いがあったからでもある。不備というのは、中国書道史と雑体書法史からの視点の欠落である。後述するだろうが、空海の能書としての評価は、日本で定まったのではない、延暦二十四年（八〇五）に入唐《にっとう》した長安《ちょうあん》で、蕃夷《ばんい》の国から来た若僧が、能書としていきなり脚光を浴び、「五筆和尚」と称賛された。帰朝後の空海の能書の事蹟も、嵯峨天皇の寵愛《ちょうあい》もすべてはそこに起点がある。書の本国、大唐の長安で能書の誉を受けた空海なればこそにほかならないのである。とすれば、当時の中国で、空海の書がなぜ高い評価を得たのか、それをあきらかにすることこそが肝要なのであって、ひょっとすれば日本での高い評判なぞは、洋行帰りの箔だけを有難がっていたのかもしれないのである。

が、存外にこの解明はむつかしい。唐代の書道史は、顔真卿《がんしんけい》や李邕《りよう》、張旭《ちょうきょく》、懐素《かいそ》などの多士済々《たしせいせい》が競演、爛熟した玄宗《げんそう》期をすぎると、大ざっぱにいえば空海が生まれたころには衰退し、宋初までは暗黒期に入ってしまう。この以降で後世を裨益《ひえき》した書家としては柳公権《りゅうこうけん》（七七八―八六五）ただ一人としてよく、かれは空海が入唐した折は二十七歳で、まだ書名は上っていない。こうした情況から当時の書蹟資料が不明で、検証するすべを欠いていたのである。ところが近時、『北京図書館蔵　中国歴代石刻拓本滙編《わいへん》』（中華書局、一九八九年）という厖大な資料集が公刊された。これには唐代だけで二十五巻、四千点にものぼる拓本が影印されており、これにより空海入唐時の書的状況を実像として知ることが叶ったのである。そこで私は、「空海と遣唐文化」（『書のフォーラム』五・六、十一・十二月号、翠書房、一九九七年）において、この問題を可視的にあきらかにしようと試みた。これにより、空海の書がなぜ長安の人士を魅きつけ得たのか、そして東夷の無名士空海が、「五筆和尚」の称号をもらうにいたったのかが、かなり目にみえるかたちで分かってきた。これは空海研究の新局面であり、ここで更に突き進めてみたいが、本書の性格と小稿の制約からして諦めざるを得ない。

つまるところ、かくして小稿では、表題のように「空海における書」という穏当、一般的なテーマで書き進めることになった。このテーマに含むべき空海の書論については、四十年来の交誼《こうぎ》を通じ、多くの啓発を与えてくれた駒井鵞静氏の優れた研究（『空海の書論と作品』雄山閣出版、一九八四年）や、氏の学統である綾部宏行氏の研究（「空海の書論再検討」『国際書学研究／二〇〇〇』書学書道史学会）がある。空海には、まとまった書論は存在しないが、駒井氏は『性霊集』の嵯峨天皇への上表文などから書にかかわる断片的な文を集め、それを密教の教理や空海の思想に照射して解釈を深め、空海の書論、空海の書に対する思想として再構成を試みた。綾部氏は、さらに歩を進め真言や梵字《ぼんじ》、または雑体書と空海の書の思想とが密接不可分であると推論されている。もとより私には、そうした先行諸説に屋《おく》上屋《じょうおく》を重ねる能はないので、ここでは皮相的ではあっても努めて可視的にこの問題を検討してみようと思う。

破体という書表現　空海は、「勅賜《ちょくし》の屛風を書し了《おわ》って即ち献ずる表」（『性霊集《しょうりょうしゅう》』巻三）で、「空海、元より観牛の念《おも》ひに耽《ふけ》り久しく返鵲《へんじゃく》の書を絶つ。……終日《ひねもす》に修心す、何ぞ墨池《ぼくち》に能《た》へむ」と書いている。二つの文言はともに禅定《ぜんじょう》に入り、修業の毎日であるので、とても書道をいそしむ時間はない、といっている。これと同様の意味のことを他の上表文や書簡で幾たびとなく、空海は記している。これを言葉どおり素直に解している人もあるが、これは謙辞である。空海における書は、そのように軽い存在ではない。

卑近な話だが、そもそも空海が際立った能書でなかったら、彼の人生はよほどさま変わりしていたに違いない。空海が、歴史的な存在としてその表舞台で回転しだした三十一歳以降、そこにおいて決定的な役を担ったのは、渡唐したことと、恵果《けいか》、嵯峨天皇との出逢いであるが、そこで果たした書の役割の大きさにも思いいたすべきである。正確にいえば、空海が歴史の表舞台に躍り出たのは、遣唐《けんとう》船《せん》が漂着した福州の観察使《かんさつし》に、遣唐大使藤原賀能の代わりに啓書《けいしょ》を書いたときである。それまで賀能の起草文を無視、湿地に一行を幽閉していた観察使がその啓書を見るや一変して国使として処遇、長安へ向かわしめたのである。これは、いつに代作した空海の文と書によっている。この一事は、空海における書の位置が象徴されているので、いささか詳しく追ってみよう。

文は『性霊集』巻五「大使の為に福州の観察使に与《あた》ふるの書」によって知ることができる。想うに賀能のこれまでの文は、われわれは今上天皇の命を受け、いついっか出航、しかし不幸にして嵐に会って遭難……と、くだくだしく経緯と困窮のさまを述べ、国使としての扱いをして頂きたいと懇請したに違いない。役人の文だから、誰が書いたってそうなるだろう。が、空海の文は違う。空海一流の、天地の創造から説き明かすような大仕立の構成で、かつ文辞には華麗なまでに修辞が散りばめられている。しかも、当時としてはいささか古い文体で、格調も高い四六駢儷体《しろくべんれいたい》であった。これだけの文は、

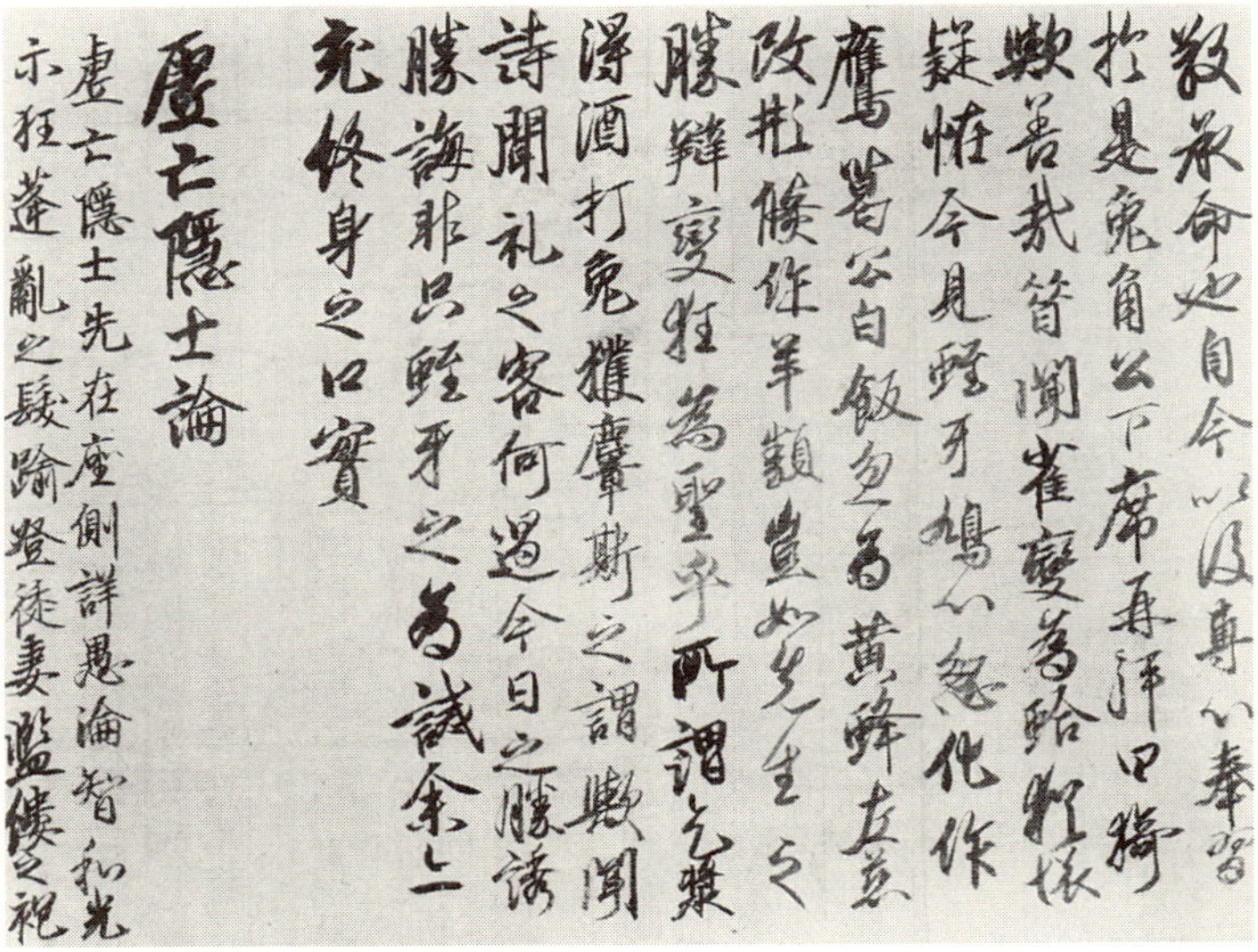

図22 『聾瞽指帰』（金剛峯寺所蔵）

長安の学士をしても並々ならぬもの、そう観察使をしてうならせる力があった。

しかして、これをあらわした書はどうであったか。もとより啓書は現存しないが、それを推察してみよう。空海は、少年期にすでに王羲之《おうぎし》（三〇三―三六四）でしかと書法形成している。また二十四歳で書いた『聾瞽指帰《ろうこしいき》』（二巻、金剛峯寺所蔵）では、その王羲之の書法にいわば玄宗期のニューモードたる李邕《りよう》（六七八―七四七）の書法をふんだんに加味した斬新な書風を揮《ふる》っている。だから空海が上表文をこうした書法で書いたとまずは考えられる。唐太宗が王羲之の書法を大唐の公的書法化して以来、唐への外交文書は王羲之風が原則だから、この選択は至極妥当である。しかし、空海はそれだけではない、と私は思う。

文にそぐわしい書表現を可能とする技能と強烈な表現志向を持つ空海は、そのような凡庸《ぼんよう》な発想には終わらない。空海は行書《ぎょうしょ》を主調としつつ、これに楷書《かいしょ》、草書《そうしょ》をまま交えて奔放に書き進めてゆく。一文一書体という書式、書法の原則を意識的に破ってコンポジションするこの特殊な書表現を、破体《はたい》と呼んでいる。さらに空海は、文中の幾字かの点画や起筆を、水玉のように作ったり、龍の爪のように作ったり、はたまた鳥のかたちに作ったりした。こうした造形的な書表現を、雑体《ざったい》書法と呼んでいる。それぞれは、垂露《すいろ》、龍爪《りゅうそう》、鳥書《ちょうしょ》というが、これらの雑体書法と破体書法は、実は空海の『聾瞽指帰』ですでに揮われていたのである。『聾瞽指帰』の破体書法と雑体書法は、まだ数量的にも、多様性においても初期的な段階を示しているが、観察使への啓書はこれを増幅したものであったに違いない。私が空海を希代の表現者とする所以でもある。

『聾瞽指帰』の雑体書法　『三教指帰《さんごうしいき》』を絶対視し、『聾瞽指帰』をその草稿本と誤解したり、軽視したりする姿勢が今なお支配的だが、それが是正されるべきことを私はたびたび主張してきた（「空海書『聾瞽指帰』の重要性」『日本歴史』五九六号、一九九八年など）。また『聾瞽指帰』については、一部の書道史研究家が空海の真蹟ではないとする論を出しているが、この問題については、最近新たに私は「空海書聾瞽指帰考」と題し、『修美』八二・八三号（修美社、二〇〇三年）で、詳細に空海の真蹟であることを論証している。

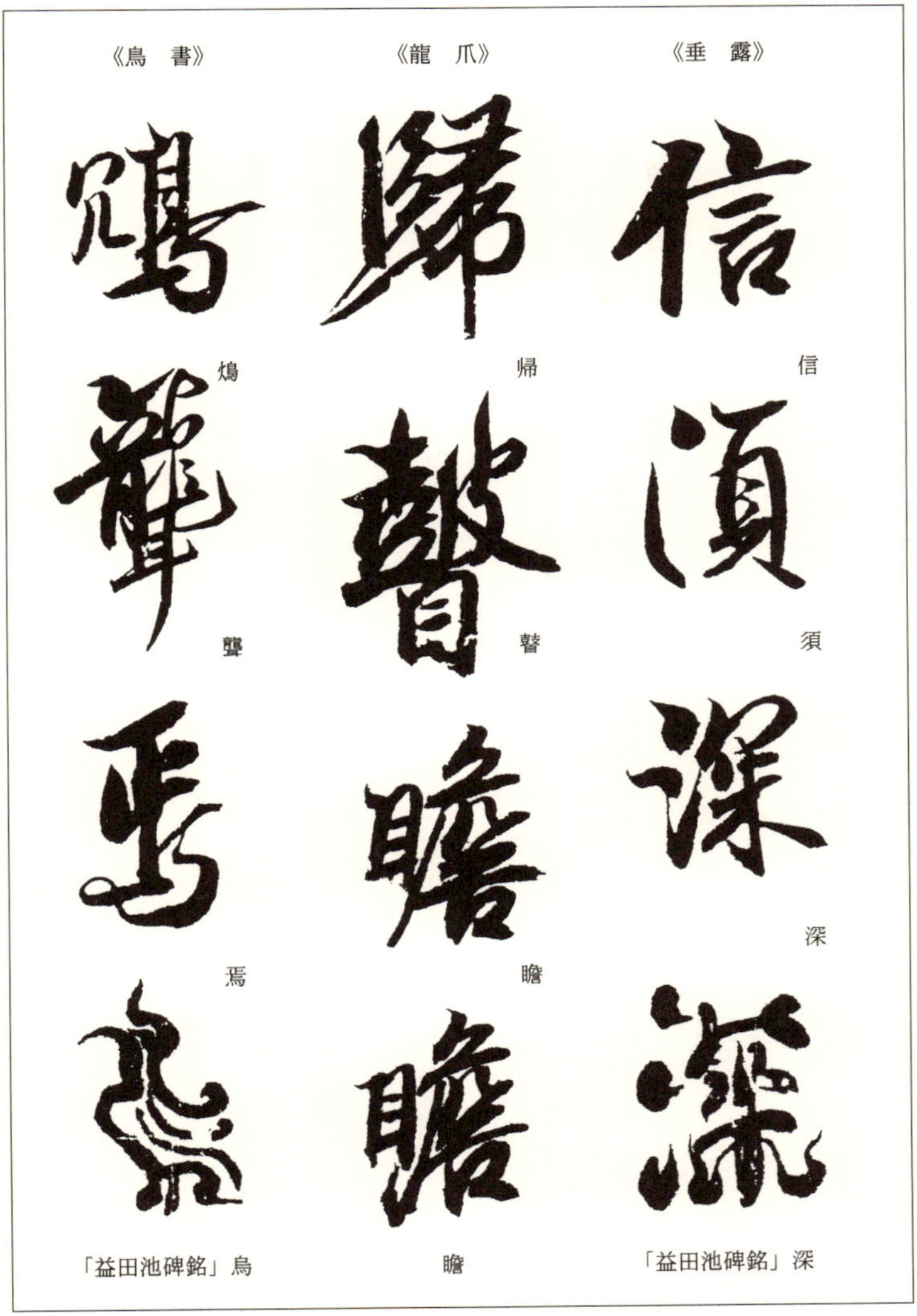

表1　『聾瞽指帰』の雑体書法

『聾瞽指帰』は、たんなる青年空海の断俗出家の宣言書ではない。空海の思想形成、書法形成のみならず、空海の青春像を知る唯一絶対の根本資料である。オリジナル資料を軽視して、その再治本で、しかも平安後期の写本しか伝わらない『三教指帰』を重視するこれまでの姿勢は、本末顛倒のきらいがある。

『聾瞽指帰』の雑体書法を表1に従い、簡単に説明しておこう。「信・須・深」の点が垂露で、文字どおり露をあらわす。通行の書法にも採り入れられた最もポピュラーな雑体書法の一つ。「帰・瞽・瞻」の起筆が猛獣の爪のようになっているが、これを龍爪とか虎爪《こそう》と呼ぶ。王羲之も「蘭亭叙《らんていじょ》」で駆使したように、これも通行の書法に採り入れられている。なお二字目の「瞻」の「厂」の撥《はね》も龍爪である。

最後の行は、いわば鳥書のヴァリエイションである。「熓」では鳥の口ばし、「聾」では鳥のシルエットをあらわす。これを鵠頭書《こくとうしょ》という。「焉」では鳥を一筆書きであらわしている。参考に示した晩年の「益田池碑銘」の雑体書と較べると造形性が低く、通行の書法の枠のなかでこれが行われていることがよく分かる。しかし、すでにそこに空海の世界は象《かたど》られ始めており、この認識が重要である。

新出の「越州帖」 話を「為大使与福州観察使書」に戻す。この啓書が先にあきらかにした『聾瞽《ろうこ》指帰《しいき》』を増幅した破体、雑体書法で書かれていたと推察する私の説を、さらに傍証する空海の書がある。「越州帖《えつしゅうじょう》」（一巻、個人蔵）である。原蹟の詳名は「与越州節度使請内外経書啓」であるが、こ

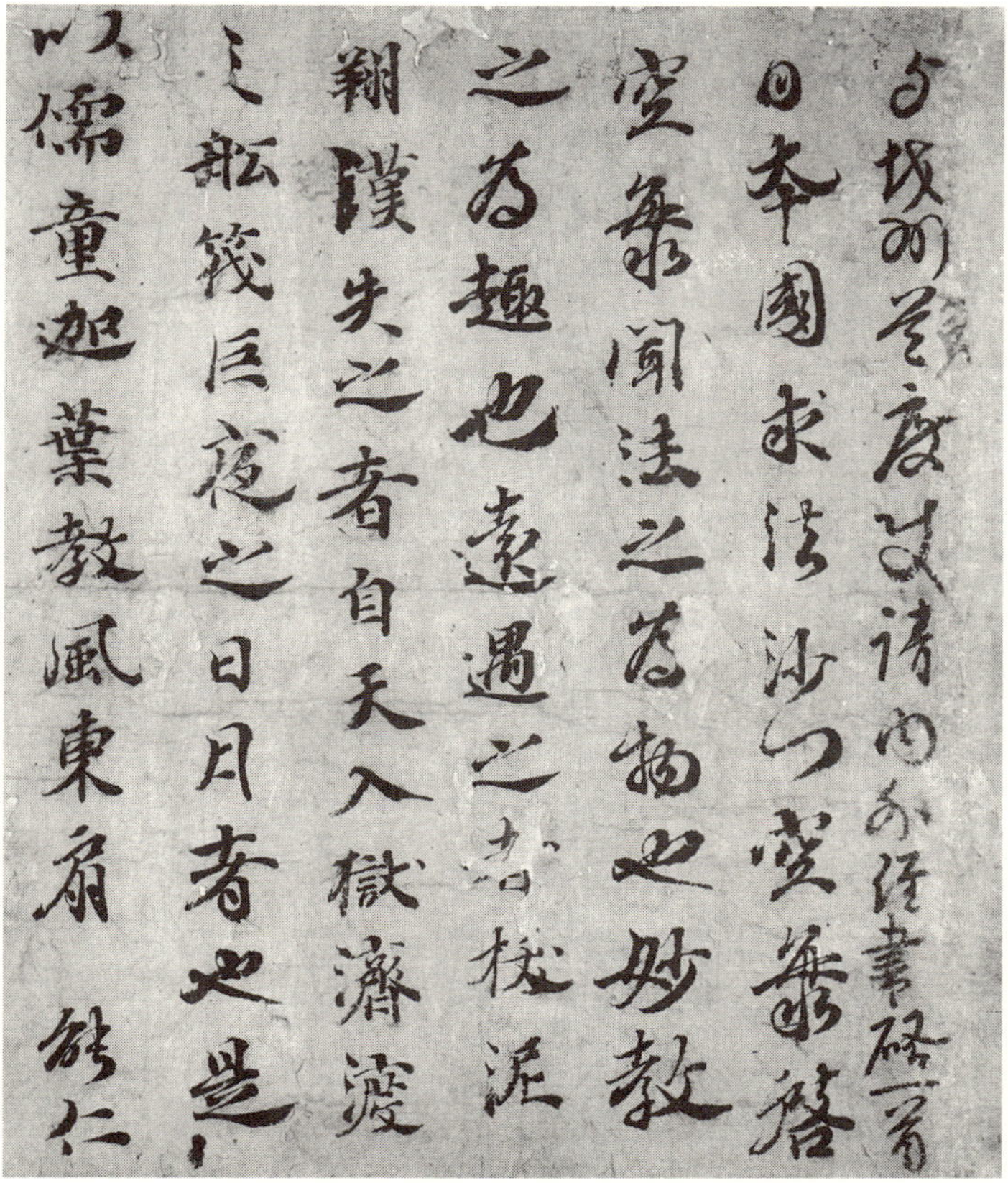

図 23 「越州帖」(個人蔵)

れは「越州の節度使《せつどし》に与え内外《ないげ》の経書《きようしよ》をこう啓《けい》」と題されて『性霊集《しようりようしゆう》』巻五に採られている。「越州帖」は、行書体七十六行をもって同啓書を書いた紙本墨書の一巻。「越州帖」は、寛政五年（一七九三）に北条鉉が刊行した『集古法帖《しゆうこほうじよう》』に空海の真蹟として初影印されたが、その後所在不明であった。昭和四十七年（一九七二）『書道芸術』十二巻「空海」（中央公論社）で、この巻頭と巻末が二頁にわたって影印され、中田勇次郎氏が解説で、臨摹本《りんもぼん》との紹介をされた。

私は所蔵者を探し出してこれを全文撮影、精査し、その結果を『墨美』二七六号（墨美社、一九七七年）に、全文の影印とともに空海の真蹟であると発表した。「越州帖」は行書でかかれているが、まま草書と楷書が交えられた破体書で、ことに前半の書にはふんだんに雑体書法が揮《ふる》われている。その主なものを表2によって紹介しよう。「新・節」は垂露《すいろ》。「行・仲・夸・妙」は懸針《けんしん》。「始・長」は龍爪《りゆうそう》。「海」を空海は自分の名に用いる場合は、「毎水」を合体する。これは綾部氏が指摘されたごとく、梵字《ぼんじ》の切継という手法を応用した合成字である。「本・大・際・火」は燕尾《えんび》を翻えし、「乳・孔・覺・記」などは龍尾《りゆうび》を翻えしている。終わりの「日」は、則天《そくてん》文字でなく鵠頭書《こくとうしよ》である。

空海は、長安で『篆隷文体《てんれいもんたい》』などの多くの雑体書の資料を入手、その書法の幅を格段と広げた。「越州帖」はその後、「為大使与福州観察使書」はその前だから、ここまでの派手やかな雑体書法ではないとしても、『聾瞽指帰』を増幅した雑体書法が揮《ふる》われ、それが観察使閻済美《えんさいび》の目を釘づけにしたのである。「越州帖」の文も、天地創造から説き明かすような大仕かけの美文である。その大向こう

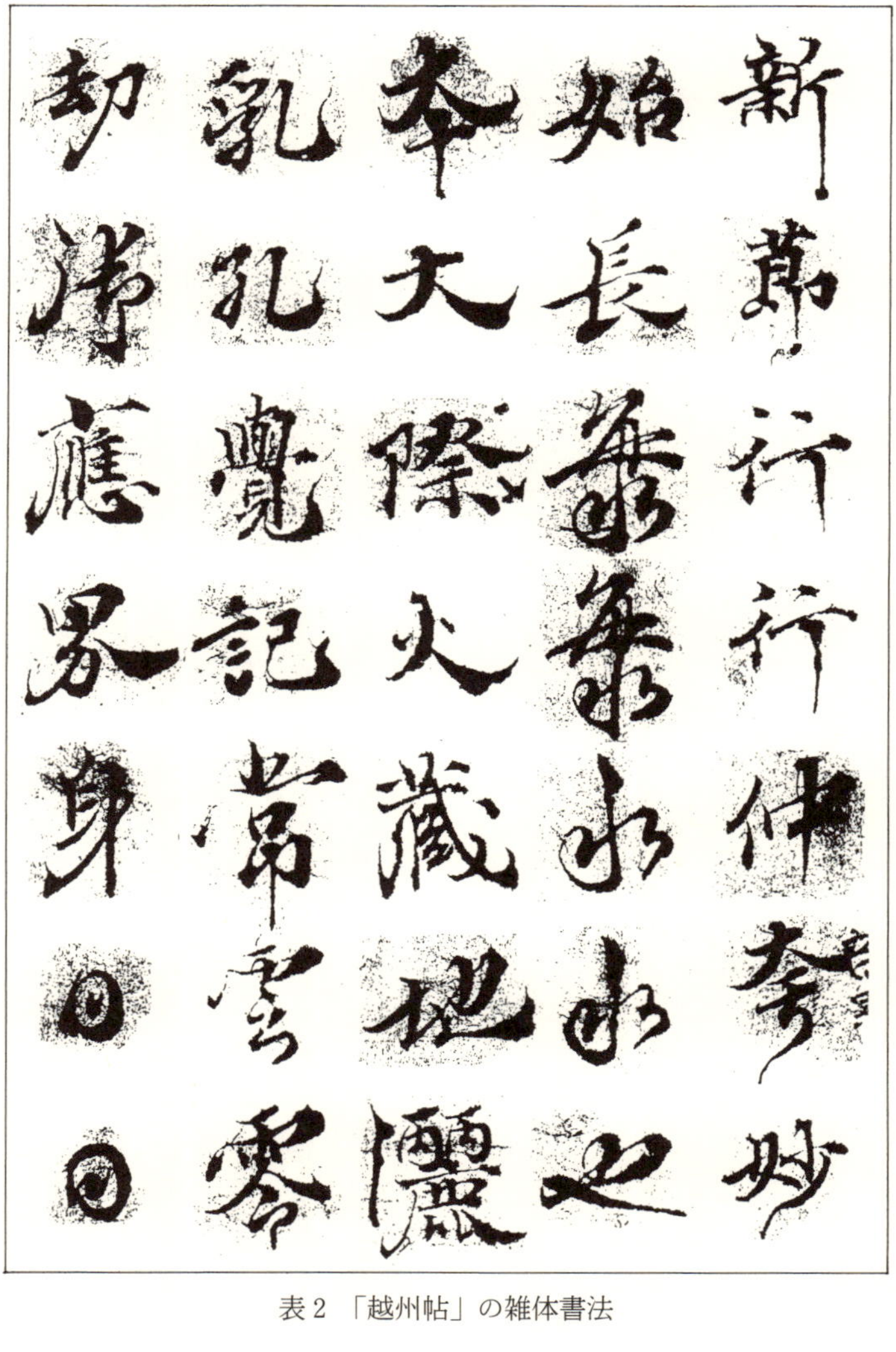

表2 「越州帖」の雑体書法

をうならせるようなスケールと、その端々にちりばめられた眩《まば》ゆいばかりの修辞の首飾り、それをあらわす妖《あや》しいまでに変幻自在で華麗な書法。空海は、たった一枚のこの啓書《けいしょ》で、多くの文物を節度使から贈られる。

強烈な表現志向　世の中には、空海が好きでない人がいる。最澄《さいちょう》は好きだけど、空海は嫌いという人も少なくない。そういう人たちは、こうした才気煥発《さいきかんぱつ》、四囲を手玉にとるような空海の行為に、ある種のけれん味やあざとさを敏感に感じとる。そしてそれに対して空海シンパがしきりと弁護する。そんな図式が幾度となく繰り返されてきた。空海は、そう思われても良い、そう私は思う。空海は、日本人には稀な強烈な表現志向を身につけて生きた。あらわさずにはいられない、沸々《ふつふつ》とたぎる表現志向を抑制しつづけ、ときに爆発させた。青春のそれが『聾瞽指帰』であった。長安の空海は、まさに爆発の頂点だったし、それが四十歳ごろまでの空海の人生だったかと思う。この激しい表現志向がなければ、密教者空海も、日本第一の能書・空海も生まれようもないのである。

空海における書という小稿のテーマに即していい替えれば、密教も文も書も、あらわさずにはいられない空海にとっては、己の一切の表現にほかならない。密教の法嗣《ほうし》となり、即身成仏により自己存在そのものが密教となったはずの空海にとっては、文も書も、また密教の一部であらねばならない。空海の詩文集である『性霊集』も、本質としての存在理由はそこになくてはならないのである。

話が拡散の一方なので詳細は割愛するが、その『性霊集』が十大弟子の筆頭・真済《しんぜい》（八〇〇―八六〇）によって控文がとられ、編成されたとする、真済自身の序に基づく定説は誤りである。少なくとも弘仁三年（八一二）ごろまでの十九通の控文は空海自らがとったのであり、その証左が空海の真蹟である「越州帖」であり、「国使帖《こくしじょう》」（一巻、宮内庁所蔵、詳名は「与本国使請共帰啓」）、「狸毛筆奉献表《りもうひつほうけんひょう》」（一巻、醍醐三宝院所蔵）なのである。つまり『性霊集』は、不空の文集である「不空表制集」に触発された、空海自身の深謀な構想と準備によって成り立ったのである。その決定的証左を一つ指摘すれば、「越州帖」と「国使帖」の巻頭にはより後年と覚しき空海の筆蹟で、本来啓書にないはずの題が端作《はしづく》りされている。その題こそは、『性霊集』に付けられた表題そのものなのである。これについては「空海真跡の控文の出現で判明した『性霊集』の成立事情」（『密教文化』一四九号、一九八四年）に詳述しているので批正して頂きたい。

遣唐文化の化身　長安の空海は、書道史や文字学を学び、歴世の名蹟を鑑賞し、はたまた雑体書や書論の研究にまで及んでいる。実質一年と四ヵ月ほどの短い長安滞在のなかで、空海は目まぐるしいほどの貪欲さでそれを吸収してゆく。その有様、成果は嵯峨《さが》天皇への上表文のそこここに散りばめられている。ついては、前掲の駒井氏と綾部氏の文にも詳しいが、私も「空海と遣唐文化」一〜六（『書のフォーラム』一九九七年五・六・七・九・十一・十二月号、翠書房）で、より可視的に論じているので、その一端を紹介しておこう。

『性霊集』巻三のなかの「勅賜の屏風を書し了って即ち献ずる表」と巻四の「梵字并《ならび》に雑文《ざつもん》を献ず

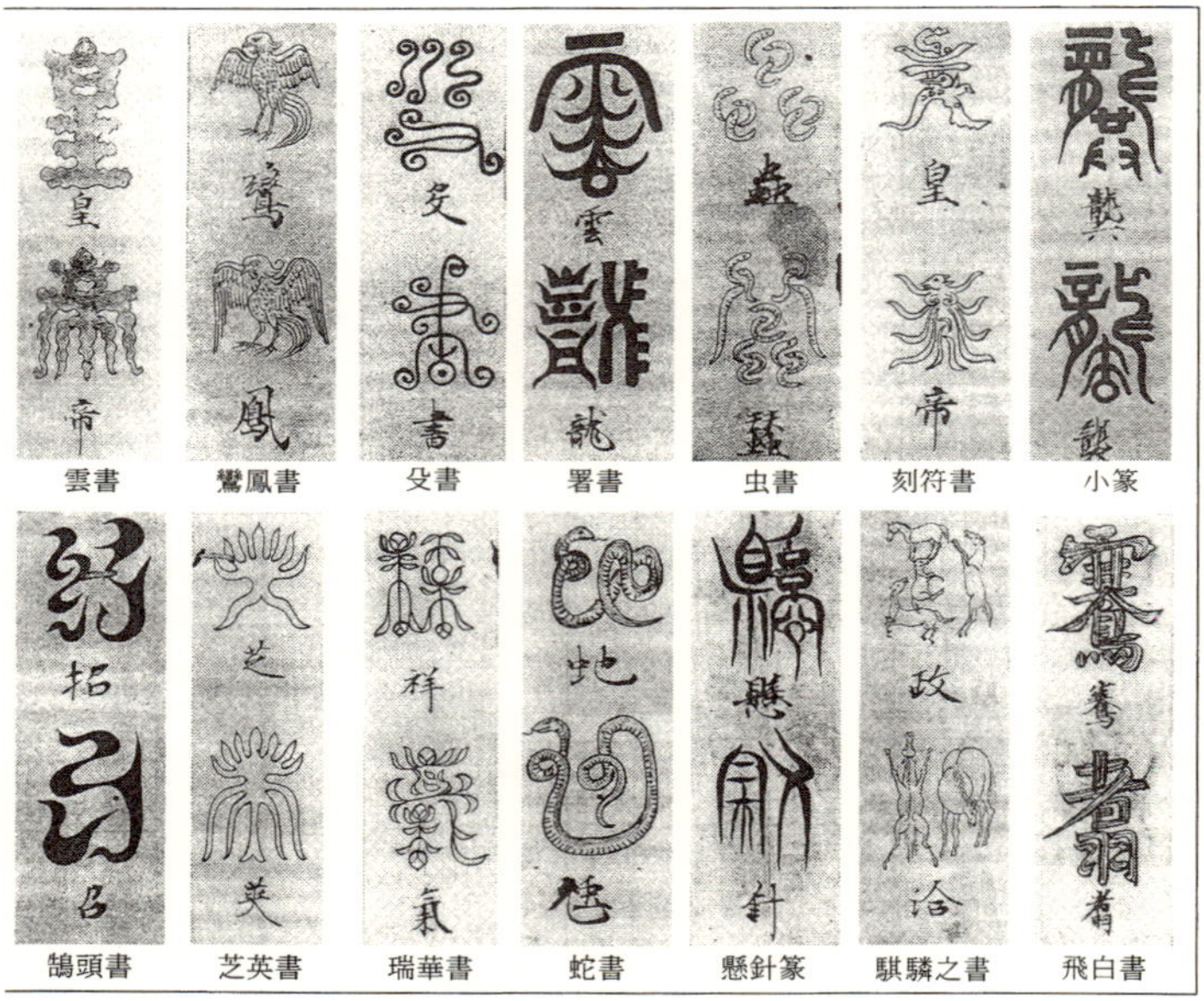

表3 『性霊集』表記の書体

る表」は、とりわけ空海の書の思想、書道史観を知るうえで重要であるが、ここで登場した書体名は、まずは秦《しん》の八体——大篆《だいてん》・小篆《しょうてん》・刻付《こくふ》・虫書《ちゅうしょ》・摹《も》印《いん》・殳書《しゅしょ》・署書《しょしょ》・隷書《れいしょ》——であり、ついで龍爪《りゅうそう》・蛇《だ》書《しょ》・虫《ちゅう》書《しょ》・風韭《ふうきゅう》・垂《すい》露《ろ》・懸針《けんしん》・鶴頭《かくとう》・偃波《えんぱ》・麒麟《きりん》・鸞鳳《らんぽう》・瑞草《ずいそう》・芝英《しえい》・鵠頭《こくとう》・倒韭《とうきゅう》・飛白《ひはく》の十五体、都合二十三体だが、こうした雑体書を空海は六十余体知っていると書いている。空海が舶載《はくさい》し、嵯峨天皇に献上した『篆隷文体《てんれいもんたい》』の精巧な写本が現存（一巻、毘沙門堂蔵）し、ここには四十三体が図示されているので、これにより空海のいう書体がどのようなものであるかを表3で示してみよう。

書に親しんでいる方でも、そうでない方でも、大方にとって未知の、ある種の驚きをもって受けとめられる書体だろう。私たちの見知っている楷・行・草・篆・隷とは次元が異なるはなはだ造形的な書体である。これが雑体書の典型で、篆書体が基本となっている。これを通行の楷・行・草の書体のなかに筆法としてとり入れたのが、先に掲出した『聾《ろう》瞽《こ》指《し》帰《いき》』や「越州帖」の空海の雑体書法なのである。

倒韭篆　偃波書　龍爪書　垂露篆

ほんの二十年ほど前まで、雑体書は日本はおろか中国でも誰にも認識されていなかった。せいぜい飛白が、特異な装飾的書法として注目される程度でしかなかった。空海の書としても、こうした書は大師流的なものとして軽視され、顧みられることはなかった。一例を示せば、内藤乾吉氏のような碩学の士でも、にべもなく空海の雑体書法を「大師流の遊戯的筆法」（『書道全集』十一、平凡社、一九六五年）と片づけている。雑体書研究に始めてメスが入ったのは、「真言七祖像賛」（『墨美』二八三号、墨美社、一九七八年、墨美社）の拙稿による。『篆隷文体』の四十三体のほかに九体を集めこれを図示・紹介しているが、日本にも中国にも研究資料や論文が見あたらず、まだとても研究などと呼べる代物ではない。しかし、その十一年後に公刊した拙編『書体大百科字典』（一九九八年、雄山閣出版）では、百四十五種類の書体と、二万五千字の雑体書を集めてこれを集大成している。

このように雑体書研究の歴史ははなはだ日の浅いものであり、まだ多くの不備も抱えているが、この解明により空海における書というもの、あるいは空海の書の思想に対する理解が劇的として過言でないほど変化しているのである。明治以降、書に対する価値観、書道史観は大きく変貌した。漢字とかなとが二極化し、漢字書法は明清《みんしん》の書史学の影響を強く受ける。端的には金石文《きんせきぶん》を主体とした中国書法の受容である。かなの方は、典型を平安時代の古筆によって求めることが主流となる。これがアカデミズムとして書の思想、書道史観はもとより、書家の書作にまで強く反映し、今にいたっている。このアカデミズムは、当然空海の書の評価にも及ぶ。大師流的な雑体書法は遊戯三昧《ゆうぎざんまい》の書として否定され、もっぱら「風信帖」や「灌頂記《かんじょうき》」といった通行書体の書だけが評価される。これは、大勢としては今もほとんど変わっていないだろうが、研究者には雑体書に目を向ける人が増えているし、書家にも直接雑体書法を採り入れたり、創造の糧としたりする人が目につくようになってきている。現象としても、変革の足音が聞こえてきている、そう私は感じている。

王羲之《おうぎし》を中心とした晋唐《しんとう》書法で書法形成した空海がなぜ若くして雑体書法に手を染め、ついにはそれを全面的に採り入れるにいたったか。これは、空海と書にかかわる根源的な問題であるが、すでにそれに及ぶ紙数はない。ご関心のある方は、前述の『書のフォーラム』誌の連載「空海と遣唐文化」によって頂きたく、ここでは略述にとどめたい。

図示した『聾瞽指帰』の雑体書法、たとえば鵠頭書《こくとうしょ》は、天平二十年（七四八）三月の正倉院文書《しょうそういんもんじょ》「経師手実《きょうししゅじつ》」に、垂露《すいろ》は天平勝宝《しょうほう》四年（七五二）七月の正倉院文書「紫微中台牒《しびちゅうだいちょう》」にあるように、空海の誕生以前に日本にもたらされており、写経生のような職能的に書法練磨をしていた人には知られていたものである。それを二十歳そこその空海が目ざとく手中にしたわけだが、空海は雑体書のどこに魅かれたのか。

空海は、「勅賜屏風書了即献表」で古人の書論を引用して「書は散なり。但結裹《ただけつか》を以《もっ》て能《よ》しとするに非ず。必ず須《すべか》らく心を境物に遊ばしめ、懐抱を散逸す、法を四時《しいし》に取り、形を万類に象《かたど》るべし。此《これ》を以て妙なりとす」といっている。空海の書論、雑体書観を最も端的としたくだりである。だがこれは、弘仁七年（八一六）空海四十三歳の折の感懐である。ここには長安での解書先生の講義や書論、さらには雑体書研究の成果が投影されている。『聾瞽指帰』の二十四歳の空海がこれだけの深い思索をもって雑体書に関心を抱いたとは考えられない。しかし、彼の鋭敏な感性、密教的感覚が雑体書を撰びとっていた。当時の空海は、まだ密教者とはいえなくとも、虚空蔵求聞持法《こくうぞうぐもんじほう》を修法しており、すでに十分に密教的存在であった。そして、旺盛な表現志向と、彼の密教的感性が、これはというときに雑体書を揮《ふる》わせていたのである。唐土の人士は、その空海の雑体書法に喝采を浴びせ、「五筆和尚」と称賛した。空海の雑体書法は、勢いついて増幅する。ここまでのことは、彼の在唐中の書、「真言五祖像賛」（五幅、東寺所蔵）と「越州帖」で実証できる。

思想表現としての書　けだし空海は、ここに踏みとどまらなかった。やがて大向こうがうなり、喝采を送っても、充足し切れぬ何かが心に遺り始めた。自分の思想、自分の一切、つまりは密教を書であらわすことができぬものか。

思うに空海が、その当惑に最初にぶつかったのが、密教を授かった恵果《けいか》の碑文を揮毫《きごう》するときだったろう。その「大唐神都青龍寺故三朝国師灌頂阿闍梨《かんじょうあじゃり》恵果和尚之碑」は、空海が弟子を総代して帰国する年の一月に撰書した。文は『性霊集』巻二に収められているが、これを空海がどのように書いたのかは分からない。そもそも碑文は、玄宗《げんそう》から徳宗期にかけての能書・徐浩《じょこう》が書いた「不空和尚碑」の如く、正楷《せいかい》で謹直《きんちょく》に書くのが原則であるが、空海がそれに従順であったのかどうか。とまれこの折に、密教者としての恵果の遺徳を、密教者としての自分があらわすにふさわしい書表現ができぬものかと思い巡らし、空海はその命題に対峙したに違いあるまい。

そのほんの二、三ヵ月前、空海が恵果とその高足の前で、「真言五祖像」の賛を席書した。空海は、インド人の金剛智《こんごうち》・不空《ふくう》・善無畏《ぜんむい》の名号と梵号《ぼんごう》は飛白《ひはく》と梵字で、中国人の恵果と一行《いちぎょう》の名号は漢字で書いた。飛白の筆も書法も、梵字のそれと共通しており、その美学は密教そのものとしてよい。恵果と一行の漢字は、玄宗《げんそう》期の流行書家・蘇霊之《それいし》の肉太な筆法によっている。その筆法で「恵果阿闍梨耶」と横に一行書きするが、逆方向に書く左行書という雑体書法である。一行の名号では縦書きするが「闍梨耶」をすべての文字と筆画を継げる一筆書という雑体書法で書いている。密教の法嗣となったこのころから、空海の書は思想を、宗教を、つまりは密教をあらわし始めるのである。以上に述べた青春時代と在唐中の空海の実像については、『空海入唐——虚しく往《ゆ》きて実《みち》て帰らん——』(日本経済新聞社、二〇〇三年)で詳細にあきらかにした。

弘仁十二年(八二一)、空海は「真言五祖像」に龍猛《りゅうみょう》・龍智《りゅうち》の二祖像を加え、さらに各幅の下部に行状文を書き加えた。龍猛・龍智の飛白は、龍尾《りゅうび》を翩翻《へんぽん》とひるがえしつづけ、妖しいまでに密教をあらわしている。そして行状文の書は、通行の楷、行、草を主調としながらも、それを混交せしめた破体表現であり、その上に随所に雑体書法がちりばめられている。それでいてそれぞれが陶然と一体化し、神秘的で華麗な密教をよくあらわしている。この年の十一月、空海はさらに「破体心経《はたいしんぎょう》」(一巻、広隆寺所蔵)を書き遺している。梵字に使う木筆を用いて、楷・行・草に隷書、章草《しょうそう》を加え、かつ梵字と隷書の書法で書いたものである。これこそ顕教ではなく、密教の般若心経の表現にほかならない。

弘仁十二年というこの年、空海はついに密教を書であらわすことを完成せしめた。いい換えれば、表現者としての空海の完成でもある。もとより密教者・空海にとっては、密教が空海そのものでもあったはずであるから、空海における書は、ここにつきることになる。史上、書で宗教をあらわし得た人は、いない。

九　現代に生きる空海

――大師信仰に生きる――

浅井證善

1　三つの実践

堂内にこもっての三密瑜伽行《さんみつゆがぎょう》とは別に、弘法大師の遺跡《ゆいせき》を訪《と》うて、そこに大師の息吹《いぶ》きを体感し、自身に潑剌とした菩提心《ぼだいしん》を甦《よみが》えらせる行道として、私の場合、主につぎの三通りがある。それは①高野山奥之院御廟《おくのいんごびょう》参拝、②四国徒歩遍路《へんろ》、③大峰山斗藪《おおみねさんとそう》である。①は大師の御前に立って、その御《み》心《こころ》に直接触れんとするものである。②は大師の歩んだ四国路を、自らも辛苦しつつ巡ると、必ず大師の教えを学ぶことができる。③は俗界を遠く離れて、大峰の尾根路を行く。大自然と対峙《たいじ》しつつ拝みゆくうちに、煩悩を払う心境にいたる。

以上の修行によって、幾たびも心の浄化、および道心の高揚をくり返し、大師の心に近づくことがその目的である。

奥之院御廟参拝　入定《にゅうじょう》留身《るしん》の大師に供養《くよう》することを生身供《しょうじんく》というように、大師が肉身で留まっておられるという信仰は、なぜに生じたのであろうか。結論からいえば、大師の御心（いのち）が無上の大慈悲の三昧《さんまい》（定《じょう》）に入れられているからである。求道《ぐどう》の苦難をもつ真言僧も、かつまたさまざまな人生苦を抱える人びとも、その祈念の末に一度大師の慈悲心に触れるとき「ああお大師さまはおわします」と涙に噎《むせ》ぶことは、大師信者の切実な体験である。それはあたかも眼前に肉身の慈悲の聖者が在《いま》すがごとくである。我が心底を洗う大師の慈悲心、いかに時は隔つとも苦に打ちひしがれた衆生《しゅじょう》の立場に立ち、導いて下さるこの大師のいのちに触れた人びとこそが、留身《るしん》という信仰を確立したといってよい。入定留身とは名目のみの信仰ではない。そのことばの成立は、僧俗を問わず、涙ながらに大師の大悲に触れた人びとの信仰体験による必然的結果であった。その信仰がとくに巷《ちまた》に広がり始めたのは、文献的には十世紀終わりから十一世紀にかけてと論じられている。

『御遺告《ごゆいごう》』には、大師は弥勒慈尊《みろくじそん》の御前に侍《はべ》り、五十六億七千万年後、弥勒とともに下生《げしょう》せん、とみえている。よって大師を弥勒菩薩《ぼさつ》と同体とみて、その菩薩の慈悲の定を修習することが奥之院参籠《さんろう》修行でもある。すなわち、弥勒法である。大師の入定しておられる御前にてその慈悲の三昧を尋ね、大師の定心により近づかんとすることは、真言末徒として基本的な行道である。

かつまた高野山在住の僧にして長期間御廟に日参する者もいる。特に奥之院を聖所として自覚してからは、その人にとってただならぬ参拝となる。すなわち凡愚の眼にはみえねども、まさに眼前に大師がましますという絶対信心の境地である。なお求法《ぐほう》の僧においては、一時の供養《くよう》のみであっても大師は密教の法の一端を心中にしろしめす。それゆえに聖所である。加えて奥之院そのもののたたずまいが聖所たらしめている。すなわち大きくは三本の川で俗界を離れ、背後には三山を背負いて、仏教の律《りつ》でいうところの自然結界が成立している。まさに陰陽家《おんみようか》のいう風水《ふうすい》の聖所でもある。その中心の御廟を参拝すれば、大師の加持《かじ》を蒙《こうむ》って、実に自身の感知の是非にかかわらず、自身のいのちが浄化されるという功徳《くどく》がひそんでいる。その聖所なるがゆえにかつて康安二年（一三六二）、性信法親王《しょうしんほっしんのう》が護摩《ごま》八百余日を修したことは有名である。

なお智燈《ちとう》の『大師遊方記《だいしゆうほうき》』（天和四年〈一六八四〉）に御遺告が記載され、その内容は後々に大師七箇《しちか》の誓願《せいがん》として世に流布《るふ》した。その要を記す。

> 高野山、もし陵廃に及ばば、我れ禅定《ぜんじょう》の中より法を興立《こうりゅう》して教行《きょうぎょう》利人《りにん》、退失なからしめん。我が遺場《ゆいじょう》千万なりと雖《いえど》も高野を根本とす。我が後生《ごしょう》の門徒、たとい我が現相《げんそう》を見ずと雖も我が形像《ぎょうぞう》を見る毎《ごと》に真相の想いを生じ、我が教えを聞く毎に我が言音《ごんいん》の思いに住せば、我れ定恵力《じょうえりき》をもって衆生《しゅじょう》を摂取《せっしゅ》して捨てず、終《つい》に種智《しゅち》を円《まど》んじて龍華《りゅうげ》の証明に預らしめん。現当《げんとう》二世の福専《ふくもつぱ》らこの山にあり、疑念を生ずることなかれ

以上の文は後世の作為があるやもしれぬが、至心に奉読すれば大師の御心に感応するものである。よって私もしばしば奉読している。

四国遍路　僧俗を問わず、大師の芳躅《ほうじよく》を訪《と》う代表的な行道《ぎようどう》が四国遍路《しこくへんろ》である。大師修行の追体験の一部として、凡人にもそれを成満《じようまん》させるものは、同行二人《どうぎようににん》の信心である。大師の慈悲は特に苦難の修行にきわめて著しく応《こた》え給う。といっても徒歩遍路にあっては相当の覚悟が必要である。

貞享二年（一六八五）に遍路した大淀三千風《おおよどみちかぜ》の自戒自慎《じかいじしん》の誓いの条項に、

山賊追剝《おいはぎ》に逢わば裸にて（全てを）渡すべし。若し殺害に及ばば、首をのべて待つべし

とあるくらい、彼は不惜身命《ふしやくしんみよう》の覚悟をもって百二十日間の遍路を全うした。現在は五十日前後で成満する。四国辺路《へじ》のなか、昔からとくに難所とされたのは、阿波《あわ》より土佐《とさ》の室戸《むろと》に抜ける海路《かいろ》であった。

法性《ほつしよう》の室戸といえど我すめば有無《うい》の波風立たぬ日ぞなし（伝大師作）

この室戸の求聞持窟《ぐもんじくつ》は、現在でも逆巻く怒濤音のほかは何も聞こえぬ岬の突端に所在する。かつて難所を越えてこの洞窟に達した人びとも、歌の意味する若き大師の苦悶の心中を察し、勿体《もつたい》なや、と涙を落とさずにはいられなかったであろう。それゆえ自身の足のマメの痛み、疲れなどはどこかに吹きとんでしまうのである。右記の歌にあるごとく、大師も人間として苦悩の涙を流して修行した。この辺鄙《へんぴ》な地に徒歩でやって来ると、つくづく大師の苦心の修行が偲ばれ、己《おの》が懈怠《けたい》を叱咤《しつた》せざるを得ないのである。また日々大師の道に折りなす一事一事が、これまた修養として心にしみゆく。

一例を挙げると、平成十一年（一九九九）十月、私は徒歩六度目の遍路に旅立った。伊予《いよ》の内子《うちこ》町まで来たとき、精神の錯乱している女性に遇った。彼女は錫杖《しやくじよう》と衣《ころも》姿の私に対し、しきりに五右衛《ごえ》

門風呂《もんぶろ》はどう入らねばならないとか、土壁を造るときの心得などを話するのであった。しかし最後の別れ際、「お接待《せったい》」として数百円を渡された。

しばし行くとつぎには顔色を失った細身の男性に呼びとめられた。「お遍路《へんろ》さん、私はもう命がありません。どうかつぎの札所《ふだしょ》の仏様にお賽銭《さいせん》を入れて欲しいのです」と百円を渡された。翌々日、大《だい》宝寺《ほうじ》にいたり、その百円と、かの女性の喜捨《きしゃ》したお金の一部を納めた。二人の幸せを祈りながら……。死を覚悟した人の百円、またまともな思惟《しゆい》はできなくとも接待という布施《ふせ》心豊かな女性、この人たちのお金を納める道中は、より真剣に歩まざるを得なかった。金額は少ないが、心の負担の重いお金であった。こういった人たちとの触れ合いも、自心の大悲を養うにはなくてはならぬ体験であった。これも四国という大師の修行道においてこそと思えるのである。この場合やはり徒歩ということ、すなわち頭陀《ずだ》行《ぎょう》であればこそ、その道に折りなす仏性《ぶっしょう》の観察《かんざつ》を余儀なくさせられるのである。

行き悩む浮世《うきよ》の人を渡さずば一《ひ》と夜も十夜《とよ》の橋と思ほゆ

伊予の十夜《とよ》ヶ橋の下は大師の通夜《つや》で有名である。右記の歌はそのとき大師が詠んだとされる。浮世に迷う衆生を思えば、一夜も十夜のように長く感じてならないという大師の大悲心、その橋の下には今も寝ている大師の石像が安置されている。当時はまったく人の気配もない田舎橋の下、ここに来てそれを偲べば、大師の難儀の修行が膚身《はだみ》にひしひしと迫り来る。それゆえに大師の御苦労を偲び、この橋の下で野宿する。現在は橋の上にも通夜堂が建立《こんりゅう》されている。

またこの橋の上だけは、お大師さまのお通夜を騒がしむということで、杖をつかないしきたりがある。近年のことではあるが、ある僧がそのようなしきたりを聞いて知っていながら、とりたてて気にもせず、錫杖をついて十夜ヶ橋を渡り、橋の下に降りてきた。そしてねんごろに読経《どきょう》していると、大師の大慈悲心がその僧の心底を洗い、つくづく泣けてきた。僧はこのような大悲菩薩《ぼさつ》のお休みになっている真上を、どんどん錫杖をついてきた自分の高慢さに深く懺悔《さんげ》したということである。

このように四国路における伝承を単に形式的なこと、もしくは迷信として捉えてはならないのである。しかしながら巷では一事が敷衍《ふえん》して真実を隠す。たとえば、十夜ヶ橋の上を杖をついてはならない、という伝承が最近では四国中の橋の上では杖をついてはならない、というふうに迷信めいてしまっている。杖をついてはならないのは、十夜ヶ橋の上のみであって、そのほかの橋はかまわないのである。信仰にはあくまでも理性が不可欠である。理性が欠如した信仰および行道は、外道《げどう》に等しくなる。私どもは十夜ヶ橋以外の橋は、どんどん杖をついて渡る。ところで遍路道にはいくつかの関所がある。十九番立江寺《たつえじ》は阿波の関所といわれる。といっても平地であって険路でもない。しかしながら不思議と立江寺まで来ると、とくに初行者は足がひどく痛む。これゆえに関所でなくて何であろうか。

また四国路は法界《ほっかい》道場、必然と心の洗濯が加わって新鮮な心境に立ちかえることができる。岩屋寺《いわやじ》の逼割《せりわり》行場の頂上、すなわち天柱石《てんちゅうせき》のような天辺は、まさに天空の秘所である。『一遍上人絵伝《いっぺんしょうにんえでん》』のなか、上人もここで坐禅《ざぜん》している姿が描かれている。この柱石の頂上は山の権現《ごんげん》が祀られ、それを背後に岩蓮華《いわれんげ》とともに観禅に耽《ふけ》る。眼下の橡《とち》の大木も小さな草の塊《かたまり》に見え、秋にはそれより落つる橡の実が、ヒューヒューと風を切る音が聞こえてくる。全く俗界を離れる風情も風情であるが、神仏の結界によってこの修行場が護られていることをひしひしと実感する。すなわち坐せば忽《たちま》ちに想念の流れは途絶え、無心の境に入る。それゆえに古人もこの秘所で修禅したのである。

また遍路中は必ずといっていいほど不思議な体験をする。私はかつて大学生を連れて九年間にわたって遍路に出た。あるとき、山中、先達《せんだつ》の私は足を挫《くじ》いた。しかたがないのでその片足を持ちあげゆっくり大股で歩いた。須臾《しゅゆ》、後からついて来た生徒がいう。「蛇だ」。それは蝮《まむし》であった。普通の歩幅であれば咬《か》まれていたかもしれなかった。大股だったので蝮を越したのである。その後、挫いた足はすぐに治った。そういった大師の加護が数知れぬほど多いのも四国辺路《へじ》の特徴である。

大峰山斗藪　政祝《せいしゅく》の『弘法大師伝』（応永年間）には「大師大峰《おおみね》修行ノ事」として以下の記載がある。

> 大師南山《なんざん》の大峰《おおみね》を修行し給《たま》う時、菩提心論《ぼだいしんろん》、釈摩訶衍論《しゃくまかえんろん》等の聖経《しょうぎょう》を自ら書し畢《おわ》って、大峰の霊巌中に之《これ》を埋む。彼《か》の峰の秘処にして今に之《これ》あり。故実の先達今に此《これ》を拝して秘処とす。役行者《えんのぎょうじゃ》と大師と御契約あり

吉野《よしの》から熊野《くまの》までの弘法大師の伝承を尋ねるに、比蘇寺《ひそじ》修行、吉野の竹林院《ちくりんいん》開基（洞川《どろがわ》では八大龍王堂《はちだいりゅうおうどう》建立、天川《てんかわ》神社）、弥山《みせん》の大師姿見《すがたみ》の鏡池、玉置山《たまきさん》の大日堂再建《さいこん》、玉置山の悪除《あくじょ》童子（大峰八大童子の一）感得《かんとく》等々である。

ところで大峰は特に山上ヶ岳《さんじょうがたけ》信仰が盛んである。そこにおいて役行者が蔵王権現《ざおうごんげん》を感得したからである。この霊域に足を入れるとどのような功徳《くどく》があるのかといえば、諸仏の功徳は凡人がおしはかれるものではないが、いつもながら身にしみてわかる一事がある。それは山上ヶ岳に近づくにつれ、すなわち奥駈《おくがけ》の尾根道に上れば不思議と妄念《もうねん》が止むことである。とりたててそのように意識しているわけではないにしても、潑剌とした浄心にたち帰る。そのことは単なる山上ヶ岳（大峰山寺）の参拝であっても、数日を費《ついや》す奥駈であっても同様である。すなわち七十五靡《なびき》（四十二宿《しゅく》）の行所たる験者道《げんじゃみち》は、まさに俗気を断ち、身心を浄化ならしめて、修行者をして法力を発揮し易く高揚せしむ。大峰に登拝すればするほど、その一事だけは十二分に自覚できる。

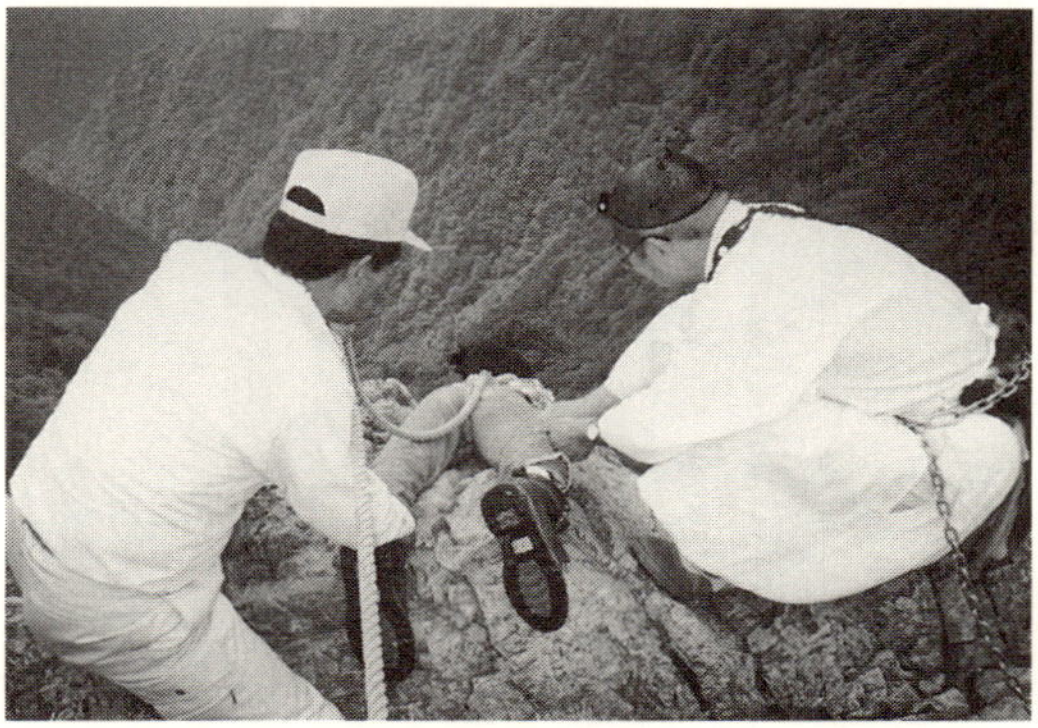

図24　大峰山　西の覗

　つぎに大峰のこもりの場所としては、笙《しょう》の窟《いわや》と深仙《じんせん》が有名である。笙の窟は十世紀半ばごろ、道賢《どうけん》がこもって蔵王尊《ざおうそん》に導かれたので有名である。今も苔《こけ》の岩壁より清水が滴《したた》り、禅観に耽《ひた》っても実に妙境に入りやすい。断崖の真下の窟であって、大普賢岳《だいふげんだけ》に登る途中に所在する。今一つの深仙は、深仙《じんせん》灌頂堂《かんじょうどう》が建立され、本山派《ほんざんは》の聖地となっている。ここの岩清水、すなわち香精水《こうしょうすい》は灌頂水であるとともに、入峰した行者が持ち帰ることのできる峰中唯一のもの（土産水）とされる。なおこの聖所は香精童子が守護している。

数年前、私は学生二人の学生を連れて斗藪《とそう》した。深仙には行者が一人こもっていた。断食二十一日目であった。彼は学生二人に対し、若いのに感心としきりに誉めていた。われわれがつぎの行所の大日岳《だいにちだけ》の鎖場に向かったとき、彼は後方より法螺《ほら》を吹いて送ってくれた。彼はその後、断食五十日を過ぎて絶命した。聞くところによれば、意識を失う前日、釈迦ヶ岳《しゃかがだけ》まで登って体力を使いきったことが原因とみられている。

その後私は幾たびかその深仙にこもった。夜は手に届かんばかりに銀河が垂れ、昼は浄土のような寂光に包まれるときもあれば、台風の黒雲が眼前を奔《はし》り、堂宇《どうう》のなかから扉すら開けられぬときもあった。

2 奉仕行

そんななか、周辺のゴミ拾いを思い立った。大学生、後輩等々に頼んで各々笈《おい》を背負って幾たびとなく山中より運び出した。深仙一帯のゴミは多かったものの、その後の山上ヶ岳近辺のゴミに比するものではなかった。当山派《とうざんは》の聖地、小篠《おざさ》の宿《しゅく》のゴミは処理のために山上までいく日も往復した。山上本堂の谷、鐘掛岩《かねかけいわ》、洞辻《どうつじ》、一本松、お助け水の各谷々、この山上付近のゴミは平成十二、十三と二年間で三百袋を過ぎた。そのゴミのすべては戦後のものである。①ガラス・ビン、②缶、鉄屑《てつくず》、③ペットボトルとビニール系統、④乾電池と大袋に分類する。まったくの奉仕であるが、実は費用も結構かかる。ところで昔の行人の残したゴミらしきものといえば、茶碗のかけらのみである。要するに何も残していないといってよい。精神生活もそのように美しくありたいものである。

むろんゴミ拾いをしたからといって、とりたてて得意になるべきことでもない。ただ聖なる道、聖なる峰中を愛する者として、蔵王権現《ざおうごんげん》、役行者《えんのぎょうじゃ》様に対しての報恩の一事であり、かつまた弘法大師が修行として歩まれた道であるところから、谷を上り降りして足を挫いても、まったくといっていいほど、その苦痛が感じられないのが実際である。この場合の奉仕とはあくまでも仏さまに対してさせていただくということであり、そのほかに何か見返りを望むのであれば、それは奉仕にならない。すべからく修行者は何らかのかたちで、無私の奉仕行をもつべきであるとも考えている。それは人間心のなかに潜む損得という打算心、すなわち物質的執着《しゅうじゃく》からの厭離心《おんりしん》が、奉仕によって助長されるからである。

すなわちいかに即身成仏《そくしんじょうぶつ》といっても、何の功徳もなき身で三密瑜伽《さんみつゆが》は成就《じょうじゅ》しない。即身成仏により近づくためにも、もろもろの功徳積集《しゃくじゅう》があらねばならない。一般論にはなるがその人の本来的に有している功徳力はむろんのこと、現世において実際に行った功徳が不可欠である。その意味において、聖道《ひじりみち》におけるゴミ拾いも、修生《しゅしょう》の功徳として積集されるであろう。

あとがき

本書は、主として高木の企画と構想に基づいて編集された。その構想は、ほぼ四十年前の、高野山大学の若い先生方の勉強会に端を発している。そこでは専門をとわず、歯に衣をきせない自由で活発な議論が交わされたものである。さらに、中野義照先生の密教文化研究所の基本構想の継承ということが指摘できるかもしれない。先生は、所属の専攻や研究機関にかかわりなく、当時最高のスタッフによる共同研究の実績をあげておられる。その愛弟子であり、密教文化研究所長をつとめた高木にとって、このような企画はきわめて自然な成り行きというべきであろう。とくに空海の現代的意義を強調するというところに、今回の創意と力点があって、すこぶる斬新かつ気鋭の企画が誕生するにいたった。

ところが思わぬ試練のために、作業の一部が変更を余儀なくされることになった。岡村が途中で四大不調をきたして、一時的に執筆困難な状況が生じたのである。椎間板ヘルニアにより心身ともに神経機能が低下して、歩行と思考の能力が著しく減退してしまった。その結果、当初の作業を進めることができず、軌道修正のうえ、辛うじて習作もしくは覚え書きのまま期限に間に合わせるにいたった。関係者にはまことに申し訳ない限りであるが、ご容赦をお願いいたしたいと思う。

しかし、世界遺産のような新しい国家的視野のもとに、日本の宗教・文化・自然が問い直されてくる時代には、やはり空海思想そのものに秘められた、あくまで根本的な変換と総合・調和を志向してやまない強靱にして周到なる構想力が評価されてしかるべきであろう。それによっておそらく、日本仏教史や真言教学といった枠組みにとらわれない、空海の思想の営みをあるがままに受けとり直す作業も可能となりうるかと思う。ただ、第一級の国際的文化人であって、しかも日本人の宗教の根底を開示せる、空海の画期的な宗教思想であるから、その作業は困難をきわめる。ここでは、非力かつ未熟ではあるが、その問題の緒だけはほぼ提示しえたかと考えている。

ともあれ、空海入唐千二百年という記念の年に本書が刊行される意義はきわめて大である。新しい空海研究のページが開かれ、独創性が豊かで超人的な空海の大偉業を、曇りのない眼で捉えて、これを解明する、新しい視点とその成果の展望が、今ようやく幕をあけようとしている。幸いにして本書が、その道標となりうるならば、執筆者一同の悦び、これに過ぐるものはない。

二〇〇三年八月

岡村圭真

参考文献

（1）史料

弘法大師著作研究会編『定本弘法大師全集』一一巻　高野山大学密教文化研究所　一九九一〜九七年
弘法大師空海全集編輯委員会編『弘法大師空海全集』八巻　筑摩書房　一九八三〜八七年
勝又俊教編『弘法大師著作全集』三巻　山喜房仏書林　一九七五年（第三刷）
続真言宗全書刊行会校訂『弘法大師年譜』真言宗全書第三八　続真言宗全書刊行会（高野山大学内）一九七七年（復刊）
長谷宝秀編『弘法大師全集』七輯　高野山大学密教文化研究所　一九六七年（増補版）
長谷宝秀編『弘法大師伝全集』一〇巻　ピタカ　一九七七年（再刊）
Chikyo Yamamoto, *Works of St. Kōbō Daishi*, Koyasan Univ. 1993
M. Eihō Kawahara and C. Yūhō Jobst, *Kōbō Daishi Kūkai*, Ausgewählte Schriften, iudicium verlag, München, 1992

（2）生涯に関する著作

上山春平『空海』朝日新聞社　一九八一年
上山春平『空海と最澄』上山春平著作集第八巻　法蔵館　一九九六年
加藤精一『弘法大師空海伝』春秋社　一九八九年
川崎庸之『日本仏教の展開』川崎庸之歴史著作選集2　東京大学出版会　一九八二年
櫛田良洪『空海の研究』山喜房仏書林　一九八一年

五来　重『空海の足跡』角川書店　一九九四年
佐伯有清『最澄と空海』吉川弘文館　一九九八年
佐和隆研『空海の軌跡』毎日新聞社　一九七三年
高木訷元『空海――生涯とその周辺――』吉川弘文館　一九九七年
高木訷元編『大師伝』真言宗選書第六巻　同朋舎出版　一九八六年
武内孝善『高野山から弥勒の世界へ――弘法大師の生涯と高野山――』高野山大学　二〇〇〇年
三浦章夫編『増補再版　弘法大師伝記集覧』高野山大学密教文化研究所　一九七〇年（再刊）
宮坂宥勝『空海　生涯と思想』筑摩書房　一九八四年
宮坂宥勝・梅原猛・金岡秀友『空海の人生と思想』春秋社　一九七六年
守山聖真『文化史上より見たる弘法大師伝』国書刊行会　一九七三年（再刊）
和多秀乗『空海と高野山教団』法蔵館　一九九七年
和多秀乗・高木訷元編『空海』日本名僧論集第三巻　吉川弘文館　一九八二年
渡辺照宏・宮坂宥勝『沙門空海』筑摩書房　一九六七年

（3）思想などに関する著作

井筒俊彦『意味の深みへ』岩波書店　一九八五年
上山春平・森浩一編『空海を解く――その思想と背景――』徳間書店　一九八四年
小野塚幾澄『空海教学における背景思想の研究』山喜房仏書林　二〇〇〇年
岡村圭真編『大師教学』真言宗選書第五巻　同朋舎出版　一九八六年
勝又俊教『密教の日本的展開』春秋社　一九七〇年
加藤精一『弘法大師思想論』春秋社　二〇〇二年
川崎庸之校注『空海』日本思想大系5　岩波書店　一九七五年

駒井鵞静『空海の書論と作品』雄山閣出版　一九八四年
高木訷元『空海思想の書誌的研究』高木訷元著作集4　法蔵館　一九九〇年
竹内信夫『空海入門──弘仁のモダニスト──』ちくま新書　筑摩書房　一九九八年
立川武蔵・頼富本宏編『日本密教』シリーズ密教4　春秋社　二〇〇〇年
栂尾密道編『弘法大師と日本文化』国書刊行会　一九七六年（再刊）
中田勇次郎『書聖空海』法蔵館　一九八二年
中野義照編『弘法大師研究』吉川弘文館　一九七八年
羽毛田義人著、阿部龍一訳『空海密教』春秋社　一九九六年
八田幸雄『空海の思想』東方出版　一九九四年
久木幸男・小山田和夫編『論集　空海と綜芸種智院──弘法大師の教育──』上・下　思文閣出版　一九八四年
藤井恵介『密教建築空間論』中央公論美術出版　一九九八年
日野西真定編『弘法大師信仰』民衆宗教史叢書第一四巻　雄山閣出版　一九八八年
松長有慶『空海思想の特質』松長有慶著作集第三巻　法蔵館　一九九八年
宮坂宥勝『空海──生命の海──』角川書店　一九六八年
村上保寿『空海と智の構造』東方出版　一九九六年
森　雅秀『マンダラの密教儀礼』春秋社　一九九七年
吉田宏晳『空海思想の形成』春秋社　一九九三年
和歌森太郎『弘法大師空海──密教と日本人──』雄渾社　一九七三年
Yoshihito Y. Hakeda, *Kūkai, Major Works*, Columbia Univ. Press, 1972
Ryuichi Abe, *'The Weaving of Mantra' Kūkai and the construction of Esoteric Buddhist discourse*, Columbia Univ. Press, 1999

略年譜

和暦	西暦	年齢	事項
宝亀 五	七七四	一	讃岐国多度郡の戸主、正六位上、佐伯直道長の戸口として生誕。父は佐伯直田公、母は阿刀氏。幼名、真魚(「和上伝記」「行化記」等)
延暦 四	七八五	一二	この年、外舅阿刀大足は空海の大学進学を勧める(「遺告」)○九月、新都長岡造営長官の藤原種継が暗殺される。大伴・佐伯につらなる人びとが連坐したとして処罰される(「紀略」)
七	七八八	一五	伊予親王の侍講であった阿刀大足に師事して文書を学ぶ(「続後」)
一〇	七九一	一八	大学に入学(「続後」等)。一説に明経道の学生として毛詩・左伝・尚書の三経コースを履修(「遺告」)。この頃より仏教の経論をも教養の学として習う
一二	七九三	二〇	山林修行に入る(性・四)。この頃、一沙門から虚空蔵求聞持法を受け、阿波の大瀧嶽、土佐の室戸崎、さらに吉野の金巌、伊予の石槌山などで練行する(「三教指帰」「続後」等)
一六	七九七	二四	『聾瞽指帰』一巻を著わし(十二月一日)、後に、序文と結頌を改めて『三教指帰』三巻とする○『聾瞽指帰』を著わした翌年(延暦十七年)四月十五日に年分度試制が創設され、得度の年齢が三十五以上とされる。延暦二十年四月に改正されて、得度の年齢が二十歳以上とされた
二三	八〇四	三一	この年、出家得度し、入唐留学する(「続後」)。六月、留学生として遣唐大使藤原葛野麻呂の第一船に乗り、難波の津を出帆(「請来録」)、七月六日、肥前国松浦郡田浦を出港(「後紀」)。このとき最澄は請益生として遣唐副使、石川道益の第二船に乗る(「叡山

			大師伝」)。空海の乗った第一船は暴風に遭難、八月十日に中国の福州長渓県赤岸鎮に漂着(「請来録」「後紀」)○十月三日、藤原大使に代わって福州の観察使に書状を作る(性・五)○十二月二十三日に長安に到り、宣揚坊の官宅に入る(「請来録」)
二四	八〇五	三二	二月十日、藤原大使の一行が長安を辞して帰国の途に着き、十一日に空海は勅命によって延康坊西明寺に移り本格的な留学生活に入る(「請来録」)○醴泉坊醴泉寺に滞留中のインド僧般若三蔵に師事して梵字悉曇や梵語を学び、インドの密教事情などを聴聞する(「広付法伝」)○五月、左街新昌坊の青龍寺東塔院の恵果に師事、三昧耶戒を受け、六月上旬以降、両部の密教を受法、八月に伝法阿闍梨位の灌頂を受けて遍照金剛の灌頂名を受く(「請来録」)○十二月十五日、師主恵果和尚が入寂(「広付法伝」、性・二)○この年四月、最澄は越州の峯山頂道場で順暁より善無畏系の密教を受法、七月中旬帰国入京。九月初旬、桓武帝の勅命によって、高雄山寺で灌頂を行う(「顕戒論縁起」等)
大同元	八〇六	三三	一月十七日、師主恵果の碑文を撰書(性・二)○恵果の遺命により帰国を決意。帰国を申請(性・五)、勅許される(「旧唐書」「冊府元亀」)○一月下旬、最澄の申請により天台法華宗の創立が公認され、遮那業(真言専攻)一人、止観業(天台専攻)一人の年分度者を置く(「顕戒論縁起」)○三月十七日、桓武天皇崩御○四月、越州の節度使に内外の経書を請う(性・五)○一説に八月、遣唐判官高階遠成とともに明州を発し、帰国の途につく(「広伝」)○五月十八日、平城新帝が即位、年号を大同と改む○十月二十二日、高階判官に附託して「上新請来経等目録表」を奉進(「請来録」)、入京の沙汰なく筑紫にとどまる
二	八〇七	三四	二月十一日、大宰少弐の先妣の田中氏の周忌に願文を撰し、忌斎を行う(性・七)○四月二十九日、入京の日まで筑紫の観世音寺に止住せしめる大宰府牒がくだされる(「行

			化記」)○一説にこの年、入洛(「広伝」「行状集記」「行化記」等)○十月末、伊予親王の変。藤原宗成の陰謀の犠牲となり、伊予親王は川原寺にて母藤原吉子とともに毒薬を仰ぐ
三	八〇八	三五	六月十九日、空海の課役を免ずる太政官符くだる(「行化記」)
四	八〇九	三六	四月、平城帝は風病により皇太弟に譲位、嵯峨天皇が即位(「後紀」)○この頃、空海、筑紫より畿内に入る(「雑筆」)○七月十六日、和泉国司に空海を入京せしめる官符がくだり(「行化記」)、高雄山寺に入住○八月二十四日、最澄は弟子経珍を遣わし、空海請来の密教経軌の借覧を請い、それ以降、もっぱら筆授による密教付法につとめる(「伝教大師求法書」)○十月三日、勅により世説の屏風を書いて、嵯峨天皇に進献(性・四)。以降、屢々書跡を進上す○この年、空海の実弟真雅が九歳で上京
弘仁元	八一〇	三七	九月、薬子の変、平城上皇は落髪○十月、高雄山寺で国家のために修法せんことを請う(性・四)○この年、皇太子であった高丘親王が出家、東大寺に入って真如と号し、後に空海に随って真言を学ぶ(「三代実録」)
二	八一一	三八	十月二十七日、勅命により、山城の乙訓寺を別当し、修造を行う(「広伝」)
三	八一二	三九	十月、最澄は乙訓寺に空海を訪ね一泊、このとき真言の付法を口約(「伝教大師消息」「伝述一心戒文」)○十一月十五日、高雄山寺において金剛界灌頂を行い、最澄、和気真綱・仲世らが入壇(「灌頂歴名」)○十二月十四日、高雄山寺において胎蔵の灌頂、最澄以下一九〇名が入壇(「灌頂歴名」)○十二月、高雄山寺の三綱を択任、上座杲隣、寺主実恵、維那智泉、直歳義恵(性・九、「雑筆」)
四	八一三	四〇	二月、最澄の弟子、円澄、泰範、賢栄、光定らに対して法華儀軌一尊法を授け、修法せしめる(「伝述一心戒文」)○三月六日、高雄山寺で円澄、泰範、賢栄、光定らのために再び金剛界灌頂を行う(「灌頂歴名」)○五月、教誡を発して、真言密教の本旨を示す

			○十月、四十の初算賀にあたり、「中寿感興詩并びに序」を撰す(性・三)○十一月二十五日、最澄は高雄山に留まる泰範に書状を出し、和韻の詩を作って奉呈するために、空海の新撰「一百二十礼」「方円二図」「注義」等の借用を依頼する(「久隔帖」)○十二月、樫の律師真円のために「最勝王経秘密伽陀」を撰述する
五	八一四	四一	八月三十日、下野の勝道の依嘱により、碑文を撰す(性・二)
六	八一五	四二	三月、「勧縁疏」を著わし、東国に弟子を遣わし、新請来の密教経論の書写流布と如法の修行を依頼する(性・九、「雑筆」)○この年の秋には西国(筑紫)にも密教経論の書写を依頼(「雑筆」)○陸州の徳一は『真言宗未決文』を撰して、即身成仏等に対しての疑義を空海に問う
七	八一六	四三	五月、泰範に代わって最澄に返書を送り、顕密二教の優劣を弁明する(性・一〇、「雑筆」)○この頃、『弁顕密二教論』二巻を著わす○六月十九日、高野山を修禅の道場の地として乞い(性・九、「雑筆」)、七月八日、高野山開創が勅許される○七月、大安寺の勤操は諸名僧を率いて高雄山寺に登り、空海から三昧耶戒を受け、両部の灌頂を沐す(性・一〇)○この年、実弟真雅は十六歳で兄空海に師事し真言を学ぶ○この頃、『秘密漫荼羅教付法伝』二巻を撰述(「雑筆」)
八	八一七	四四	この年、実恵、泰範らを遣わして、高野山の開創に着手(「雑筆」)
九	八一八	四五	十一月、高野山に登り、禅院を経営(「雑筆」)
一〇	八一九	四六	五月、高野山に伽藍を建立するために、壇場を結界(性・九、「行化記」)○七月、勅徴により中務省に入住(「雑筆」)○この頃、『文鏡秘府論』六巻を著わす
一一	八二〇	四七	五月、『文筆眼心抄』一巻を撰述○十月二十日、伝燈大法師位に叙せられる(「東寺要集」「行化記」)
一二	八二一	四八	五月二十七日、讃岐国万農池の築池別当に補せられる(「紀略」)○七月二十三日、朝廷

			は新銭二万を空海に施与（「紀略」）○九月、二部の大曼荼羅、諸尊の図像、祖師の影像等を修補し、龍猛等の祖師影像に行状等の賛文を書く（性・七、「行化記」）○十一月、右大臣藤原冬嗣にあてて隠退の意志を告げ、若い弟子たちの付嘱を依頼す（「雑筆」）
一三	八二二	四九	二月十九日、太政官符で東大寺に灌頂道場が創設され、空海に修法が命ぜられる（「三代格」）○六月四日、最澄が比叡山寺中道院にて入寂。その前日に嵯峨天皇は大乗戒壇の設立を許し（『類聚国史』一七九）、寂後七日目に太政官符により公に允許○この年、平城上皇が空海から灌頂を受ける（「広伝」「行化記」）○この頃、『三昧耶戒序』「平城天皇灌頂文」を撰述す
一四	八二三	五〇	一月十九日、勅して東寺が永く空海に給預される（「帝王偏年紀」「日本逸史」）○四月十六日、嵯峨帝は皇太弟に譲位、同月二十四日、淳和天皇が即位○十月十日、『真言宗所学経律論目録』を上進。東寺に真言宗僧五十人を住せしめる（「三代格」）○十月十三日、皇后院で息災法を修し、十二月二十三日、清涼殿において大通方広の法を修す（「紀略」）
天長元	八二四	五一	四月、少僧都に叙せられる（性・四、「僧綱補任」）○六月十六日、造東寺別当に補せられる（「東寺長者」等）○七月七日、平城上皇崩ず（紀略）○九月二十七日、高雄山寺を定額寺とし、得度経業を定め、二十一口僧を置き、神護国祚真言寺と改称（「紀略」「三代格」）
二	八二五	五二	二月十四日、甥の智泉が高野山で寂す（性・八）○四月、東寺講堂を建立（「行状集記」）○九月、大和州益田池の碑銘を撰す（性・二）
四	八二七	五四	三月、十喩詩を詠じ、下野の広智に贈る（性・一〇）○五月、大僧都に任ぜられる（「東寺長者補任」等）
五	八二八	五五	四月、大安寺勤操の周忌に梵網経を講讃し、影像の讃文を撰す（性・一〇）○十二月十

			五日、「綜藝種智院式并びに序」を撰す
六	八二九	五六	十一月五日、大安寺別当に補せられる（「行化記」等）
七	八三〇	五七	淳和天皇の勅命により、天長六本宗書の一、『秘蔵宝鑰』三巻を著わす。それにさきだって『十住心論』十巻を撰述
八	八三一	五八	六月十四日、病により大僧都を辞せんことを請う（性・九、「紀略」）。勅答あってこれを許されず○十月二十四日、比叡山の円澄らが空海に随って、再び真言の教法を受けることを請う（「伝述一心戒文」「天台霞標」）
九	八三二	五九	正月、紫宸殿において護命、修円などと共に論義を行う（「日本逸史」「行化記」）○八月二十二日、高野山において万燈万華の法会を修す（性・八）
承和元	八三四	六一	十二月、毎年正月の宮中における最勝会において、別に真言の法による修法を行うことを上奏して、勅許される（「続後」「三代格」）。いわゆる後七日の御修法である
二	八三五	六二	正月二十二日に真言宗年分度僧三人を請い、勅許される（「続後」「三代格」）○二月三十日、金剛峯寺を定額寺となす（「続後」）○三月二十一日、高野山において入定、三月二十五日、勅命により内舎人が遣わされ、その喪を弔い、天皇から喪料が施される。淳和上皇は弔書を送る（「続後」）

＊（ ）内に依拠した史料を示した。略号は次のとおり。
後紀—日本後紀／続後—続日本後紀／紀略—日本紀略／請来録—御請来目録／性—性霊集／三代格—類聚三代格／雑筆—高野雑筆集／和上伝記—贈大僧正空海和上伝記／行化記—弘法大師行化記／広伝—高野大師御広伝／行状集記—大師御行状集記

執筆者紹介（生年、現職、主要著書）―執筆順

上山春平《うえやましゅんぺい》　一九二一年生まれ　元京都大学教授　二〇一二年没
『空海』朝日新聞社、一九八一年
『上山春平著作集』全十巻、法蔵館、一九九五年

竹内信夫《たけうちのぶお》　一九四五年生まれ　東京大学名誉教授
『空海入門―弘仁のモダニスト―』筑摩書房、一九九七年
『空海―言葉の輝き―』ピエ・ブックス、二〇〇三年

寺林峻《てらばやししゅん》　一九三九年生まれ　作家
『姫路城凍って寒からず』東洋経済新報社、一九九八年
『空海更衣』日本放送出版協会、二〇〇一年

岡村圭真《おかむらけいしん》　→別掲

高木訷元《たかぎしんげん》　→別掲

加地伸行《かじのぶゆき》　一九三六年生まれ　大阪大学名誉教授
『加地伸行（研究）著作集』全三巻、研文出版、二〇一三～一五年

『儒教とは何か』中央公論新社、一九九〇年

頼《より》富《とみ》本《もと》宏《ひろ》
一九四五年生まれ　元種智院大学学長　二〇一五年没
『密教――悟りとほとけへの道――』講談社、一九八八年
『曼荼羅の鑑賞基礎知識』至文堂、一九九一年

森《もり》雅《まさ》秀《ひで》
一九六二年生まれ　金沢大学教授
『マンダラの密教儀礼』春秋社、一九九七年
『インド密教の仏たち』春秋社、二〇〇一年

飯《いい》島《じま》太《た》千《ち》雄《お》
一九四二年生まれ　書道史研究家・編集工房「書玄」主宰
『空海大字林』全二巻、講談社、一九八三年
『空海入唐――虚しく往きて実て帰らん――』日本経済新聞社、二〇〇三年
『若き空海の実像』大法輪閣、二〇〇九年

浅《あさ》井《い》證《しょう》善《ぜん》
一九四六年生まれ　高野山専修学院講師
『真言宗食時作法解説』高野山出版社、一九九二年
『印融法印撰　諸尊表白集』隆昌堂、一九九四年

編者略歴

高木訷元

一九三〇年　島根県に生まれる
一九五八年　東北大学大学院文学研究科修了
現在　高野山大学名誉教授

〔主要著書〕
『空海思想の書誌的研究』（法蔵館、一九九〇年）
『空海―生涯とその周辺―』（吉川弘文館、一九九七年）
『空海と最澄の手紙』（法蔵館、一九九九年）
『空海の座標―存在とコトバの深秘学―』（慶應義塾大学出版会、二〇一六年）

岡村圭真

一九三一年　徳島県に生まれる
一九五九年　京都大学大学院文学研究科修了
一九九五年　高知大学人文学部退職
現在　源久寺住職

〔主要著書〕
『岩波講座　日本文学と仏教』第一巻（共著、岩波書店、一九九二年）
『日本密教』（共著、春秋社、二〇〇〇年）
『仏教文化の諸相』（共著、山喜房、二〇〇〇年）

日本の名僧　4

密教の聖者　空海

二〇〇三年（平成十五）十一月一日　第一刷発行
二〇一八年（平成三十）三月二十日　第四刷発行

編　者　高《たか》木《ぎ》訷《しん》元《げん》
　　　　岡《おか》村《むら》圭《けい》真《しん》

発行者　吉川道郎

発行所　株式会社　吉川弘文館
郵便番号一一三―〇〇三三
東京都文京区本郷七丁目二番八号
電話〇三―三八一三―九一五一〈代表〉
振替口座〇〇一〇〇―五―二四四
http://www.yoshikawa-k.co.jp/

印刷＝株式会社 理想社
製本＝誠製本株式会社
装幀＝清水良洋

ISBN978-4-642-07848-1

刊行のことば

二十一世紀を迎えた現代社会は、永い人類史の到達点として誰にとっても豊かで輝かしい世紀でなければなりません。しかしながら、現実はバブル経済破綻の後遺症としての雇用不安や、社会福祉の後退にともなう将来不安、信じがたいさまざまな事件による社会不安が、人びとの心に深い影を落し、人間相互の不信を増幅しています。また、産業構造の変化や情報革命といわれるように、歴史上でも大きな社会変革期に当って、多くの人びとに精神的な動揺をもたらしています。

小社では、このような混迷の時代を生きる指針として、『日本の名僧』全十五巻を企画立案いたしました。名僧に関する出版物が溢れる中で、生きる指針としての欲求を満たすために、全巻同一の視点から名僧たちを客観的に追究し、実像を浮かび上がらせたいと考えました。かつての仏教学・宗教学からの研究は、ともすると名僧の多くが宗祖であるがゆえに宗派内の価値観に囚われ、また歴史学からの研究は、その足跡をたどりながら政治権力との関わりや文化史的意義を問いながらも、名僧の内面の襞までは捉えていないように見えます。そこで、これらの名僧をそれぞれの専門分野から多面的に捉え、生きた名僧像を捉えられるような構成といたしました。

本叢書で取り上げる名僧たちは、現代と同様な社会変動期を私たちと同じようにさまざまな事柄に悩みながらも、混迷する社会の中で思索を重ね行動し、強い意志を持って生き抜いた人たちです。これら名僧たちを追体験しながら、その生きざまが何ゆえに現代人の魂を揺さぶるのかの再確認を通して、読者が混迷する現代社会の中に新しい価値観を創造し、新時代の建設に役立てていただくことを期待するものであります。

二〇〇三年六月

吉川弘文館